U0527545

打拼未来

武术学校里的文化实践与价值重构

董 轩 著

浙江大学出版社
·杭州·

图书在版编目（CIP）数据

打拼未来：武术学校里的文化实践与价值重构 / 董轩著. -- 杭州：浙江大学出版社，2025.1. -- ISBN 978-7-308-25644-5

Ⅰ. G852-40

中国国家版本馆 CIP 数据核字第 2024C97X45 号

打拼未来：武术学校里的文化实践与价值重构
董　轩　著

策　　划	徐　婵　包灵灵
责任编辑	包灵灵
责任校对	杨利军
封面设计	周　灵
出版发行	浙江大学出版社
	（杭州市天目山路 148 号　邮政编码 310007）
	（网址：http://www.zjupress.com）
排　　版	杭州朝曦图文设计有限公司
印　　刷	杭州高腾印务有限公司
开　　本	710mm×1000mm　1/16
印　　张	11.25
字　　数	200 千
版 印 次	2025 年 1 月第 1 版　2025 年 1 月第 1 次印刷
书　　号	ISBN 978-7-308-25644-5
定　　价	58.00 元

版权所有　侵权必究　印装差错　负责调换

浙江大学出版社市场运营中心联系方式：(0571)88925591；http://zjdxcbs.tmall.com

国家社科基金后期资助项目
出版说明

　　后期资助项目是国家社科基金设立的一类重要项目，旨在鼓励广大社科研究者潜心治学，支持基础研究多出优秀成果。它是经过严格评审，从接近完成的科研成果中遴选立项的。为扩大后期资助项目的影响，更好地推动学术发展，促进成果转化，全国哲学社会科学工作办公室按照"统一设计、统一标识、统一版式、形成系列"的总体要求，组织出版国家社科基金后期资助项目成果。

全国哲学社会科学工作办公室

目 录

第1章 绪 论 …………………………………………… 1
　一、文武之道与价值阶序 …………………………… 3
　二、以武育人与仪式过程 …………………………… 9
　三、唯武得心与青年文化 …………………………… 12
　四、田野地点与研究方法 …………………………… 20

第2章 再造"少林"：登封地方性的多维展演 ……… 27
　一、缘起少林 ………………………………………… 29
　二、命定禅武 ………………………………………… 33
　三、结缘见性 ………………………………………… 38
　四、本章小结 ………………………………………… 42

第3章 武校即归途：全日制学生的教育选择 ……… 43
　一、"家"已非家 ……………………………………… 43
　二、无"家"可归 ……………………………………… 48
　三、以校为"家" ……………………………………… 53
　四、本章小结 ………………………………………… 57

第4章 "锻炼锻炼"：短期受训者的教育渴望 ……… 59
　一、"锻炼"与青年危机 ……………………………… 59
　二、"锻炼"与身体文化 ……………………………… 62
　三、"锻炼"与少年老成 ……………………………… 71
　四、本章小结 ………………………………………… 76

第5章 苦其心志：武校生活中的"素质"话语 ……… 78
　一、"素质"与师徒关系 ……………………………… 79

二、"素质"与道德空间 …… 81
三、"素质"与性别区隔 …… 82
四、本章小结 …… 84

第6章 以武服人：拳头、兄弟、江湖 …… 86
一、拳头 …… 87
二、兄弟 …… 97
三、江湖 …… 104
四、本章小结 …… 113

第7章 训练场上的"灰姑娘"：女性气质的文化脚本 …… 115
一、"母职"的想象 …… 116
二、"谁说女子不如男" …… 122
三、虎父无"娘"子 …… 131
四、本章小结 …… 135

第8章 打拼未来：梦想、希望与阶层意识 …… 137
一、谈论梦想 …… 138
二、传递希望 …… 142
三、打拼未来 …… 145
四、本章小结 …… 149

第9章 结语：在武校里等待成年 …… 151
一、被寄存的青春 …… 152
二、幻象的再生产 …… 153
三、"等待"的价值 …… 155

参考文献 …… 158
　中文文献 …… 158
　英文文献 …… 162

后　记 …… 173

第 1 章 绪 论

> 再富也要"穷"孩子,要使他知艰难,知敬畏;给孩子家财万贯,不如教会他生存手段;父母不当拐杖,要当向导;要打破孩子的依赖性,让他吃自己的饭,流自己的汗,自己的事情自己干;养孩子如同养花,温室里的花朵,经不起风吹雨打;以全面教育的视野培养全面发展的人,要教孩子学会感恩施爱。
>
> ——某武校招生办公室内的宣传语

本书探讨的核心问题是当下中国的价值变迁及其在少林武术学校中的重构过程。对武校学生而言,价值的重构发生在"内"与"外"的互相影响过程中:在其"内",武术学校是一个相对封闭的环境,不仅采用半军事化管理,而且实践、传递和建构了关于"成功/失败""好学生/坏学生"等新的价值阶序。在其"外",21世纪以来的 20 年,中国社会发生了深刻的观念变化。"成为怎样的人""如何成为想成为的人",对于这些牵涉身份构建与价值实践的问题,不同阶层出身、家庭背景、个性特点、教育经历的人用自己的选择提供了丰富、多样和复杂的回答路径。本书便试图勾勒出在这些"内""外"之间的生活图景、人生百味与梦想希望。

像许多"80后"一样,我在武侠小说、功夫电影电视剧的影响下长大。这些小说和影视作品经常将少林寺描绘成"江湖"公认的武林圣地。"中原武林""扫地僧""七十二绝技"等或真或假的意象被重构、放大,铸就了一代人的共同记忆。然而,2010 年 12 月,当我第一次拜访"功夫之乡"、少林寺的所在地登封时,令我印象深刻的并不是少林寺的千年历史与功夫表演,而是进山沿途一家挨一家的武术学校。短暂的"少林游"埋下了本研究的"问题种子":这些学生是谁?从哪里来?为什么学武?他们每天在武校过着怎样的生活?毕业后做什么?习武经历对他们当下和未来的生活有什么影响?

本研究是上述问题驱动下的一项民族志研究。本书尝试探究少林武术学校这一"非主流"教育形态何以可能、有何影响等问题,进而讨论武校现象背后的当代中国社会价值变迁的多元样态。也因此,本书的重点不是关注少林武术的"传统"、什么是或不是"正宗"少林等问题,而是探索登封当地人、武术学校、学生、家长、教练等不同群体如何理解、解读、呈现、实践"少林"的"正宗性"、合法性与现代性。

做出这样的取舍有三个原因:第一,我国武术一直与其他文化传统交织在一起,习武不只是身体的训练,还包括武德、人品、心性等层面的修炼,而这些层面又与儒、释、道等不同的思想、哲学流派有关。[1] 即便是外国学者笔下的中国武术史和武术实践也多采用这种思路,以期展现西方想象中的神秘东方。[2] 但是,除了传奇式的民间高手、师徒传承、江湖传闻,少林武术在其发源地和当代中国社会究竟处于何种地位和状态,鲜有深入的实地调查和探讨。

第二,武术教育在我国是一种非主流教育。有关这种非主流教育形式何时出现、为何出现、经历了怎样的发展历程、对登封当地以及各相关群体有何影响等问题的探讨却极为有限。此外,如此规模的学生选择学武映射了怎样的当代中国社会变迁,又反映着这些学生家庭怎样的教育理念与期望? 聚焦于这些问题也许可以让本研究获得更丰富的维度。换言之,民族志触及微观生活质感的方法特性也有利于将宏大问题置于武术学校的日常琐碎之中进行"见微议著"式的考察。

第三,有关中国青少年亚文化的研究常常有意无意地做出限定与选择,或聚焦于"青少年",或着眼于"学生",似乎"青少年"与"学生"是两个边界清晰的群体。本研究试图以"民族志之眼"重新解读武术学校中的青少年学生及其亚文化实践,通过记录这些青少年"游荡"与"寄居"在武术学校、"社会"、普通学校等社会空间的人生故事,勾勒出这些"学生"与众不同的价值观念、同辈阶序和成败希望。此外,本书还试图将这些与青春有关的故事置于全球背景之下进行比较和分析,尝试探索更多理论主题,如代际关系、性别观念、阶层意识等。

---

[1] 参见蔡宝忠:《武术与文化:中国武术文化基因的构成》,太原:山西科学技术出版社,2015年;金玉柱、郭恒涛:《中国武术"道·术"关系的身体哲学考释》,《武汉体育学院学报》,2019年第9期,第61—66页。

[2] 参见:Shahar, Meir, 2008: *The Shaolin Monastery: History, Religion, and the Chinese Martial Arts*. Honolulu: University of Hawai'i Press;〔美〕马修·波利:《少林很忙》,陈元飞译,上海:上海译文出版社,2014年;Farrer, D. S., & J. Whalen-Bridge(eds.), 2011: *Martial Arts as Embodied Knowledge: Asian Traditions in a Transnational World*. New York: State University of New York Press.

基于上述考虑，本书尝试从全控机构（total institutions）、过渡仪式（rites of passage）、青年文化（youth culture）三个研究领域汲取理论营养，以期从武术学校的民族志资料出发，抛砖引玉地对近年有关价值人类学的讨论有所贡献。

一、文武之道与价值阶序

在中国古代，"文"与"武"经历了"合"与"分"的千年嬗变。对于文武的"合"，既有先秦好剑、重礼的风气影响，也有春秋乱世防身的实际需要。有关孔子佩剑的长久争论便是重要一例。这种传统可能一直延续到唐代。最著名的例子也许是有关李白剑术水平的争论，对这个根本性问题的争论还延续到李白作《侠客行》是单纯的文人议武，还是自我的写照。在这个意义上，李白的"十步杀一人，千里不留行"究竟是"剑非万人敌，文窃四海声"式的亦文亦武，还是"愿将腰下剑，直为斩楼兰"式的能文能武，也许已经成了文学史上的悬案。

多少有些讽刺的是，文武的"分"也可能就是从文人议武开始的。其中重要原因之一便是"文人"作为一个群体和阶层进入中国古代权力中枢，成为影响朝政时局的重要力量。一种观点认为，民间尚武传统的变化与宋太祖的抑武政策有关。[①] 有一种难以溯源的民间说法认为，少林寺以棍为主要兵器是因为严格的兵器管控政策。不管真正的原因是什么，"文人雅士们"掌握了话语权、成为政策制定者后，与皇权抑武的"内心戏"形成共识与共谋，"文人"议武但不尚武、论"江湖"却不入"江湖"逐渐成为主流，"江湖"似乎成了"青楼""闺怨"以外千古文人最爱的意象之一。另一种观点，从政治和社会身份上来看，我国古代的"绿林好汉"与"才子佳人"分属于"江湖"与"庙堂"两个世界，这种源于文人群体的描写与刻板印象的传播，也或多或少地强化了融入主流的暗自得意与身陷非主流的莫名焦虑。因此，在追求和获得社会酬赏的意义上，除了"功名"与"学优而仕"，似乎便没有了其他人生可能，习文还是练武似乎都不再是个需要思考、选择的问题。

"盛世习文，乱世练武"的传统观念也为以文入武提供了可能性。这实际上形成了以文为主导的二分阶序，即，没有"文"引领的"武"只是对蛮力、勇武等"术"的追求。换言之，只有文武兼济、以文润武才可能达至"修身"与"修己"的"道"的境界。最典型的例子可能是我国古代儒、释、道等重要思

[①] 赵京生：《孔子和李白武功不错为何后世文而不武》，《群文天地》，2011年第7期，第48—49页。

想、身体哲学与传统武术各流派的融合发展。"身心一体""内外相合""以意释气"是传播颇广的中国传统武术的修炼哲学与想象境界。① 内家拳之一的形意拳便有非常具体的"身"与"心"、"内"与"外"、"气"与"力"的辩证学说：

> 肩要催肘，而肘不逆肩；肘要催手，而手不逆肘；手要催指，而指不逆手；腰要催胯，而胯不逆腰；胯要催膝，而膝不逆胯；膝要催足，而足不逆膝；首要催身，而身不逆首，心气稳定，阴阳相合，上下相连，内外如一。②

如果将儒、佛、道等影响广泛的古代哲学思潮都视为"文"，那么，似乎在"武"的修炼上都可以见到"文"的影响。无论是"成人""成道"，还是"成性"都体现了身心合一的修行与追求。③ 也因此，在经历了千年嬗变之后，文武的关系被重新提升至历史和哲学的高度予以讨论，例如，顾颉刚的"儒侠同源说"、太极武者阮纪正提出的"至武为文"等。④

时至当下中国，文武之道已经不仅仅停留在"习文"还是"练武"的区隔或融合上，更重要的是"重文轻武"或"重武轻文"的二元观念已经嵌入人们的生活，并以多种变体影响着人们的教育选择、人生道路。人类学家任柯安（Andrew Kipnis）在山东邹平的田野调查中发现：一方面，在普通学校里，学习好的学生很少受到欺负，即便这样的学生在西方文化里是可能被同辈群体排挤的"书呆子"；另一方面，中国的学校教育还通过课堂仪式、书法练习、考试选拔等方式将学业成功的价值意义放大至家庭，甚至家族的荣耀。⑤ 这种对"文"的推崇并不局限于学校之内，一些家长在课余时间将孩子送去围棋班学习围棋便是一个非常有趣的案例。并没有太多家长期望孩子将来成为职业围棋选手，让孩子学习围棋的动机大多是希望能从围棋中习得道

---

① 张再林：《身体哲学视域下的中华武术与中华之道的合一》，《北京体育大学学报》，2019年第7期，第9—16页。
② 宝鼎：《形意拳谱》，太原：山西科学技术出版社，2002年，第235页。
③ 金玉柱、王岗、张再林：《中国武术：一种身体的文化修行——基于身体哲学的视角》，《北京体育大学学报》，2017年第4期，第127—132页。
④ 张再林：《身体哲学视域下的中华武术与中华之道的合一》，《北京体育大学学报》，2019年第7期，第9—16页。
⑤ Kipnis, A., 2011: *Governing Educational Desire: Culture, Politics, and Schooling in China*. Chicago: The University of Chicago Press, pp. 118-124.

德品质,如内心平静、耐心、胜负有道等。① 相似的,"能说会道"胜过"四肢发达"也是近年来我国许多地方口才培训学校备受追捧的内在文化逻辑。② 在这种"教育渴望"的影响下,如果偏离了学业成功或广义"习文"的轨道,无论是家长还是孩子,最为焦虑的也许并不是成败本身,而是这种失败所负载的污名及其道德意义。正如欧文·戈夫曼(Erving Goffman)所论述的:

> 公立学校的入学时节据说常常就是认识污名的时机,道德体验有时在开学第一天便会伴随着奚落、嘲弄、排斥和打架而突如其来。……他将得知,他与"自己人"在一起会容易些,从而得知他认为他曾经拥有的自己是错误的,而这个不怎么样的自己才真正属于他。③

"不道德的孩子"不仅成为个体的污名标签,还可能给家庭带来集体化的耻感。"非主流的""不道德的""有问题的"青少年对于"道德感"的渴望与社会酬赏机制密不可分。例如,在学校中的"好学生"可能获得教师的更多关注,也可能获得更多的资源与机会,而"坏学生"则机会较少,易受到道德上的怀疑。久而久之,学校教育不仅培养了所谓的"栋梁之材",也同时生产了难以融入主流的"边缘人"。

武术学校为这些"边缘人"提供了重构自我价值的可能。武术学校是一个戈夫曼意义上的"全控机构"。戈夫曼将全控机构界定为:"一个居住和工作的地方,在其中有很多处境相近的个体,这些人与社会切断联系一段时间,一起共度封闭的、有正式管理模式的生活。"④在比较了寄宿学校、精神病院、避难所等机构,戈夫曼总结了"全控机构"的四个特征:第一,生活的所有日常都发生在同一个相对封闭的地点,并受到同一权威的管理;第二,全控机构内的成员日常活动都与其他成员一起进行,彼此的差别被降到最低;

---

① Moskowitz, M. L., 2013: *Go Nation: Chinese Masculinities and the Game of Weiqi in China*. Berkeley: University of California Press.

② 相关讨论参见:Dong, X., & Zhang, X., 2019: "Capitalising on Silver Tongues: A Case Study of Self-Advancement and Parenting Practice in Northeast China", *Asian Journal of Social Science*, 47(6), 661-676;Hizi, G., 2021: "Against Three 'Cultural' Characters Speaks Self-Improvement: Social Critique and Desires for 'Modernity' in Pedagogies of Soft Skills in Contemporary China", *Anthropology & Education Quarterly*, 52(3), 237-253;Hizi, G., 2021: "Becoming Role Models: Pedagogies of Soft Skills and Affordances of Person-Making in Contemporary China", *Ethos*, 49(2), 135-151.

③ 〔美〕戈夫曼:《污名:受损身份管理札记》,北京:商务印书馆,2014年,第46页。

④ Goffman, E., 1961: *Asylums: Essays on the Social Situation of Mental Patients and Other Inmates*. Chicago: Aldine, p. xiii.

第三，成员日常活动安排紧凑，这些活动安排源自公开的规则，并由一系列管理人员负责；第四，这些多样的、强化的活动被整合进一个统一的目标。① 从全控机构这四个特征来看，无论是哪一种类型的全控机构，其目的都带有"惩罚特质"（punitive character）。这种"惩罚"主要指向"改造过程"（modification process），即通过"剥离实践"（stripping practice）让个体按照全控机构的期待重新认识自己。不仅如此，由于每天一起吃住、共同生活、完成指定任务，成员们很难建立起公共生活与私人生活的边界，也即戈夫曼意义上的前台与后台的边界消失。

"全控机构"概念一经提出，便遭到许多挑战与质疑。王晴锋总结了四类最为集中的质疑：一是认为"全控机构"概念含糊、区分标准单维；二是认为这一概念强调同质性，忽略了异质性；三是认为"全控机构"过于强调压制性；四是戈夫曼的讨论忽略了制度变迁过程。② 尽管这些批评自有其立场与内在逻辑，戈夫曼在社会学、人类学、社会心理学等相近学科史上的理论贡献却是不容忽视的。也许，戈夫曼的理论遗产主要集中在两个方面：一是戈夫曼创造了一系列可以挑战常识的理论话语，为"做科学"（making science）提供了必要的理论工具以及进一步完善这些工具的可借鉴思路。③ 在这个意义上，戈夫曼说了些什么远没有他是如何说的重要。二是如皮埃尔·布迪厄（Pierre Bourdieu）所言，戈夫曼的理论努力需要回归到他关于"呈现的工作"（work of representation）与"身份"（identity）两个关键词进行考察。④ 也就是说，对"全控机构"的戈夫曼式考察并不一定需要专注于控制的尺度问题（degree of bureaucratization）⑤，或许还可以并应该聚焦于在制度结构与组织目标之下，机构成员与机构代理人、成员之间的协商、角力与自我呈现，以及这种日常互动如何影响了"教化"（indoctrination）与"转化"（conversion）。例如，有研究者通过研究葡萄牙的少管所，认为少管所常用的赏罚策略实际上并没有发挥长效改造的作用，相反，这种制度性规则的实践"引诱"少年犯们发展出应对管控的多种策略，也就是中文语境里常说

---

① Goffman, E., 1961: *Asylums: Essays on the Social Situation of Mental Patients and Other Inmates*. Chicago: Aldine, p. 6.

② 王晴锋：《欧文·戈夫曼与情境互动论》，北京：社会科学文献出版社，2019年，第109—113页。

③ Becker, H. S., 2003: "The Politics of Presentation: Goffman and Total Institutions", *Symbolic Interaction*, 26(4), 659-669.

④ Bourdieu, P., 1983: "Erving Goffman, Discoverer of the Infinitely Small", *Theory, Culture & Society*, 2(1), 112-113.

⑤ Davies, C., 1989: "Goffman's concept of the total institution: Criticisms and revisions", *Human Studies*, 12(1/2), 77-95.

的"上有政策,下有对策""表面一套,背后一套"①。也有研究者认为,"全控机构"中的个体仍有不同程度的能动性,并在全面监控的日常生活中发展出独特的互动秩序和权力关系。从某种意义上来说,无论是主动参与还是被动卷入,生活在"全控机构"中的成员都参与了这种秩序的生产、协商和合法化。② 在这个秩序重建与维系的过程中,成员个体的自我认知与价值认同也或多或少地发生着变化。因此,这位研究者提出"重构机构"(reinventive institutions)的概念,认为:

> (重构机构)是一种物质的、话语实践的或是象征的结构。其中成员自愿探寻、培育一种新的社会身份、角色或位置。这是一个重新发现自我、提升自我与转变自我的过程。这种自我的重构不仅通过制度修辞中的正式指令,还通过成员日常互动情境中的表演性规则机制来实现。③

从大多数武术学校作为中等职业技术学校的性质来看,与监狱、少管所的明显不同是其以"育人"为核心任务的"学校"功能。在这个意义上,武校具有"重构机构"的某些特征:学生自愿且可以自主选择是否退学、探寻新的社会身份、希望通过习武提升或转变自我等。与强调"管控""权力层级"的"全控机构"相比,"重构机构"的"改造"更多地被赋予了宏大意义、渗透了价值取向。

价值(value)是人类学研究的一个古老话题。人类学对价值问题的关注也许可以概括为三条进路:一是对礼物交换的研究④;二是对商品流通的

---

① Zoettl, P. A., 2017: "Discipline, Educate and Punish: Law, Discourse and Praxis in a Portuguese Youth Detention Centre", *Social & Legal Studies*, 26(4), 490-510.

② Scott, S., 2010: "Revisiting the Total Institution: Performative Regulation in the Reinventive Institution", *Sociology*, 44(2), 213-231.

③ Scott, S., 2011: *Total Institutions and Reinvented Identities*. London: Palgrave Macmillan, p. 3.

④ 相关典型研究可参见:〔法〕莫斯:《社会学与人类学》,上海:上海译文出版社,2014 年;〔英〕马林诺夫斯基:《西太平洋上的航海者》,北京:商务印书馆,2016 年;阎云翔:《礼物的流动:一个中国村庄中的互惠原则与社会网络》,上海:上海人民出版社,2000 年;Kipnis, A., 1997: *Producing Guanxi: Sentiment, Self, and Subculture in a North China Village*. Durham & London: Duke University Press; Strathern, M., 1988: *The Gender of the Gift: Problems with Women and Problems with Society in Melanesia*. Berkeley: University of California Press.

研究①；三是试图打破"礼物—商品"二元分类，聚焦于价值转换的研究②。价值转换研究的一个前提性问题是：价值是否需要依托"实体"(entities)及其比较而存在？如果是，那么最好的例证可能就是礼物或商品。如果不是，那么，价值究竟是个体欲望的评测尺度还是索绪尔式(Saussurean)的抽象类别？针对这一问题，人类学家大卫·格雷伯(David Graeber)给出的答案是：两种研究进路都在面对持续不断的变化与转换时显得无能为力，即，经济主义立场会将价值问题窄化为交换行为，而索绪尔主义的信徒则在应对行动问题时手足无措。他进而认为，价值是人们表征自身行为重要性的方法。③ 若此，有关价值的讨论便不再仅仅是诸如"什么东西是有价值的"与"如何才能增值"这样的问题，还包括作为合法性基础的价值阶序何以确立、人们如何想象作为"事实"的价值转换等问题。

学校教育提供了讨论价值转换议题的特殊情境。学校似乎是一个"天然的""教科书式的"德勒兹意义上的"欲望机器"(desiring machines)。吉勒·德勒兹(Gilles Deleuze)认为，欲望生产了真实世界里的"真实"，欲望就像一种机器，欲望的客体则是与之相联的另一个机器，因此，欲望的"真实性"既在其内，亦是欲望本身。④ 作为一种现代性发明，学校实际上已成为与"社会"紧密相联的欲望生产场。⑤ 这种欲望生产既在学校之内，又与广义"社会"的需求、要求息息相关。学校情境中的欲望生产一般借助两个与价值密切相关的路径：一是创造群体性的想象(group fantasy)；二是营销对"缺乏"的恐惧与渴望。与欲望相关的想象从来不是个体性的，总是源于与他人的比较，而"比较"又需要在某种价值阶序之内才可能完成。如果没有"好"与"坏"、"高"与"低"、"强"与"弱"等价值的二元图谱，也就无从"比较"，

---

① 相关重要论述参见：〔德〕马克思：《资本论(第1卷)》，北京：人民出版社，2004年；Douglas, M., & Isherwood, B., 1996: *The Worlds of Goods: Towards an Anthropology of Consumption*. London and New York: Routledge; Appadurai, A. (ed.), 1986: *The Social Life of Things: Commodities in Cultural Perspective*. Cambridge: Cambridge University Press.

② 此类研究可参见：Graeber, D., 2001: *Toward an Anthropological Theory of Value: The False Coin of Our Own Dreams*. New York: Palgrave; Munn, N. D., 1986: *The Fame of Gawa: A Symbolic Study of Value Transformation in a Massim (Papua New Guinea) Society*. Durham: Duke University Press.

③ Graeber, D., 2001: *Toward an Anthropological Theory of Value: The False Coin of Our Own Dreams*. New York: Palgrave, pp. 46-47.

④ Deleuze, G., & Guattari, F., 1983: *Anti-Oedipus: Caitalism and Schizophrenia*. Minneapolis: University of Minnesota Press, pp. 26-27.

⑤ McDermott, R., & Raley, J., 2011: "The Ethnography of Schooling Writ Large, 1955-2010", In B. Levinson & M. Pollock (eds.), *A Companion to the Anthropology of Education*. Hoboken: Wiley-Blackwell, pp. 34-49.

更无法使群体想象获得合法性。这也就与第二个路径相关:"比较"的结果无非有两个,一是比参照物"好"或"强",另一个则是比参照物"坏"或"弱"。若此,欲望的生产往往与"缺乏"的可见却不可及相关。在我国,"榜样主义"观念①也许成了营销"缺乏"的文化沃土,不仅如此,近三十年,"素质"话语在日常生活中的广泛使用,俨然成了一种米歇尔·福柯(Michel Foucault)意义上的社会话语(social discourse),在"缺乏"与"拥有"之间既生产着被多层次"素质"区隔的主体,也创造了这种叙事框架中价值流转的潜在可能性。

对本研究而言,武校作为"全控机构"或"重构机构",其目标之一就是"再造新人",将普通学校里的"差生"、辍学生"回炉"重铸成"对社会有用的人"。正如本书后续章节将要呈现的,这个"再造"过程杂糅着文武之间的欲望、希望与渴望,也映射着当下中国社会多样、多元、持续变化的价值观念。不仅如此,对这些故事主角们而言,武校生活还建构了一种"亚文化资本"(subculture capital)②,并在就读期间甚至是毕业后获得将这种亚文化资本转换成其他资本形态的可能③。在布迪厄资本理论④的意义上,这亦是在"武林"场域生产和消费"习武"符号资本的结果。对这些民族志故事主角们而言,武校生活可能只是漫长人生的一段插曲、一个阈限阶段(liminal phase)、一种仪式过程。

二、以武育人与仪式过程

如果说武术学校可以算作戈夫曼意义上的"全控机构",那么,置身于这样的"全控机构",一定程度上与"社会"分离,每天被一套全新的"价值观"轰炸,学习和使用以"尚武"为核心的话语体系、人际交往等,这些戈夫曼眼中的身份剥离与再造过程在维克多·特纳(Victor Turner)那里,也许就变成了一种"仪式过程"(ritual process)⑤。如果说戈夫曼的"全控机构"理论提

---

① 关于"榜样社会"与"榜样主义"的讨论可参见:Bakken, B., 2000: *The Exemplary Society: Human Improvement, Social Control, and the Dangers of Modernity in China*. Oxford: Oxford University Press.
② Thornton, S., 1995: *Club Cultures*. Cambridge: Polity Press.
③ Dong, X., 2018: "Capital in Transition: A Case Study of Migrant Children in China's Martial Arts Schools", *Asian Journal of Social Science*, 46(6), 706-724.
④ Bourdieu, P., 1986: "The Forms of Capital", In J. E. Richardson (ed.), *Handbook of Theory of Research for the Sociology of Education*, New York: Greenwood Press, pp. 241-258.
⑤ 〔美〕维克多·特纳:《仪式过程:结构与反结构》,黄剑波、柳博赟译,北京:中国人民大学出版社,2006年。

供了理解价值阶序重构的可能,那么,特纳的仪式理论则可能为理解"育人"的阈限性(liminality)提供理论营养。

特纳的仪式理论部分源于阿诺尔德·范·热内普(Arnold van Gennep)有关过渡仪式的研究,他提出了阈限性(liminality)和阈限阶段(liminal phase)的概念,并将阈限阶段分为分离(separation)、过渡(limen)与聚合(aggregation)三个阶段。① 按特纳的解读,这三个阶段分别有其不同的功能与意义:

> 第一个阶段(分离阶段)包含带有象征意义的行为,表现个人或群体从原有的处境——社会结构里先前所固定的位置,或整体的一种文化状态(称为"旧有形式"),或二者兼有——之中"分离出去"的行为。而在介乎二者之间的"阈限"时期(过渡阶段)里,仪式主体[被称作"通过者"(passenger)]的特征并不清晰;他从本族文化中的一个领域内通过,而这一领域不具有(或几乎不具有)以前的状况(或未来的状况)的特点。在第三个阶段(重新聚合或重新并入的阶段),通过过程就圆满地完成了。仪式主体——无论是个人还是群体——重新获得了相对稳定的状态,并且还因此获得了(相对于其他人的)明确定义、"结构性"类型的权利和义务。他的身上被寄予了一定的期望值:他所做出的表现应当与某些习俗规范、道德标准相一致,而这些正是在这类职位的体系中对社会职位的担任者的要求。②

阈限理论适用于"部落"式的小规模社会,仪式的重要功能便是为个体身份的转变、确认、被"部落"接受提供测试与公告的可能。但是,并不是所有人都通过阈限而"成为"新成员。在范热内普的仪式理论基础上,特纳进一步发展出社会戏剧(social drama)的概念。特纳认为,社会戏剧也分为三个阶段:中断关系(breach)、矫正(redress)、回归(reintegration)或分裂(schism),这三个阶段发生在共享某种价值的群体内部,这种价值实际上构成了个体取舍排序的标准,即总有某些事情被认为是具有高优先性的、重要的,与此同时,个体也在这种"星标群体"(star group)之中获得"爱、认可、特

---

① 〔法〕阿诺尔德·范热内普:《过渡礼仪》,张举文译,北京:商务印书馆,2010年。
② 〔美〕维克多·特纳:《仪式过程:结构与反结构》,黄剑波、柳博赟译,北京:中国人民大学出版社,2006年,第95页。

权、职责以及其他可见与不可见的收益与酬赏"①。如果说仪式研究在人类学成为学科之前便已有,并伴随着人类学的发展,那么,特纳之后,仪式研究可能从仪式是什么、仪式的社会文化功能等结构功能主义问题转变成为仪式如何生产、维系、解释符号秩序的"实践过程"问题。

在武校,仪式生活并不一定只生产神圣性与"皈依的门徒",还可能生产深谙其中门道的"投机者"。这已经不是对规则的遵守或对神圣性的信仰,而是对游戏感的配合。武德或更广义的道德主体便不再是自觉实践道德规范的主体,而是将道德规范视为游戏规则甚至是游戏道具的利己主义者。对己有利,则强调仪式与规则的重要性;对己不利,则不仅无视规则,甚至还试图临时更改规则。若此,仪式便失去了它的合法性与神圣性。例如,如果武校里的"体罚"是一种身体仪式,那么,它的神圣性也许不仅嵌入在"认错"与"疼痛"之中,更重要的是规则明确、赏罚有度、执行有力。如果一名教练在制定规则时声称与室友打架要被"开棍"三棍,而在执行时却临时起意,改成了五棍,规则就失去了它的神圣性,因为规则的执行完全取决于教练的心情、喜好、与学生的关系。

随着社会、文化的发展变化,"仪式"及其表征的"传统"都发生了诸多变化。一方面,"传统的"仪式与"现代的"文化观念、形式相结合,在特定的时间、地点,由特定的人"展演"与"传承"。常见的例子可能是各种以"地方特色"为"卖点"的旅游景区里的民俗表演。② 另一方面,从当下不同群体的文化诉求出发,更多的"仪式"被发明出来,并嵌入人们的日常生活。例如,"双十一"、中学生的"成人礼"、"研学旅行"等,其背后已经不是对仪式本身"神圣性"的诉求,而更多的是资本驱动下的多方共谋。在这样的"共谋"中,学校、教师、家长、学生、商家,甚至还包括教育管理部门等出于不同的动机和目的,共同建构出"实用主义的神圣性",并将更多、更宏大的话语注入这种"实用主义的神圣性",使其不仅获得合法性,更获得毋庸置疑的合理性、合目的性。在这个意义上,仪式为何也许已经不再重要,更重要的问题可能是仪式如何成为仪式,其"育人"的合法性又是如何被构建的,也即布迪厄所说的"制度仪式"(rites of institution)的"强制性边界"(arbitrary boundary)是

---

① Turner, V., 1982: *From Ritual to Theatre: The Human Seriousness of Play*. New York: PAJ Publications, p.69.

② 相关讨论参见: Oakes, T., 2013: Heritage as Improvement: Cultural Display and Contested Governance in Rural China. *Modern China*, 39(4), 380-407; Su, X., & Teo, P., 2009: *The Politics of Heritage Tourism in China: A View from Lijiang*. London & New York: Routledge.

如何形成、如何影响认知与道德秩序的。①

以武育人也是一个多方共谋下的仪式过程。在这个"仪式"中,与"主流社会"和"主流教育"分离、中断了关系的辍学生被送进武术学校,进而重新获得了"学生"的身份,这也就意味着这些人可以以"应届生"的身份重新进入"社会",而不必再背负"辍学生"的污名。不仅如此,武术学校还为这些学生提供了重返"主流"的多种可能。例如,一种可能是武校学生可以通过武术特招的方式参加高考、入伍当兵,重回"主流社会"认可的职业路径、人生轨迹;另一种可能则是从事与武术相关的工作,如武术教练、保镖等等;还有一种可能是在武校"等待"成年后,带着中专或大专学历证书,像所有打工者一样,成为劳动力市场里的普通一员,也许余生再与武术无缘。不管是哪一种,这些可能性都被武校、家长,甚至学生视为向新规则的转变与适应②。

仪式过程的相关理论为理解以武育人提供了一种外部视角,即将"习武"置于青少年与父辈、学校、社会的关系之中进行考察。与这种群际关系视角不同,作为一个"群体"的习武青少年内部又共享着怎样的意义体系,共同实践和建构了怎样的文化规则?青年文化和颇具中国特色的"江湖"概念也许对探究这一问题有所助益。

三、唯武得心与青年文化

"青年亚文化"是"青年"与"亚文化"两个概念的组合。从学术研究的历史来看,"青年"的概念在16、17世纪才逐渐形成和普及。在这之前,"儿童"与"成人"之间并没有明确的过渡时期。在《儿童的世纪:旧制度下的儿童和家庭生活》中,作者菲力浦·阿利埃斯(Philippe Aries)认为,近代以来,"每一时期,都有一个占优势的年龄段,一个特殊的生命阶段:17世纪占优势的是'青年',19世纪是'童年',20世纪是'青少年'"③。在这样的历史背景下,心理学家格兰维尔·霍尔(Granville Hall)在1904年首创了"青春期"(adolescence)的概念,用以指称从儿童向成人过渡的转变阶段(transitional

---

① Bourdieu, P., 1991: *Language and Symbolic Power*. Cambridge: Polity Press, pp. 117-118.

② Chong, D. 2000: *Rational Lives: Norms and Values in Politics and Society*. Chicago: The University of Chicago Press, pp. 186-192.

③ 〔法〕菲力浦·阿利埃斯:《儿童的世纪:旧制度下的儿童和家庭生活》,沈坚、朱晓罕译,北京:北京大学出版社,2013年,第46—47页。

stage),即青少年在身体、智力、社会化等方面都发生快速变化的特殊人生阶段。① 这一概念影响深远,不仅在法律(尤其是未成年人保护法)、社会文化规范方面重新定义了儿童、青春期少年的社会价值②,而且重构了一百多年来针对青春期阶段的养育观念和教育实践,使青春期成为"教育常识"③:人们对于青春期的理解往往囿于生理或心理的层面,尤其关注第二性征的发展、叛逆行为的出现等,认为每个孩子都天然地或不可避免地要经历青春期的变化,遭遇青春期的冲突或问题。

早在20世纪40年代,社会学家塔尔科特·帕森斯(Talcott Parsons)就对霍尔的心理学立场进行了回应,认为青春期或"青春岁月"(the age of adolescence)是被构建出来的文化类别(cultural category)。④ "文化类别"的构建需要区分"我们"与"他们",在"同"与"异"的基础上建立自我认同、社会关系,甚至是"鄙视链"。在这个意义上,与主流文化、价值观相异的主张常常被归入"亚文化"一类,成为"更广泛的文化内种种富有意味而别具一格的协商。他们同身处社会与历史大结构中的某些社会群体所遭际的特殊地位、暧昧状态与具体矛盾相应"⑤。换言之,亚文化提供了从行为、行动到价值观的情感结构和序列脚本,并对参与者尤其是忠实"信徒"具有影响深远的符号象征意义。对于亚文化的这种"结构/能动性"特征,迈克尔·布雷克(Michael Brake)有一段精辟的论述:

> 作为一个概念,亚文化非常有助于我们依托文化和符号背景去对人际互动进行社会学的理解。它发挥了自己应该发挥的作用,并将自己改造成一种可以在结构和行动者的辩证关系当中起作用的有效成分。在结构性的层面上,亚文化这一概念表明文化是如何被介导到一群社会行动者中间并由这些人创造出来的;而在存在的层面上,它则表明各种意义是如何从一种亚文化群当中提取出来并被用于构造一种形

---

① Hall, G., 1908: *Adolescence*. New York: Appleton.
② 〔美〕维维安娜·泽利泽:《给无价的孩子定价:变迁中的儿童社会价值》,王水雄译,上海:华东师范大学出版社,2017年,第228—229页。
③ 参见 Earl, L. et al, 1996: *Schooling for Change: Reinventing Education for Early Adolescents*. London: The Falmer Press, pp.9-17;董轩、程亮:《青春期的社会建构:常识重审与教育可能》,《教育研究》,2022年第9期,第66—75页。
④ Parsons, T., 1942: "Age and Sex in the Social Structure of the United States", *American Sociological Review*, 7, 604-616.
⑤ 〔美〕约翰·费斯克等:《关键概念:传播与文化研究辞典》,李彬译,北京:新华出版社,2004年,第281页。

象并进而构造一种身份认同的。①

青年亚文化研究的发展也可以视为在"社会结构"与"行动者能动性"之间的摇摆取舍过程。第二次世界大战前的社会学芝加哥学派(The Chicago School)从城市社区、青年越轨现象出发,强调移民、美国少数族裔的边缘地位,或可视作强调"社会结构"的典型代表。② 战后,阶级冲突加剧,青年亚文化研究被纳入阶级冲突的视域中考察,强调阶级文化再生产、抵抗的表达等③,这亦是英国伯明翰学派(the Birmingham School)诞生、发展的时代背景。但是,伯明翰学派似乎并不仅仅强调阶级对青少年文化生活的结构性影响,还注重探究流行文化实践的流动性、变异性,并尝试突破作为年龄区间的"青年"概念,将更加复杂多元的跨群体文化样态纳入青年亚文化的考察范畴。④ 按伯明翰学派重要代表人物斯图尔特·霍尔(Stuart Hall)的观点,文化首先不是一组"事物",而是一组"实践"和"过程",因而,文化涉及一个社会或集团成员间的意义生产与交换,文化既与概念和观念相关,也涉及感情、归属感和情绪。⑤

经过半个多世纪的发展,青年文化研究已经从最初关注基于阶级位置的亚文化形态、风格表征、身份塑造转向作为一个整体的青年文化实践(entirety of youth cultural practice),以及如何让这些文化实践与全球资本主义、跨国主义、当地文化交织在一起。⑥ 显著的变化也许是青年文化不仅嵌入生产与消费的意义再生产过程,而且在这个过程中逐步清晰和自觉的世代意识取代了阶级分析。一种可能的归因是,一些亚文化风格与实践"根本不挑战、不对抗那个占支配地位的意义体系,实际上还是这种意义体系的

---

① 〔加〕迈克尔·布雷克:《青年文化比较:青年文化社会学及美国、英国和加拿大的青年亚文化》,孟登迎、宓瑞新译,北京:中国青年出版社,2017 年,第 10—11 页。
② 相关讨论参见:何雨:《社会学芝加哥学派:一个知识共同体的学科贡献》,北京:社会科学文献出版社,2016 年;杜月:《芝加哥舞女、中国洗衣工与北平因犯:都市中的陌生人》,《社会》,2020 年第 4 期,第 1—25 页;Abbott, A., 1997: "Of Time and Space: The Contemporary Relevance of the Chicago School", *Social Forces*, 75(4), 1149-1182.
③ 这个时期的重要代表著作如:〔英〕保罗·威利斯:《学做工:工人阶级子弟为何继承父业》,秘舒、凌旻华译,南京:译林出版社,2013 年;〔英〕迪克·赫伯迪格:《亚文化:风格的意义》,陆道夫、胡疆锋译,北京:北京大学出版社,2009 年。
④ 参见 Lave, J. et al., 1992: "Coming of Age in Birmingham: Cultural Studies and Conceptions of Subjectivity", *Annual Review of Anthropology*, 21, 257-282.
⑤ 〔英〕斯图尔特·霍尔:《表征:文化表征与意指实践》,徐亮、陆兴华译,北京:商务印书馆,2013 年,第 3 页。
⑥ Bucholtz, M., 2002: "Youth and Cultural Practice", *Annual Review of Anthropology*, 31, 525-552.

表达和扩展。……对青年的综合分析,必须不仅要能适应和解释离经叛道和拒绝,还要能适应和解释墨守成规和服从"①。也因此,有文化研究学者认为,文化研究最重要的问题是对文化复杂性的关注,这种复杂性与对人的理解密切相关,"必须从理解人们日常生活中希望与失望所建构的接合开始"②。

在中国,青年亚文化研究可能源于对"独生子女""代际关系"的关注。一些学者比较了"70后""80后""90后"等不同"代"的群体在社会态度、生命历程、生存机遇等诸层面的异同,探讨"新生代"何以成为"改革开放的孩子们"③。"新生代"的"新"与其父母一代的"旧"相对,在处于转型期的中国社会,文化反哺成为一种常见现象。周晓虹借鉴了玛格丽特·米德(Margaret Mead)有关代沟的理论,认为子代对父母的挑战说明长者权威的式微,同时,代际互动中的"文化反哺"也实际上帮助父母更好地适应了中国社会的快速变化。代际关系并不局限于"谁向谁学"的层面,更为重要的是以代际关系变迁为表征的家庭内部亲密关系、权力关系的变化。④ 在这样的背景下,我国的年轻一代也自觉卷入全球青年亚文化的日常生产与消费之中。20世纪90年代中后期开始,有关我国青年文化的研究聚焦于两个理论议题:城市化与个体化。

第一个研究主题是城市化与青年文化。周越(Adam Chau)在他的研究中指出,在世纪交替的中国农村,青年一般有三个选择:第一个选择是留在老家继续务农;第二个选择是到城市里务工;第三个是考上大学,在城市里找到工作。⑤ 事实上,从允许农民流动到城市里务工开始,便少有农民工会选择返乡生活。也因此,20多年之后,农村中的青壮年越来越少,几乎只剩下老人和孩子⑥。尽管青年农民工普遍不想再回农村,但大城市对于他们而言,却是一个难以真正融入、扎根的地方。例如,在现行的户口制度下,很

---

① 〔英〕格雷厄姆·默多克、罗宾·迈克农:《阶级意识与世代意识》,引自斯图亚特·霍尔、托尼·杰斐逊主编:《通过仪式抵抗:战后英国的青年亚文化》,孟登迎、胡疆锋、王蕙译,北京:中国青年出版社,2015年,第325页。
② 〔美〕劳伦斯·格罗斯伯格:《文化研究的未来》,庄鹏涛、王林生、刘林德译,北京:中国人民大学出版社,2017年,第40—41页。
③ 李春玲:《改革开放的孩子们:中国新生代与中国发展新时代》,《社会学研究》,2019年第3期,第1—24页。
④ 周晓虹:《文化反哺:变迁社会中的亲子传承》,《社会学研究》,2000年第2期,第51—66页。
⑤ Chau, A., 2006: "Drinking Games, Karaoke Songs, and 'Yangge' Dances: Youth Cultural Production in Rural China", *Ethnology*, 45(2), 161-172.
⑥ Xiang, B., 2007: "How Far are the Left-behind Left Behind?: A Preliminary Study in Rural China", *Population, Space and Place*, 13, 179-191.

少有农村青年可以在没有学历的情况下获得城市居民的正式身份。① 但是,这些从农村到城市边缘的青年,也通过自己的方式探索、建构城市体验,如,学习时间观念与自律、工作技能与工厂文化、城市流行文化等。② 刘绍华对少数民族青少年的"城市历险"的讨论反映了这种游走在城市边缘的极端个案。刘绍华认为,这些少数民族青年在城市里以盗窃为生,逐渐染上毒品和艾滋病,与无法找到工作、贫困、困惑和痛苦息息相关。这些在城市里的边缘体验也许并不是充满男性气概的"冒险",而仅仅是无法融入城市之后的无奈之举。③

这种疏离感也嵌入了日常话语实践。典型例子是"素质"作为福柯意义上的社会话语在短短 40 年的时间里如何使"人以群分"的分析和归因逻辑获得了当下的合法性。④ 一种常见的观念是农村人代表着"素质低""落后",而城里人则代表着"素质高""先进"。⑤ 这种"素质"区隔又进一步影响了歧视、污名的日常实践。⑥ 有学者以"杀马特"群体为例,认为"杀马特"的亚文化实践可以视为城乡二元格局、身体消费在"土气与洋气"价值层级中的体现,有关这一群体的污名化实际上只是复刻了城市对农民工"经济接纳,社会排斥"的逻辑。⑦ 与此相对,钱霖亮通过研究义乌的电商从业者群体,认为生意的成功让这些同样是从农村到城市的移民获得了更多的经济、社会和文化资本,也获得了更多在阶层鄙视链中的协商、抵抗的权力。⑧

---

① Wang, F.-L., 2005: *Organizing through Division and Exclusion: China's Hukou System*. Stanford: Stanford University Press;李春玲:《青年群体中的新型城乡分割及其社会影响》,《北京工业大学学报(社会科学版)》,2017 年第 2 期,第 1—7 页。

② 相关讨论参见:Kipnis, A., 2016: *From Village to City: Social Transformation in a Chinese County Seat*. Berkeley: University of California Press;Kim, J., 2013: *Chinese Labor in a Korean Factory: Class, Ethnicity, and Productivity on the Shop Floor in Globalizing China*. Stanford: Stanford University Press;Pun, N., 2005: *Made in China: Women Factory Workers in a Global Workplace*. Durham: Duke University Press;张鹏:《城市里的陌生人:中国流动人口的空间、权力与社会网络的重构》,南京:江苏人民出版社,2014 年。

③ 刘绍华:《我的凉山兄弟:毒品、艾滋与流动青年》,北京:中央编译出版社,2015 年。

④ Kipnis, A., 2006: "Suzhi: A Keyword Approach", *The China Quarterly*, 186(2), 295-313.

⑤ Anagnost, A., 2004: "The Corporeal Politics of Quality (suzhi)", *Public Culture*, 16(2), 189-208.

⑥ Sigley, G., 2009: "Suzhi, the Body, and the Fortunes of Technoscientific Reasoning in Contemporary China", *Positions: Asia Critique*, 17(3), 537-566;Sun, W., 2009: "Suzhi on the Move: Body, Place and Power", *Positions: Asia Critique*, 17(3), 617-642.

⑦ 王斌:《快速城镇化背景下的差序制造与污名建构——再议"杀马特"群体》,《中国青年研究》,2015 年第 1 期,第 60—64 页。

⑧ Qian, L., 2018: "The 'Inferior' Talk Back: Suzhi (Human Quality), Social Mobility, and E-Commerce Economy in China", *Journal of Contemporary China*, 27(114), 887-901.

第二个研究主题是个体化与青年文化。青年群体的个体化首先体现在符号表征与社会空间的构建上。例如,美国人类学家雪莉·奥特纳(Sherry Ortner)对"X世代"(Generation X)的研究,认为所谓的"X世代"既是青年群体的集体认同诉求,也是市场经济裹挟下的消费主义产物与"鲍德里亚式过程"(Baudrillardian process),即没有参照物的能指的狂欢(a free play of signifiers with no referent)。① "X世代"源于一本同名小说《X世代:加速文化的故事》(Generation X: Tales for an Accelerated Culture)②,本是作者用来描述"麦工"(McJobs),即低收入、低声誉、低尊严、没有未来的服务行业从业者的。奥特纳借用了这一具有鲜明特征的术语来指称美国二战后的一代,这一代不仅收入低、社会地位低,而且许多社会问题也如影随形,如高离婚率、艾滋病、自然灾难等。这其实也与英国伯明翰学派的研究有所呼应。换言之,二战后的世界各国都面临各种各样的问题,青年一代的文化实践恰是这些社会问题的缩影,而这些所谓的"社会问题"似乎也只是主流价值立场下的"问题"。在这个意义上,青年亚文化的诸种"风格""表征"也许可以视为特定时代、社会变迁过程中个体选择与被选择的结果。从这一思路出发的青年亚文化研究文献极多,这里略举几例:美国中学里的帮派、种族、性别问题③、青少年对所谓"酷"文化、"可爱文化"(cute culture)的建构、跨文化传播、重构④、极限运动中的身份认同构建⑤,等等。在中国,青年亚文化随着改革开放、全球化进程而不断演化。从20世纪80年代的摇滚乐

---

① Ortner, S. B., 1998: "Generation X: Anthropology in a Media-Saturated World", *Cultural Anthropology*, 13(3), 414-440.

② 作者是Douglas Coupland,英文版1991年出版,中文版2009年由作家出版社出版,译为《X一代:在加速文化中失重的故事》。

③ 相关讨论参见:Fordham, S., 1996: *Blacked Out: Dilemmas of Race, Identity, and Success in Capital High*. Chicago: University of Chicago Press; Garot, R., 2010: *Who You Claim: Performing Gang Identity in School and on the Streets*. New York: New York University Press; Wilkins, A. C., 2008: *Wannabes, Goths, and Christians: The Boundaries of Sex, Style, and Status*. Chicago & London: The University of Chicago Press.

④ 相关讨论参见:Milner Jr, M., 2004: *Freaks, Geeks, and Cool Kids: American Teenagers, Schools, and the Culture of Consumption*. New York: Routledge; Skelton, T., & Valentine, G. (eds.), 1998: *Cool Places: Geographies of Youth Cultures*. London: Routledge; Yano, C., 2013: *Pink Globalization: Hello Kitty's Trek across the Pacific*. Durham: Duke University Press.

⑤ Raymen, T., 2019: *Parkour, Deviance and Leisure in the Late-Capitalist City: An Ethnography*. London: Emerald Publishing.

队、地下朋克、迪斯科、霹雳舞等①到追求"酷"的符号与风格②、嘻哈与街舞等重构社会空间的亚文化形式③，再到互联网技术、新媒体、社交媒体等对青年一代构建和表达自我、认同④，我国不同年代的"青年"不仅经历了非常不同的亚文化实践，而且重建了作为群体形象甚至是群体刻板印象的代际标识。

就本书所研究的武校学生群体而言，网络身份（及网吧经验）和代际关系对于讨论他们的亚文化实践与所谓的个体化更加契合。在网络普及之后的中国，网吧成为一代青年的青春记忆。有学者将青少年的网吧经验置于网络身份与离线生活双重关系下考察，认为"线上"与"线下"经验遵循着两种形式的个人主义，即表达性个人主义（expressive individualism）与经济/功利主义个人主义（economic or utilitarian individualism）。在这个意义上，网络空间并不仅仅为网民提供实践表达性个人主义的空间，还为两种个人主义的角力提供了多样可能。⑤

网络世界与武校生活也提供了青少年理解和重构"江湖"概念的新可能。江湖常被认为是与官方相对的、处于"法外之地"的边缘社会，例如，清末的街头丐帮⑥、民国时期上海的青帮⑦与四川的袍哥⑧、台湾地区的民间

---

① 参见 de Kloet, J., 2010: *China with a Cut: Globalisation, Urban Youth and Popular Music*. Amsterdam: Amsterdam University Press.

② Moore, R., 2005: "Generation *Ku*: Individualism and China's Millennial Youth", *Ethnology*, 44(4), 357-376.

③ Frangville, V., & Gaffric, G. (eds.), 2020: *China's Youth Cultures and Collective Spaces: Creativity, Sociality, Identity and Resistance*. London: Routledge.

④ 参见 Law, P.-L., & Peng, Y., 2006: "The Use of Mobile Phones among Migrant Workers in Southern China", In P.-L. Law, L. Fortunati, & S. Yang (eds.), *New Technologies in Global Societies*. Singapore: World Scientific; Wang, J., 2005: "Youth Culture, Music, and Cell Phone Branding in China", *Global Media and Communication*, 1(2), 185-201; Wang, J., 2008: *Brand New China: Advertising, Media, and Commercial Culture*. Cambridge, MA & London: Harvard University Press.

⑤ 参见 Liu, F., 2009: "It is Not Merely about Life on the Screen: Urban Chinese Youth and the Internet Café", *Journal of Youth Studies*, 12(2), 167-184; Liu, F., 2011: *Urban Youth in China: Modernity, the Internet and the Self*. New York and London: Routledge.

⑥ 参见 Lu, H., 2005: *Street Criers: A Cultural History of Chinese Beggars*. Stanford: Stanford University Press. 该书中文版 2012 年由社会科学文献出版社出版，译为《叫街者：中国乞丐文化史》。

⑦ Martin, B., 1996: *The Shanghai Green Gang: Politics and Organized Crime, 1919-1937*. Berkeley: University of California Press.

⑧ 王笛：《袍哥：1940 年代川西乡村的暴力与秩序》，北京：北京大学出版社，2018 年。

宗教实践者①、鱼龙混杂的茶叶市场②、渴望得到官方认可的算命先生③等等。但是，对于武校学生而言，"江湖"的意义也许想象多于实践。他们并没有参与"有组织犯罪"，也并没有太多机会"进社会"、混迹于"社会底层"。尽管半军事化管理的学校将广义的"江湖"隔离在了校园之外，在武校内部，也许又重新建立了一套与"江湖"有关的话语和价值意义体系。在这个意义体系里，武校学生的日常生活与荣誉、兄弟、义气紧密相联，甚至作为"官方"代表的教练、学校管理者也使用类似的"江湖"逻辑进行道德动员。不仅如此，"江湖"想象也回应了上述有关青少年对"冒险"和"酷"等符号意义的建构、理解、实践。

讨论当代中国年轻一代的个体化不能忽略代际关系的变化。一方面，因为上文所述中国的城市化进程，大量青年人离开农村进城打工。人类学家阎云翔近年集中讨论了这一议题，他从东北农村社会变迁对青年一代婚姻、消费、职业选择、休闲活动等多个层面着眼，探究了年轻一代的个体化进程与自主权，以及这个过程中代际冲突的发生原因与发展机制。这些代际冲突实际上反映了青年一代的生活方式、价值取向和对流行文化的态度。④另一方面，代际关系问题还与独生子女政策、素质教育的政策导向等政策因素紧密相关。例如，美籍华裔人类学家冯文（Vanassa Fong）以大连为田野地点，研究了 20 世纪 90 年代末的高中生群体与父母的相处方式、教育焦虑等问题。也有研究考察了独生子女政策之后人们对"孝顺"与父权理解的代际差异⑤，以及这种原有文化价值观被动摇过程中的性别政治⑥。

综上所述，尽管青年亚文化研究起源于大移民时代的都市社区，经历了不同阶级出身青少年之间的边缘与主流权力之争，在全球化、媒介化时代发

---

① Boretz, A., 2011: *Gods, Ghosts, and Gangsters: Ritual Violence, Martial Arts, and Masculinity on the Margins of Chinese Society*. Honolulu: University of Hawai'i Press.

② Zhang, J., 2013: *Puer Tea: Ancient Caravans and Urban Chic*. Seattle: The University of Washington Press.

③ Li, G., 2019: *Fate Calculation Experts: Diviners Seeking Legitimation in Contemporary China*. Oxford: Berghahn Books.

④ 相关讨论参见：Yan, Y., 2010: "The Chinese Path to Individualization", *The British Journal of Sociology*, 61(3), 489-512; Yan, Y., 2011: "The Individualization of the Family in Rural China", *Boundary 2: An International Journal of Literature and Culture*, 38(1), 203-229; Yan, Y., 2016: "Intergenerational Intimacy and Descending Familism in Rural North China", *American Anthropologist*, 118(2), 244-257.

⑤ Deutsch, F. M., 2006: "Filial Piety, Patrilineality, and China's One-Child Policy", *Journal of Family Issues*, 27(3), 366-389.

⑥ Shen, Y., 2016: "Filial Daughters? Agency and Subjectivity of Rural Migrant Women in Shanghai", *The China Quarterly*, 226(June), 519-537.

展成为边界更为模糊的跨学科研究领域,但是,具体到中国社会情境,从已有文献亦可发现,改革开放以来我国青少年的文化生活往往与学校生活紧密相关。学校在青少年社会化、文化态度的形成、亚文化的实践中扮演着重要角色。不仅如此,青年一代的个体化也反映着国家教育实践的制度性安排,即个人的成功与失败源于个人的出身、能力、努力等因素,而与宏观的、结构性因素没有关系。① 在这个意义上,武校为进一步了解青年一代对城市化进程与个体化的回应提供了独特案例。因此,本研究更多地指向对武校学生日常文化实践的探索,而不仅仅是描绘具有边界性的青年亚文化形态。换言之,本研究尝试呈现武校学生在教育过程中所建构和实践的"学生亚文化",这种亚文化不仅是阶级、性别等结构性因素的映射,也不仅仅"经由地理位置、邻里关系、世代、闲暇、社会控制和领导权这些次要的指标作为中介而完成的"②,更是武术学校所生产、传递、共享的价值意义。

四、田野地点与研究方法

本研究的田野地点是河南省登封市。登封历史悠久,建城历史可追溯到夏朝的禹都阳城。西汉时,设立崇高县,隋代改为嵩阳县。公元 696 年,武则天在嵩山峻极峰修登封坛,举行声势浩大的封禅大典。次年,武则天奉嵩山为天下五岳之首,改年号为"万岁登封",并将当时的嵩阳县改为登封县,这也是作为地名一直沿用至今的"登封"的由来。不仅如此,少林寺由于曾在唐初有十三棍僧救唐王的事迹,在唐太宗时得到诸多封赏和礼遇,这也影响了当时只有百余年历史的少林寺的后续发展,少林寺最终成为"禅宗祖庭""天下第一名刹"。

登封市政府网站上的官方资料显示③,嵩山堪称中国诸山之祖,其主体有太室山和少室山。两山各有 36 峰,千百年来发展至今,已是峰峰有名、有典、有传说。相传治水的禹的第一个妻子涂山氏在太室山生下儿子启,山下建有启母阙,故称太室。太室山范围内有著名的中岳庙、嵩阳书院等,上述武则天封禅的峻极峰便是太室山的最高峰。与太室山相对的是少室山。传

---

① Hasen, M. H., 2015: *Educating the Chinese Indifidual: Life in a Rural Boarding School*. Seattle: University of Washington Press.
② 〔加〕迈克尔·布雷克《青年文化比较:青年文化社会学及美国、英国和加拿大的青年亚文化》,孟登迎、宓瑞新译,北京:中国青年出版社,2017 年,第 251 页。
③ 有关嵩山历史,资料采用登封市政府的官方表述,详见登封政府网站 http://www.dengfeng.gov.cn。

说禹的第二个妻子是涂山氏的妹妹,在禹治水时曾住在太室山以西10公里的少室山下,后人在此建有少姨庙,故名少室。少室山范围内最著名的就是少林寺。

相传南北朝时期,天竺高僧佛陀(又称跋陀)到中国,颇得北魏孝文帝礼遇。北魏太和二十年(496年),孝文帝为跋陀在嵩山建少林寺,因寺处少室山林中,故名少林。这一支对后世、全球佛学影响深远的禅宗,在登封的实践、传承一直以禅、武、医三者合一为特色。以禅入武、以武修禅成为少林僧人悟禅的独特方式之一,最终都指向日常生活。一些流传颇广的传说也有此意。例如,相传达摩祖师面壁时,常走出洞外活动筋骨、伸伸懒腰,便有了后来少林《易筋经》的双手托天势;紧那罗王每天烧水做饭而悟出"少林烧火棍"。①

1979年,香港中原电影公司根据"十三棍僧救唐王"的故事,在少林寺实地拍摄电影《少林寺》,并于1982年上映,引发了全球范围的"功夫热"。据《嵩山志》,在唐初的"十三棍僧救唐王"之后,少林寺便一直有僧兵,并在各个朝代都发挥了重要作用。例如,明中叶,少林武僧月空和尚曾率僧兵30余人赴边境前线抗击倭寇,武僧万庵、普使和尚也曾多次参战。明朝正德年间,明武宗曾亲调少林武僧镇守边关,少林三奇和尚曾带僧兵1000余人转战陕西、山西等地。时至近代,民国初年,武僧恒林因武功高强被推举为少林地区的保卫团团总,率僧兵抗击当地土匪,保一方太平。少林武僧妙兴还曾任吴佩孚部的团长。在抗战时期,武僧也曾参加对日作战,中国人民解放军的许世友将军便是与少林功夫结缘的名人之一。②

随着"功夫热"的持续发酵,2000年,登封开始筹建少林武术城。少林武术城在登封市区西北,占地2.99平方公里,毗邻少林寺、三皇寨、嵩阳书院等著名景区。武术城以少林武术教学为主体,期望以武术学校带动少林相关产业,如旅游、表演、竞技比赛、体育周边产品等。据《嵩山志》的数据,截至2005年,已有鹅坡武校、释小龙武院、精武院、塔沟武校、少林武僧团培育基地、嵩山少林寺武术学院等九所武术学校入驻少林武术城,③形成了山上有寺、山下有校的少林产业格局。

2012年,登封共有48家注册备案的武术学校,据不完全统计,有超过

---

① 有关少林寺、禅武的介绍,本书采用少林寺官方网站上的资料,参见少林寺官方网站http://www.shaolin.org.cn。
② 河南省嵩山风景名胜区管理委员会:《嵩山志》,郑州:河南人民出版社,2007年,第347页。
③ 河南省嵩山风景名胜区管理委员会:《嵩山志》,郑州:河南人民出版社,2007年,第355页。

7万名全日制学生。由于武校学生流动性非常大,并没有关于在校学生数的官方统计数据。以笔者田野调查的两所学校之一的大武校为例,这所武校有小学、初中、高中、中专四个层级的班级,全日制学生一万余人。由于武校学生流动性极高,很多学生入学后不久便因为种种原因选择退学,因此,学校没有详细的在校生统计数据。

大多数武校位于登封市区与少林寺之间的山里,采用半军事化管理。几乎所有学校都采用"半天练武、半天文化课"的"文武兼修"模式。但规模较大的武校一般有义务教育阶段民办学校的办学资质,甚至一些学校还有大专或中专学历授予权,这种学校多采用国家课程进行文化课教学。但规模较小的武校大多没有中专学历授予权。为了在武术教育市场中打出"特色牌",这些武校一般强调书法、中医、国学、古筝、茶道等传统文化的学习与传承。有的武校由于招生困难,还将自己的营销重点调整为戒网瘾、治早恋、军事训练等。

本研究田野调查的核心部分在2012年9月至2013年10月进行,为期13个月。田野调查过程大体可分为三个阶段。

第一个阶段是最初一个月,这一阶段主要是熟悉、适应新环境,寻找愿意允许我进行长期调研的学校。在这一个月间,我按照自己制订的计划和路线,共走访了19家武校,目的主要有两个:一是希望尽快熟悉登封这座城市,能够在空间上对它有初步的感观;二是希望对少林武校有初步的了解和认识,为进一步的长期调研做准备。

第二个阶段是2012年10月至2013年3月,经人介绍得以进入一所规模相对较大的学校进行长期调查。这所学校对外宣称有在校生一万余人,大部分是男生,女生很少。2012年的时候,该校女生有200名左右,但2013年我离开时,女生的数量已经减少到130名左右。该校的收费在登封属于中等水平,学费从每年8000元到几万元不等。在这所学校,我先是被安排在学校办公室做"助理",并与办公室的一位职员住同一个宿舍。其后不久,校长又安排我帮忙策划和编辑校刊、翻译一些需要做成双语的宣传资料等等。作为"回报",我得以顺利搬入学生宿舍,开始真正与学生同吃同住,共同作息。

第三个阶段是2013年4月至10月,在一所规模较小的"贵族武校"进行调研。这所学校与大武校形成较为鲜明的对比。2013年,该校只有30多名学生,全部为男生,学费达到数万元一年[①],且对生源有诸多要求,如熟人或师

[①] 为保护学校隐私,不被对号入座,故隐去具体学费数额。

父弟子介绍、武术世家的子代、家庭条件优渥且对武术有兴趣的学生等。

三个阶段只是时间上的大体划分,在田野调查过程中,并没有实质性地区分先后顺序或空间位置。例如,在小武校住宿的时候,有时大武校的舍友、相熟的学生打电话相约去山下上网、聚会,我也会视情况参加。在具体研究方法方面,本研究主要使用了参与观察和访谈,尝试使用问卷调查了生源和家庭情况,但主要不依赖问卷的数据。

在参与观察方面,武校是相对封闭的环境,尽管规模大的武校人数众多,但也是"熟人社会",在这样的环境中,一个长住的陌生人常会引起很多人的注意。因此,研究者事实上很难隐藏身份。在我的田野调查过程中,无论是在大武校还是小武校,当我进入学校开始长期田野调查的时候,校长便会在全校大会上介绍我是谁、我来做什么,无论他们的介绍是否准确,其效果便是无论是管理人员、教练,还是学生,甚至是食堂员工、陪读家长都知道我是来"做研究的"。在大武校,我还受邀作为特别嘉宾参加了全校秋季运动会、年终联欢会与表彰总结大会等全校活动,并与校长、董事会成员一同于主席台就座,参与奖状颁发等活动。在小武校,由于师生员工人数非常少,在短时间内便互相熟悉起来。由于校长就住在附近,晚饭后常会来学校转一转指导弟子武功或书法,或请几个得意弟子到家里单独指点,我常有机会旁观这些单独指导,得以观察他们的师徒互动。在田野调查过程中,为获得更有质量的材料,我选择了年纪偏大的学生群体作为研究对象,被访者年纪大多在 16 岁至 20 岁。由于住在学生宿舍,所以大部分时间我都按照学生时间表活动,表 1-1 是典型的一天时间安排。

表 1-1 武术学校一天活动时间表

时间	主要活动
5:30	起床
5:40—7:30	晨练
7:30—8:30	早饭
8:30—11:50	武术训练
12:00—14:00	午休
14:00—17:00	文化课
17:00—19:30	晚饭和休息
19:30—20:30	武术训练
21:00	熄灯

观察的内容主要涉及课内与课外生活两个大的方面。在上课方面,又分为武术课与文化课,主要观察学生之间、学生与教练或文化课老师的互动状态,学生学习或训练的状态,课堂或训练场的空间布置等。在课外生活方面,在与几个学生群体熟悉之后,我常被邀请参加一些校内外活动,如陪室友去校内医务室看病、去校外网吧通宵上网、去KTV唱歌、去夜市大排档吃饭喝酒等。当父母、朋友到登封看望他们时,他们也会邀请我参加聚会。这种逐步建立起来的信任关系使本研究的资料获得成为可能,也使这些资料的真实性得以保证。也因为这种信任,在我离开登封之后,仍偶尔会有武校的室友通过QQ或微信聊聊近况,也有毕业或没有毕业但离开武校的学生主动和我聊聊新环境中的人与事、"人生"与"未来"。

在本研究中,访谈法的使用主要分为非正式访谈和正式访谈两种。在非正式访谈方面,与研究对象共同生活的影响之一便是"非正式访谈"与"聊天"的边界是模糊的,如宿舍熄灯后的"卧谈",在食堂、操场、厕所等地方的交谈,这些日常生活的一部分能否认定为"访谈",可能不同研究者有不同的立场与观点。就本研究而言,这些不适合拿出录音笔录音、也不能拿出笔记本记笔记的"聊天"至关重要,对于理解武校生活、学生的人生故事起到重要作用。典型例子如与学生们下山进城,在山下一起吃饭往往是重要的非正式访谈时刻。同样是吃饭,学生父母到登封看望学生,一般也会宴请教练、学生的好朋友,此类饭局也是极为重要的资料收集场合。

在正式访谈方面,我先后访谈了两所武校的董事会成员、校长、总教练、部门负责人、教练、文化课教师、管理人员、学生及家长。访谈因人因情况而异,大部分持续了30~90分钟,个别访谈持续了120分钟以上。访谈主要围绕对少林武术的一般观念与理解、习武动机、习武过程与生活、习武影响四个维度展开,尝试从不同角色位置的群体如何理解看待同样的问题勾勒出更加立体的武校生活与习武文化的图景。根据研究的需要,我还对某些关键人物进行了多次正式访谈。这些对同一人的多次访谈主要包括两种情况:一是补充已有访谈未涉及或未深入追问的资料,如某位校长在第一次访谈时谈及学校管理与学生素质提升问题,但当时我并未就"素质"话题做过多追问,在之后的田野调查中发现这可能是一个重要议题,因而在第二次和第三次访谈中做了更多的追问。二是被访者的境遇发生重大变化,如离开武校去工作或继续上学。

在资料分析方面,"变熟悉为陌生"是重要的方法论原则之一。人类学家常"对常识加以分解,对意外事物进行描写,置熟悉的事物于陌生的事物,甚至令人震惊的场合之中"①。这一"变熟悉为陌生"的方法不仅在田野调查过程中被使用,对分析田野资料也至关重要。换言之,田野调查过程即是资料不断被分析的过程。研究者通过解构"自我"实践的文化逻辑,在解构"当地生活"意义的过程中又重新建构意义。在民族志写作过程中,对"返回田野"的想象、田野事件的回忆是研究者常用的技术,"回到"情境之中"感同身受"往往比"分析数据"更有效。这也最大程度地避免了两个风险:一是把田野所获"数据化"与"非人化",没有"人"的民族志就失去了灵魂与趣味;二是"闪回"田野可以使文化比较的过程获得"民族志之眼"的透视可能,进而使民族志的"自我/他者"二元性不至于"在并置过程中为简单化的优劣判断所支配"②。

就武校研究而言,作为"研究者"的我处于主客文化之间,既不是真正的"当地人",也很难说是严格意义上的"他者"。首先,河南登封不是我的故乡,在田野正式开始之前,我只去过登封两次,每次逗留四五天,对这个地方的陌生感是不言而喻的。但是,登封人引以为傲的"中原文化"仍在"中国文化"的逻辑框架之内被言说和实践。在这个意义上,我对"中原文化""少林文化"的熟悉又远远超过陌生。在"熟悉"与"陌生"之间,是我对田野的"感同身受"式变化过程。其次,我不是一个习武之人,这样的身份让我获得了完全"局外人"的"好奇",但也失去了武者的身心体验。2012年,身为咏春拳高手的同门师兄曾提醒我要在田野中注意习武者如何理解"劲"。对于同是习武者的他来说,这是一个非常有趣的问题,但对于我而言,却是一个难以提起兴趣同时也无从体悟的智识挑战。这件事很好地说明了即便是同一个选题,不同研究者的兴趣、田野的做法、民族志资料的分析走向都可能有着极大的不同。最初有人问我是否练武时,我还常有一种不安,但慢慢也便坦然:人类学才是我要修炼的武功,至于少林,也许只是我"练功"的方法之一。

在研究伦理方面,田野调查通过了澳大利亚国立大学研究伦理审查委员会的审核,符合研究伦理程序上的要求。此外,在长期田野调查过程中,研究伦理并不是静态的"规定"或"规范",而是由田野之中无数"重要伦理时刻"组成,如何应对既取决于田野前的研究者"是谁",也影响着田野后的研

---

① 〔美〕乔治·E.马尔库斯、米开尔·M.J.费彻尔:《作为文化批评的人类学:一个人文学科的实验时代》,王铭铭、蓝达居译,北京:生活·读书·新知三联书店,1998年,第191页。

② 〔美〕乔治·E.马尔库斯、米开尔·M.J.费彻尔:《作为文化批评的人类学:一个人文学科的实验时代》,王铭铭、蓝达居译,北京:生活·读书·新知三联书店,1998年,第194页。

究者"成为谁"。① 在这个意义上,研究伦理便不再仅仅是关乎如何研究"他者"的伦理,而更多的是关于"自我"的追寻与反思。

此外,除了引用公开发表或出版资料中的人名、地名、机构名为真实的,本书提及的所有武校机构名称、人名皆为化名。由于当地"武林"是一个"熟人社会",因此,本书还对部分容易被辨识、"对号入座"的武校老板、当地官员等做了相应技术处理,以免影响他们的日常生活。本书还对一些不宜公开的个人隐私进行了技术处理,以便最大程度地避免渲染"他们到底是谁"的八卦猎奇,而将书写的重点放在"他们如何成了他们""他们想要成为谁"等问题上。

综上,一个可能更恰当的表述是:本研究使用的研究方法是"在那里生活"。和当地人相比,不同的只是我带着要完成博士论文的任务。为了完成这个任务,我需要按照"研究规范"生活、发现"本土知识"与生活的讽刺性、记录与我相遇的人和事、分析他们的喜怒好恶等。事实上,每个人每天都在做这些事情,作为"研究者"的我只不过像很多前辈一样,在人类学的朝圣之路上,把这些所见所闻、所思所想放进"学科传统"的坛子里"古法腌制"。据说,苦行是为了更坚定的信仰,等待是为了更"入味"的未来。开坛时刻,菜泡得好不好吃固然重要,但更为重要的是通过修习"古法"的仪式,宣告"我"具有了独立制作泡菜的合法性。在这个意义上,田野地点是每个人类学学徒的"祭坛",田野调查即是民族志研究者的"成人礼"。

---

① 董轩:《重构常识:教育民族志的方法与文本》,上海:华东师范大学出版社,2021 年,第 176—192 页。

第 2 章 再造"少林":登封地方性的多维展演

> 佛塔是什么?它就像古代的广告牌。佛像也是一种广告形式。如果不做广告,没有人会知道我们。
>
> ——释永信《少林 CEO 释永信》

2007 年,禅宗少林音乐大典成为登封的重要旅游景观。除冬季以外,每天表演两次。根据其官方网站的介绍,"《禅宗少林·音乐大典》实景演出由谭盾担纲艺术总监和音乐原创,中国实景演出第一人梅元帅制作,易中天、释永信分别担任禅文化顾问和少林文化顾问,……演出分为《水乐》《木乐》《风乐》《光乐》《石乐》五个乐章。……为游客提供听、看、修、悟全身心的禅文化体验。"① 禅宗音乐大典被认为是将传统少林武术、音乐、舞蹈、禅文化与现代舞台技术完美结合的典范②,也有当地媒体称其为少林武术和登封市的新名片,能够向世界展示作为中国传统文化重要组成部分的少林文化。借由"传统"与"现代"紧密结合的"新名片",以少林、嵩山为核心的旅游业、相关文化产业为当地带来了可观的收入与投资。据《登封市政府工作报告(2020)》的数据,2019 年,登封市全年接待游客 1700 万人次,旅游总收入 150 亿元。③

在这些数字背后,传统与现代、地方与全球、本地与外地等二元分类概念不仅贯穿在有关禅宗音乐大典的叙事中,也重构了当地政府的话语实践。例如,在登封市市长的工作报告中便强调 2019 年的工作重点之一是"围绕'活'字下功夫,发挥'文化、旅游、生态'三大优势,统筹传统与现代、景区与城区、城市与乡村,……盘活资源、激活潜能、用活创意、搞活市场"④。这种

---

① 详见禅宗音乐大典官方网站,http://www.czslyydd.com。
② 张祝平:《论〈禅宗少林·音乐大典〉的运作模式及其对民族传统体育文化复兴的传播》,《北京体育大学学报》,2010 年第 10 期,第 21—24 页。
③ 详见登封市政府网站:http://www.dengfeng.gov.cn。
④ 详见登封市政府网站:http://www.dengfeng.gov.cn。

杂糅着多种习俗、仪式、媒体话语等的文化生产可能既是全球消费主义的结果，也是一种追求现代性的表现[1]。在这些话语体系里，"全球"意味着经济基础、空间规划合理、社会结构、劳动力等是"发达的"，如纽约、东京、首尔等[2]；而"地方"则常指经济、文化上与世界的相对弱联系，是"落后的"[3]。但是，随着城市的发展，所谓"发达的"全球城市也有其"暗面"和"问题"[4]，而全球城市版图中那些曾经"落后的"地方也在经历着诸多变化。例如，人类学家任柯安便记录了中国山东一个乡村在过去30多年时间里如何从一个典型的中国村庄发展成为现在的工业化城市[5]。在如此快速的城市化进程中，跨地方性（translocality）俨然遮蔽了"本地"与"外地"、"地方"与"全球"的边界，流动性、移民、空间的内在联结等都似乎不再受制于固有观念中的"边界"[6]。这种跨地方性不仅影响着"流动人口"，也使那些"没有流动"的"本地人"在与"外地人"和"游客"的互动中解构、重新认识、体验和参与建构物质与符号双重意义上有关"本地"的多元感受[7]。所谓"真正的地方性"（authentic locality）也就在这样的重构过程中被拥有话语权、合法性的"当地人"掌控和展演[8]。

就登封而言，少林既是其地方性的文化内核，也是这座小城参与全球消费主义的符号秩序生产，进而城市化、现代化的方式。少林不仅是地方特色

---

[1] Bruckermann, C., 2016: "Trading on Tradition: Tourism, Ritual, and Capitalism in a Chinese Village", *Modern China*, 42(2), 188-224; Schein, L., 1999: "Performing Modernity", *Cultural Anthropology*, 14(3), 361-395.

[2] Hill, R. C., & Kim, J. W., 2000: "Global Cities and Developmental States: New York, Tokyo and Seoul", *Urban Studies*, 37(12), 2167-2195.

[3] Drakakis-Smith, D., 1995: "Third World Cities: Sustainable Urban Development 1", *Urban Studies*, 32(4-5), 659-677.

[4] Talani, L. S., Clarkson, A., & Pardo, R. P. (eds.), 2013: *Dirty Cities: Towards a Political Economy of the Underground in Global Cities*. New York: Palgrave Macmillan.

[5] Kipnis, A., 2016: *From Village to City: Social Transformation in a Chinese County Seat*. Berkeley: University of California Press.

[6] Greiner, C., & Sakdapolrak, P., 2013: "Translocality: Concepts, Applications and Emerging Research Perspectives", *Geography Compass*, 7(5), 373-384.

[7] Nyiri, P., 2007: *Scenic Spots: Chinese Tourism, The State, and Cultural Authority*. Washington: University of Washington Press; Oakes, T., & Schein, L. (eds.), 2006: *Translocal China: Linkages, Identities, and the Reimagining of Space*. London: Routledge; Su, X., & Teo, P., 2009: *The Politics of Heritage Tourism in China: A View from Lijiang*. London and New York: Routledge.

[8] Oakes, T., 2006: "The Village as Theme Park: Mimesis and Authenticity in Chinese Tourism", In T. Oakes & L. Schein (eds.), *Translocal China: Linkages, Identities, and the Reimagining of Space*, London and New York: Routledge, pp. 166-192.

的一部分,还是这座山城与世界联系、成为世界一部分的方法。历经千年,少林的意象似乎既是登封地方性的根基,是登封人习以为常的生活组成部分,又似乎早已不仅仅居于嵩山之上、"天地之中"。

一、缘起少林

登封的城市规划是围绕着嵩山景区展开的,或者,也可以说是围绕着少林展开的。2010年,登封终于成功申请进入世界非物质文化遗产名录。之后,登封政府对这座山城的规划和建设便以"天地之中"①为核心展开。

按2018年登封市商务局公布的未来规划,登封未来将重点建设"一主两副"三个功能有别的商业中心。其中,"一主"是指依托登封市中心城区建设的市级商业中心;"两副"是在老城区东部和西部分别打造区级商业中心。② 在这"两副"之中,位于老城区西部的文化旅游中心主要依托少林和嵩山景区。这一区域是少林寺的所在地,以及围绕少林寺形成的产业链,如武术学校、酒店、饭店、少林旅游周边产业等等。

尽管少林自20世纪90年代便已成为国际知名的中国功夫品牌,当地人却仍然使用"小地方"与"相对闭塞"来形容登封。很多人甚至认为,作为"小地方"的登封的一些文化习俗、习惯和观念才是中华文明的"灵魂",也是本地旅游业能够得以发展的基础。一位当地旅游局的官员曾说:

> 登封是一个小地方,但也是儒、释、道汇聚的文化中心。人们来登封想看什么?肯定不是高楼大厦,也不是山水,这些东西哪里都有,那来登封看什么?是少林寺,是少林功夫,是登封的地方特色,就像面条和烧饼。

持类似观点的当地人并非少数。在田野调查过程中,这些"论道者"对少林文化、地方特色的论证常与其日常行为交相呼应,形成管窥其背后文化逻辑的契机。李师父的故事便是一例。

2012年秋,一位在登封陪读的武校学生家长在得知我对少林武术、武

---

① 登封"天地之中"历史建筑群由建于公元1世纪至20世纪的8项11处建筑院落组成,包括汉三阙、嵩岳寺塔、中岳庙、少林寺建筑群、嵩阳书院、周公测景台和登封观星台等8处11项优秀历史建筑。详细介绍见登封市政府官方网站:http://www.dengfeng.gov.cn。

② 《登封市中心城区商业网点专项计划(2018—2035)》,详见 http://df.public.zhengzhou.gov.cn/02MA/1393211.jhtml。

术教育的兴趣后,热情地向我介绍了李师父只收"洋弟子"的事迹,并坚持把我送到李师父家,希望我和李师父"学习学习"。当我们敲开李师父家的大门时,李师父正在院子里吃面条。李师父身着紧身黑色T恤、运动裤、一双老式布鞋,个子不高但身材健硕。我们表明来意后,李师父马上把手里的碗放在一张矮凳上,热情地请我们进屋。李师父家的客厅大概有30多平方米,靠近门口的区域有一张中式木茶几,茶几四周放着几把暗红色的太师椅和一个略有些夸张的KTV风格真皮沙发,茶几上放着一个硕大的玻璃烟灰缸、一盒中华烟和一只精致的ZIPPO打火机。与客厅门相对的墙上挂满了他与各界名人的合影,有些照片已经泛黄。一台满是灰尘的台式电脑、一些杂物堆放在客厅的角落,只凭电脑上灰尘的厚度判断,也许已经有很长时间没人用过这台电脑或打扫整理过周围的杂物。尽管客厅的门窗都是开着的,我还是第一时间感受到了客厅里弥漫着的香火、面条和咖啡的混合气味。

我们刚刚落座,一个身材高大的外国人拿着三个扎啤杯和一壶刚煮好的咖啡走进来,一声不吭地把杯子放在我们面前,为每人倒了一些咖啡后,用英文询问李师父是否需要糖。李师父对他的问题似乎不置可否,只说了"thanks",便示意他可以走了。我和李师父的闲聊便在咖啡的香气之中开始了。李师父介绍说,这个外国人来自瑞典,是他的众多外国弟子之一,已经在瑞典练习少林武术多年,这次是经人介绍专门到登封寻根,想要学习"真正的"少林武术。

在喝了一口黑咖啡后,未等我提问,李师父便打开了话匣子。他告诉我,他去过很多国家,要么是去参加武术比赛或表演,要么是去拜访他的徒弟们。尽管他承认西方国家在很多方面都是"先进的",但他并不喜欢这些国家,因为他在那里找不到登封口味的面条。李师父谈到他的"有孝心的"弟子曾带他去吃特别贵的西餐,但他总觉得牛肉没熟吃了对身体不好。还有更重要的是西餐都不放盐,对于习惯了"重油、重盐、重辣"的李师父来说,是难以享用的。但略有讽刺意味的是,李师父喜欢黑咖啡,并且似乎还很享受其中的"苦"。有研究认为浓缩咖啡(黑咖啡)是展现男性气质的重要方式[①],其文化逻辑是越能"吃苦"越"爷们儿",这就如同酒文化对"海量"、"酒品"的推崇,在不认同这些文化逻辑的人眼中可能觉得可笑甚至愚蠢,但在信仰者那里却是不容置疑的处世真理与判断标准。李师父是否知道黑咖啡

---

① Reitz, K. J., 2007: "Espresso: A Shot of Masculinity", *Food, Culture & Society*, 10(1), 7-21.

可以展现男性魅力，答案不得而知。对于一位武者而言，似乎并不需要用这么文艺的方式来证明自己是"爷们儿"。从李师父喝咖啡的方式和方法来看，他已经习惯了咖啡成为生活的一部分。但他用扎啤杯喝黑咖啡至少可以说明他不是一个特别在乎形式和器物的人。若此，将李师父爱喝黑咖啡这件事"理论化"为他在借助西式文化符号表演"国际范儿"也许便有许多牵强。换言之，在如此有趣的生活场景面前，任何煞有介事的理论解释都可能损害了其丰富的内核。

当我问及为什么会有外国人来登封请他授艺时，他的话匣子再次被打开，并且难以掩饰自己的骄傲：

> 你见过西方人为他们的老师倒咖啡吗？他们不仅为我煮咖啡，还为我打扫卫生。你在国外读书，肯定比我更了解西方文化。你能想象吗？但是，他们都知道的，如果想要学真功夫，那么就必须从做这些体力活开始。这是我们中国文化的一部分，也是少林功夫的一部分。……登封有很多武校，每一个都说教的是正宗少林。谁是正宗这个我们不谈，但有一点就是他们只教功夫不教文化。文化才是功夫的根基。

作为一个"江湖"之外的人，我不能理解为什么会有人不远万里来到登封付费打扫卫生。但不管我如何看，李师父以及他的外国弟子们用他们认同的方式探索着"正宗"少林与"传统"中国文化的身心融合。在登封的功夫"江湖"，很多武者都像李师父一样，坚信少林功夫只有守住中华文化的"精、气、神"才可能在国际上发扬光大。正如李师父所言，这种有"中华魂"的功夫传播才是少林走向世界的最佳选择。

在登封，文化传统以多种可视、易见的形式与少林相结合。一些学校把校舍建成四合院或中国传统建筑的风格，并在校园装修方面突出古香古色和传统文化，以期吸引希望"文武兼修"的潜在学生。在一些武校，建筑外墙被饰以儒家经典名言，或是《弟子规》之类耳熟能详的古文，让第一次进校的参观者能够强烈地感受到学校的文化氛围。有的学校将梁启超的《少年中国说》写在校舍的醒目位置，暗示中国的未来需要身强体健、文成武德的少年。也有的学校更进一步地把传统文化课程化。例如，儒家经典诵读、书法、古筝、中医等成为一些武校对外宣传的重点。在一所学校里，学校副校长特别自豪地向我介绍该校是如何重视古汉语和英语的所谓"双语"教育，这是因为该校的一个重要定位是培养文武兼修、有国际视野和国际竞争力的学生。用这位副校长的话说，少林功夫要"走出去"，"只靠影视不行，要有真正的人才走出去,要既能教功夫,也能教文化"。显然,"教文化"需要能用英语与外国人交流,还需要用古汉语读懂文化典籍,二者缺一不可。

在我做长期田野调查的一所学校,一位文化课老师曾在课上用他所理解的"儒家思想"探讨金钱、品位与发扬少林文化的关系。

> 你们看,今天中国的大多数有钱人都是"暴发户"。他们没有最基本的品位和文化,只知道赚钱,然后出国买很多东西。你们知道这些人应该做什么吗?他们应该学习儒家思想成为"儒商"。像你们现在练武,也许将来你们中的谁就会办一个非常大的武校,赚很多钱。但是,你们想过没有,要想更好地把武校办下去,办成百年学校,甚至更久,你就必须要学习老祖宗留给我们的东西。是什么?就是儒家思想。

对这位老师来说,没有"基本品位"、无节制地购买奢侈品是中国新富阶层的共同"病症",其病因是缺乏信仰与思想,而他认为的"药"是回归文化传统,尤其是儒家传统。在这节课中,他还进一步阐释了儒家思想与登封、嵩阳书院的关系,论证了儒家的伦常纲纪与规则意识的关系、金钱与信仰的关系、习武与传统的关系等等。在即将下课的时候,他回到了论述的主题:少林与当代中国的关系。他认为,正在听课的这些学生是幸运的,原因有二:其一,能够浸润在"真正的"中原文化、少林文化之中,亲身体验"传统";其二,能够以武修身,在嵩山这样的"神圣之地"参悟人生的道理,而不是像他们的同龄人一样,在普通学校里成为考试的奴隶,被竞争扭曲了心灵。

课后,有学生调侃说:"我们有幸来体验还不是因为学习不好?"也有学生表示,交了学费就能来体验,谈不上幸运与否,"要说幸运,那是因为我爸有钱"。至于以武修身,学生们普遍认为练武还是"有用的",尤其是在少林发源地练习少林武术,还是能学到"正宗"功夫的。不管学生的反应如何,这位教师是自己这番言论的坚定信徒。在后续与他的交往中,他也在不同场合、以不同方式表达过类似的观点和立场。

上述两个田野中的"偶遇"都与"品位"有关。二者相似的是李师父与副校长都试图借助文化符号来表达自己的立场,这些主张既源于作为地方性符号的少林,又未止于作为跨地方性日常实践的少林意象,既是对传承"传统"合法性的确认,也是为应对"当下"变化的言说,共同勾勒出的有关文化阶序的叙事框架。二者不同的是李师父对咖啡"苦"味的"品"是在登封与全球之间的身体叙事,是个体性的体验与选择,而主张国学入商的副校长则秉持社会治疗的思路,试图为他认为的"社会病"开出"药方",更多的是社会性的"救赎"与批判。

二、命定禅武

过往是一种"稀缺资源",也是一个社会约定俗成的符码,而不仅仅关涉个人。① 如何讲述过往是与当下合谋的策略选择,换言之,讲述过往的方式、方法不再仅仅是把"事实"呈现出来,还是为了满足当下的需要而做出的权衡与调整。在这个意义上,当下抑或未来的不确定性被嵌入有关过往的确定性叙事,似乎一切人生的辗转腾挪都缘于"命定"。这种被展演、述说的"命定"构成了登封当地一种被广泛使用的叙事框架。本部分举两个例子:其一是鹅坡武校创办人梁以全的人生故事,主要材料来源是公开出版的传记《少林宗师:中国当代十大武术名师梁以全》②;其二是一位功夫老板的故事。

千古文人侠客梦。尽管我国有文人写侠的传统,"侠文化"成为大众消费的文化形式却与武侠小说和电影工业的发展有密切关系。换言之,武侠小说与功夫电影重构了大众有关"侠"的想象。③ 在登封,这些与"侠""武""江湖"有关的大众文化也影响了习武者的形象展示和叙事方式。少林"江湖"的著名武者梁以全的传记便是一例。④

武术是梁以全的家学。按传记作者刘连祥的记述,梁以全1931年出生在登封骆驼崖村,是梁家的第十六代。梁家十四世梁文秀便以武功闻名乡间,并在清朝道光年间上山造反,梁以全的曾祖父梁光耀更是拜入少林寺高僧门下习武。在传记中,梁以全的祖父梁学序是一个5岁习武,20岁便开办武场、招徒授艺的武学奇才。其父梁兴绍继承家学,曾在1928年任冯玉祥部队的特务营武术教官。1963年,梁兴绍代表登封参加河南省传统武术套路比赛,81岁高龄还荣获多项大奖。据梁以全回忆,当年代表登封出战的只有两人,另外一个是原少林寺护院武僧释德根。释德根在新中国成立

---

① Appadurai, A., 1981: "The Past as A Scarce Resource", *Man*, 16(2), 201-219.
② 刘连祥:《少林宗师:中国当代十大武术名师梁以全》,郑州:河南人民出版社,2004年。
③ Liu, P., 2011: *Stateless Subjects: Chinese Martial Arts Literature and Postcolonial History*. Ithaca: Cornell University East Asia Program; Lorge, P. A., 2011: *Chinese Martial Arts: From Antiquity to the Twenty-first Century*. Cambridge: Cambridge University Press; Teo, S., 2009: *Chinese Martial Arts Cinema: The Wuxia Tradition*. Edinburgh: Edinburgh University Press.
④ 本部分有关梁以全的故事皆摘编自刘连祥:《少林宗师:中国当代十大武术名师梁以全》,郑州:河南人民出版社,2004年。

后还俗,当时在登封体委工作。

梁以全的传奇人生有两个重要节点。第一个是从一名教师到政府公务员的身份转变。1949年,18岁的梁以全成为一名小学老师,其后又成为小学校长。但是,"文化大革命"爆发后,他被打成"右派"。1976年后,由于急需文字工作人员,梁以全回到了当地政府工作。其后,由于写了一本有关少林武术史的书,他在登封当地逐渐小有名气。20世纪70年代,中日邦交正常化需要民间功夫外交,梁以全作为第一个访日代表团成员,赴日交流。据说正是在这次外出开眼界时,梁以全开始反思中国传统武术在当代如何发展的问题,这也是他开始思考以现代学校教育的形式取代传统师徒授受方式的起点。他回到登封后主动汇报自己的思考,并最终促成登封县少林武术体校的创办,这是我国第一所专业武术学校。

梁以全的第二个人生转折点是退休后成为最早一批"功夫老板"之一。1977年,梁以全便开始筹备鹅坡武校的创办。如今,鹅坡武校已是占地50万平方米、训练场地15万平方米、在校生12000余名的著名武校。学校涵盖学前、小学、初中、中专、大专各阶段教育。2013年,鹅坡武校投入资金7000余万元扩建校区,计划建设成为包括义务教育、中职、高等教育的教育集团。① 不仅如此,梁家的产业还包括超市、五星级酒店、餐饮、影视等等,俨然一个多元化经营的商业帝国。

如果说梁以全的故事是一种"传承式"的家族传奇,那么,王师父的故事则体现了改革开放后的"打拼式"创业者人生。王师父的父亲本是少林寺的僧人,后还俗娶妻生下王师父兄弟姐妹四人。在王师父还非常小的时候,他便被父亲送进寺里,跟随僧人们一起习武、学佛。王师父很快便在一众僧俗弟子中脱颖而出,颇得高僧欣赏。在少林成为武侠电影符号的年代,王师父也曾参加过许多国内外武术大赛、影视拍摄、出国表演等等,是否是这时候挣得第一桶金是个没有得到王师父本人确认的问题。但是,显而易见的是这段时间的走南闯北为王师父积累了必要的人脉、声名和潜在投资人的信任。据其弟子说,王师父的武学、禅宗、茶道、书法、国画都达到了极高的水平,因此,尽管为人低调,但圈里圈外的人还是会尊称王师父为"大师"。

我第一次见到王师父,是在当地一位居士组织的讲佛聚会上。当我和这位居士赶到王师父家时,王师父已站在大门口等我们。他身材不高,光头,虽穿着肥大的真丝黑色练功服,仍显得较为壮硕。见到我们,王师父微笑着打招呼,兴致勃勃地向我们介绍他家新建好的这座独家小院:前有百年

---

① 详见鹅坡武术学校官方网站:http://www.shaolinepo.cn/a/wuyuanjianjie/。

古树,后有天然瀑布,庭院之前的空地正在修建一个小池塘。王师父介绍说,他准备把院后瀑布的水引到池塘里,再种上荷花,养一些鱼。尽管我们造访时还没有完工,但也多少能想象高山流水、庭院深深的禅意。小院有彼此相连的两部分,一部分是独立的四合院,据说是严格按清代四合院的建筑技术、风格等建造的。王师父特别强调了两点:一是整座四合院没有用水泥等现代建筑技术,青砖都是按最传统的办法打磨的;二是四合院的建造团队曾负责故宫修复,在古法建造领域是国内顶尖的团队。与四合院相连的另一部分是更大的一座宅院,但建造工艺就没那么讲究了。这座宅院被用作王师父的武术学校精英班的校舍。宅院建筑风格与王师父的四合院浑然一体,功能齐全,有文化课教室、练功场、演武场、宿舍、食堂等。

参观完王师父的宅院,他把我们请到院落后方的茶室。我们十几个人围着茶台坐下后,王师父一边为大家沏茶,一边和来访客人闲谈。这场听讲佛的非正式聚会是由一位居士发起的,参与者多是居士的朋友或是王师父的朋友,每次人数控制在10人左右。与其说这是一种以学佛为主要目的的"读书会",不如说更像是朋友聚会。

几位访客感慨说,王师父新建的院子和武术训练场地都特别有中国传统的韵味。王师父似乎对这个话题很感兴趣,开始分享一些过程细节,例如,他是如何几经周折找到合格的团队,如何严格监工、严格按中国最传统的工艺,不用一点水泥修建等等。他说:

> 如果这个房子只是为了我自己,我不会去造它。我的钱都不够,一些朋友借给我的钱。他们觉得我正在做一件好事……我想为这些学生创造最好的学习环境,再请几位以前寺里的(武僧)来当高级顾问。不然的话,真正的传统少林武术将在10年内消失。现在武术学校很多,但功夫,尤其是真正的传统武术,还剩多少?之后会不会失传?这不好说。

访客们频频点头,其中有人感叹王师父对建筑工艺的讲究,也有人称赞王师父的社会责任感。见大家反应热烈,王师父几次将茶盏拿起又放下,兴致勃勃地回答客人们的问题。当我问他为什么要办武术学校时,他说:

> 这些学生都是在家调皮捣蛋的,有些甚至还在家里犯了事儿跑出来。如果没有武校的严加管教,他们就有可能犯罪。我们的武术学校就承担着这个责任,来教他们什么是正确的、应该做的事情,什么是不

能做的、不应该做的。武校还能给他们一个一技之长,将来也能凭自己的本事吃饭,这是为国家做贡献。如果登封没有这些武术学校,没收留这些学生,把他们培养成人,你觉得这些孩子会怎样?

王师父讲到这里,其中一位访客开玩笑说,王师父是"中华脊梁"。王师父笑而不语,不置可否。这次见面后,王师父爽快地允许我进入他的武校做研究。在后续的交往中,他本人也义务承担了为我普及少林武术、民间故事、江湖传闻、书法知识的工作。

在一个炎热的夏日傍晚,王师父请我去他家喝茶。在闲聊时,他最得意的四个弟子过来为他打扫屋子。待清扫完毕,王师父让四人留下,先是询问了每人的功课进展,练习中遇到的困惑等。在集中指导之后,王师父说:

你们仔细听听我关于螳螂拳的一些新想法。昨晚我梦见回到寺里见你们师爷了。说到这个螳螂拳,他说我有一招练的是错的。我就和他说,我练的没错。今天早上,我就琢磨他说的话,我也不是百分百的同意你们师爷的说法,但我觉得他说的还是有些道理的。

王师父边说边示意一个弟子站到他面前,他站起来以这名弟子为假想对手,示范他所说的招式,以及根据对手反应的几种变化后招。在示范的最后,王师父提高声调:"明白了吗?这样推出去。"话音未落,配合示范的弟子已在他的突然一击下踉跄退后了数米。从弟子的面部表情看,我判断这一拳虽不是全力,但也足以让这名弟子铭记其劲道。王师父的个别辅导并没有因弟子的痛苦表情而暂停,相反,辅导从"技术"使用提升到了"方法论"层面:

你们看到没?这一招其实是很实用的,不是"花架子"、摆摆样子的。有句话叫,"日有所思,夜有所梦"。功夫不只在练,还要修。什么是修?就是不管是吃饭、走路,还是睡觉、做梦,都要想着这些东西。你不想,就只有招式,没有变化。练武就像下棋,早看出对手的变化和路数,你就可能赢。你们记住,只练不修,是不可能成为高手的。

王师父的这场单独指导有三个有趣的细节:其一,他通过"说梦"这种可能是最古老的一种获得合法性的方式来提出、论证他对武功的理解;其二,他通过"有限质疑"他的师父来暗示他对武功的理解、对师承的发展和超越;

其三,他通过把技术上升到"方法论"来展示他作为一位高人的武功修为。无论是否是在我这个外人面前有意为之,这些细节都成为有关少林地方叙事的精彩注脚。

在登封,梁以全和王师父并不是个案。当地人有句玩笑话:"几乎每个武校老板都声称是释永信的徒弟。"所以,几乎每个武校的老板都有一个含有"延"的名字,因为在少林寺的辈份中,"永"字辈后面是"延"字辈。至于,其中有多少是真、多少是假,这个问题可能并不重要,重要的是当潜在客户到来的时候,无论走进哪一家,都是"正宗"。当然,"正宗"有时候还可以与家学渊源、父辈影响、师承传继等民间喜闻乐见的叙事逻辑结合起来。毕竟,"江湖"与"庙堂"一直是一对相对概念。只不过在少室山下,这对概念服务于同一个目的:证明功夫老板们的"命定"身份,进而证明其所传授的功夫的"正宗"性。

从梁以全和王师父的故事也可以看出,他们各自从人生经历中选取适合自己的叙事资源。梁以全出身登封当地的精英家庭,从小受到较好的文武教育,在体制内有一份体面的工作以及广泛的社会资源,他的传记更加侧重家学传承与使命担当。与梁以全不同的是,王师父出身贫苦,父亲只是当地农民,他的故事更强调励志逆袭与个人奋斗。即便是一招一式的切磋琢磨,王师父也有意无意地在强调自己的修为和"青出于蓝而胜于蓝"。相比梁以全"守一方水土,育一方子弟"的家国情怀,王师父的故事也许更容易获得年轻一代的共情,进而获得习武奋斗的动机与"榜样的力量"。尽管叙事侧重点不同,梁、王两位的人生故事都有"万法归宗"式的指向,即为听众、追随者提供一个想象少林的空间。在这个精心打造的空间中,"少林"意象的某个方面被聚焦、放大,他们各自的少林宗师形象也在这个过程中被巧妙整饰、展演。

"人杰"源于"地灵","宗师"的诞生也离不开山与寺。华裔人类学家周越曾详细描写了西北农村的一座黑龙大王庙的兴衰起落。他认为,黑龙大王庙与其所在的村落共同构成了各种有关"灵"与"不灵"的传奇故事的地缘基础。在这个基础上,寺庙的负责人才可能从村的负责人转变成庙的负责人,进而完成重建、维护和扩建黑龙大王庙的一系列工作,并将庙、村、人紧密地结合起来,在共同织就的意义之网中"做民间宗教"(doing popular religion)[①]。功夫老板们的故事也有诸多相似之处。"靠山吃山"的朴素哲

[①] Chau, A., 2006: *Miraculous Response: Doing Popular Religion in Contemporary China*. Stanford: Stanford University Press, pp. 169-195.

学在武校"江湖"同样普遍。只不过,这一次山、城、寺共同绘就了禅宗祖庭的现代图景。在这幅传统与现代交相辉映却又彼此角力的图景中,功夫老板们将少林的禅、武、医重新包装、宣传、销售。他们以及他们的很多弟子都相信,命定即是缘。

三、结缘见性

"缘"是一个有中国特色又颇具解释力的概念。费孝通在其著名的《乡土中国》一书中认为,中国人的人际关系格局"好像把一块石头丢在水面上所产生的一圈圈推出去的波纹。每个人都是他社会影响所推出去的圈子的中心"①。在这种以己为中心的差序格局中,"社会关系是逐渐从一个一个人推出去的,是私人联系的增加,社会范围是一根根私人联系所构成的网络,因之,我们传统社会里所有的社会道德也只在私人联系中发生意义"②。在这个意义上,私人的社会网络联结被整合进一系列颇有中国特色的概念体系里,如、缘、报等。因此,"缘"并不局限于血缘关系,还包括地缘、业缘等等。不仅如此,"缘"往往还被视为个体道德的结果,即只有具备某些道德意义上的个性、心性,才可能在特定的时间、空间中与人、地、业结缘。

很多习武者对登封有一种拟地缘的情感联结。李龙的故事便是一例。李龙老家在河北,9岁被送到登封习武,后被教练推荐给一位民间高手的嫡传弟子,通过各种考察后,正式拜师。三年后,李龙被师父送进了少林寺,负责照顾一位年迈武僧的生活起居,同时继续研习武艺。武僧去世后,李龙离开了少林寺,进入师父开办的武校,一边教学,一边负责外出表演的协调管理工作。李龙认为自己在学武的路上常遇到"贵人",他把这种"幸运"归结为自己"天分还行""不怕吃苦""个性随和""还算憨厚,没什么坏心眼儿"。

由于经常代表学校外出表演、参加各类比赛,李龙去过很多地方。我和他第一次偶遇的那天,他正在准备去美国的签证材料。在得知我在国外读书后,他还特别让我帮他看了两份英文文件,以确认后续要准备的签证材料和办理流程。那天下午,他还给我看了一个精心设计的相册,每页上的照片都是他曾经去过的城市,记录了他从少年到青年的追梦足迹。尽管曾去过很多城市,但李龙发现他最爱的还是登封:

---

① 费孝通:《乡土中国》,北京:人民出版社,2008年,第28页。
② 费孝通:《乡土中国》,北京:人民出版社,2008年,第34页。

在登封 12 年了,我都不太记得我家那儿都有什么特色吃的,真的,但你要说我爱吃啥,那肯定是烩面、烧饼、胡辣汤。有时候我去别的地方,别人就猜我老家哪里的,一般都说是河南。这不能怪人家,我有河南口音,你听出来了吗?但我不会说家乡话。

除了口音、口味都已经河南化,李龙的思维方式、表达方式也深受禅武影响。其中一个重要表现是他经常在叙述、表达观点时引用佛教故事,那种信手拈来的云淡风轻常给听者一种禅意。我曾开玩笑说,如果不知道他是习武出身,还以为他是佛学博士或是得道高僧。他憨笑之余,告诉我两位师父教他"习武必学禅"。因此,他在寺里三年养成了阅读佛教经典的习惯。即使离开以后,他仍有一个破旧的手提箱,里面装满了书。李龙说,那些不只是佛学经典,还是他在登封的青春岁月,是他与师父、少林武学、佛和登封的"缘"。

武校学生与武结缘、以武叙缘的方式还体现在强烈的"职业自觉"。2012 年秋,第九届国际少林武术节开幕当天,登封有数十家武校派出学员,在指定位置列队路演,形成一个绵延十余公里的展示长龙。由于上山的公路交通管制,我只能步行下山。在下山的过程中,我看到一个在室外厕所两侧的学生彩旗队伍。显然,与山上或公路边相比,他们所站的位置并不好。除了上厕所的游客,少有人会注意到他们也是开幕盛典的一部分。但有趣的是,当我从厕所里出来,与他们搭讪时,学生们不约而同地开始了他们的营销工作:

学生甲:你以前听过我们学校的名字吗?我们学校是世界上最大的武校。每年我们学校都会派队伍参加春晚,已经十年了。你看过北京奥运开幕式吗?我们学校派出 3000 多个学生参加了开幕式演出。登封这些武校里只有我们学校去参加了奥运开幕式。

学生乙:我自己参加过全运会开幕表演,这种机会还挺多的。

学生丙:你知道省(散打)队就在我们学校训练吗?都是专业的,打国际比赛的,得过很多大奖。

这种近于"职业自觉"的宣传并不限于在登封的各种活动,相反,这种营销无处不在。2010 年 12 月,在郑州到深圳的长途列车上,我偶遇了一名 12 岁的男孩和他的母亲。在 30 多个小时的旅程中,陌生乘客间时断时续的闲聊常是消磨时间的重要方式。男孩的母亲非常自豪地告诉我们,她的儿子已经在登封学了三年少林功夫了。乘客中有人半开玩笑地询问男孩能否给大家表演一下学到的功夫。未等妈妈表态，男孩已将游戏机放在一旁，从上铺直接跳了下来，在狭窄逼仄的车厢走廊里展示了几个招式。无聊的乘客们很快被吸引过来，围着男孩和他的母亲询问武校的生活、学习的功夫，甚至登封的特产和风土人情。男孩妈妈从包里拿出一些印刷精美的活页、宣传手册，为好奇的人们普及有关武校的基本知识，如入学条件、学费、住宿、食堂、学校曾获得的荣誉等等。作为旁观者，我当时最大的疑问是男孩妈妈为何如此热情地"推销"这所学校。如此细致的讲解宣传似乎早已超出了陌生人间的偶遇闲聊。

直至2012年冬天，已经在一所武校做了三个多月田野调查的我才找到了答案。在寒假前的全校大会上，校长在讲话中明确希望学生们返乡后能更多地宣传学校、宣传少林功夫，将一年所学向家乡的父老乡亲展示汇报。同时，校长还强调，希望来接孩子回家的家长也能尽到责任和义务，为学校做好宣传。大会之后，每个学生都获得了一个有学校LOGO（标识）的手提袋，里面有两张有学校宣传片的DVD、两张学校宣传海报、一本印有学校各种活动照片的新年挂历。据说，这个手提袋并不是免费的，需要学生花钱买。但是，如果在第二年春季开学时，学生或家长能"游说"新的学生到校学武，那么，他们将得到新生所缴学费一定比例的回扣作为酬金。在登封，招生有经济回报是个公开的秘密。例如，一位出租车司机曾告诉我，介绍外地乘客到武校学武，只要交了学费，司机就有抽成。至于获得的抽成比例，各家武校略有不同。但按最低学费8000元左右、最低抽成5%计算，出租司机每成功介绍一个学生，便有400元的收入。而如果学生报名的是一年学费几万元的"贵族班"，那么抽成就有几千元，这对于当时大多数月收入只有1000多元的登封人来说，无疑是不错的生意。

尽管帮助学校招生有可观的经济回报，但是一些学生告诉我，他们这样做并不是因为钱，而是出于对少林功夫的热爱以及对少林文化的景仰。也有学生说，虽然都叫学校，但少林武校能让人避免"学傻了"，有可能获得更成功和精彩的人生。因此，他觉得"游说"更多人来武校，体现了"为他们好"的责任感。对于家长们而言，宣传孩子就读的武校可能有更为复杂的动机。有人直言是为了学校给的招生酬金；有人声称是因为作为学生家长的责任感；还有人认为，家长们这样做是因为"要炫耀"自己的孩子在学武。无论是哪种动机，事实是主动宣传、为学校招生努力的家长和学生数量并不少。一位武校招生办公室负责人的观点比较有趣，他说：

佛说,相遇是缘。是吧?中国这么多人,学武的有多少?肯定比考大学的少,不是所有人都能和少林相遇,也不是所有人都能学会少林功夫。那为什么有的人遇到了,有的人没有?这就是缘分在起作用。我常和学生、家长们说,把亲戚朋友都叫来一起学武,这是善缘,是有功德的事情。

对于如何解释"功德"与"回扣"的关系,这位负责人并没有给出直接的回应。但是,对于这种商业运作方式,一位声称自己不屑于办武校、开武馆的民间高手有不同的看法:

少林拳讲"拳打一直线,不出卧牛之地",就是在卧着的牛这么大的地方打完一套拳。这是什么意思?就是说心不能太野,拳不能打歪。学武最看心性。以前拜师,先到师父家干三年农活,为什么?那是考察个性、人品。师父觉得品性过关,才开始教真本事。你看现在,只要交钱就能学,学了几个招式,就又跑出去招更多人。有多少是喜欢武术的?又有多少是为了钱?

什么是缘?什么是品性?也许每个人都有自己的理解、判断。就与少林结缘而言,究竟是带着"少林"隐居深山还是将"少林"嵌入普通人的生活,这本就是近40年来少林寺、少林功夫一直面对的质疑与争论。少林寺方丈释永信的一则微博便颇有代表性:

用出世的心做入世的事情,二者是水与波、火与光的关系。佛教是在世间与人结缘,成佛也在世间,就像菩萨的净土也在世间一样,哪里有人,哪里需要他,他就在哪里。出世的意思是心不染着世间,可不是要离开这个世界,在现世就可成就净土世界,即世而出世。这一点我们要清楚。[1]

——释永信的新浪微博,2020年1月31日

---

[1] 少林寺方丈释永信的新浪微博:https://weibo.com/shiyongxinshifu。

四、本章小结

本章描述了登封政府、武术学校、功夫老板和学生如何构建、实践着以少林为中心的叙事框架。在这种叙事实践中,传统与现代、地方与全球、内与外等二元概念被嵌入不同的故事,被赋予了丰富的本土意涵,形成了我国城市化进程中独特的文化景观。

"地方性"不是静态的指称,而是以不同的方式被不同群体观察与实践的文化过程。在登封,先有山,后有城。嵩山成为中岳,被赋予诸多符号意义与权力象征,成为中国古代的文化中心,可能首先是因为它的古老,拥有历史的厚重。在这个意义上,过去、现在与未来的时间秩序构成了价值和权力的阶序,历史的时间质感成为天、地、人互动关系的载体。于是,嵩山也就成了"城中人"与"寺中僧"绘就生活日常的空间。

寺是少林,少林是寺。在登封,寺有很多,但唯独少林寺成为山与城的当代"名片"。功夫电影打开了千年古寺在当代中国"入世"的方式,以教育的名义传承"传统"又使这种存在方式获得了更多的合法性与使命感。无论是经济收益的驱动,还是发扬中华传统文化的自觉担当,功夫老板、地方精英、当地政府、家长、学生、游客等共谋着一种有关少林却又似乎无关少林的宏大叙事。正是在这种若有若无、若隐若现之中,每一个参与者都似乎坚信与少林的"缘"、自己的"命"。

但是,对于"局外人"而言,这种"再造少林"的叙事触手可及却又远在他乡。2010年12月,我作为"局外人"与少林、与武校相遇时,便有许多疑问萦绕在这些真切与荒诞之间:为什么会有人不远千里到登封学武?这些"追梦者"又为何以登封为家、如何以武校为家?

第3章 武校即归途：全日制学生的教育选择

"我不想回家……因为，我没有家。"

——一个 15 岁的武校女生

2012 年 11 月的一天中午，我与几个熟悉的女生在训练场上闲聊。聊天的过程中，一个女生接了她妈妈打来的电话。几分钟后，她忽然提高声调，冲着手机怒吼："我不回家，那不是我的家，我没家！"

家在哪里？哪里是家？这个看似极为简单易答的问题在武校里却变得十分复杂。在最初进入田野学校时，我几乎逢人便问："你家是哪里的？"用这个问题与陌生人（尤其是学生）搭讪，我的最主要考虑无非是它简单、易答、可拓展。当时的我认为没有人会觉得谈论家乡没有话说，更不会有人觉得"家是哪里"这个问题有多难回答。但是，每每问起，学生们不是陷入认真思考的沉默，就是马上反问我："你是问我老家，还是我爸妈在哪，还是我户口在哪？"遇到这样的一连串反问，我也常常猝不及防地陷入认真思考的尴尬之中。经过了多次这样的搭讪失败，我开始思考：对于这些学生而言，为什么他们对"家在何方"有诸多困惑？本章尝试从这些学生的人生轨迹中找寻有关家的意义变化，探索有关家的"本土理解"如何在武术学校中被重新构建与实践。

一、"家"已非家

在许多受访武校学生眼中，父母离家打工是家不再是家的开始。2012 年，江倩 16 岁，来自贵州山村。在她的记忆中，没有弟弟之前的童年还是快乐的。尽管家里不富，但还可以维持日常生活。时隔多年，她还是满是回味地向我讲述小时候对方便面的渴望。江倩快乐的童年自她弟弟出生便结束了。在"重男轻女"现象极为严重的西部农村，小她 5 岁的弟弟不仅成为全家人的中心，而且占据了本就有限的家庭资源。从吃食到玩具，作为姐姐的江倩必须要表现得"像个姐姐"。此外,两个孩子的开支也使本就不富裕的家庭更加捉襟见肘。可能是因为经济原因,也可能是看到村里的亲戚、邻居在外打工赚到了钱、过上了相对不错的日子,江倩妈妈开始催促她爸爸外出打工。江倩回忆说:

> 那段时间他们经常吵架。我爸不太想出去,我妈就觉得别人出去都赚到了钱,家里又很缺钱,为什么不出去。然后,有时候吵起来,我妈说话也挺难听的吧,我爸后来就气不过,就跟着叔叔去了福建。

大约半年后,江倩的妈妈也离开了家,与她爸爸在同一个城市打工。江倩和她的弟弟成了留守儿童,与爷爷奶奶一起生活。像所有留守儿童一样,江倩一家聚少离多,只有过年父母才会回家,父母对孩子的"关爱"只剩下电话里的嘘寒问暖与每月准时到账的零花钱。对成年人而言,外出务工的最初动因可能是为家庭做出牺牲,但对于孩子而言,则可能是对"家"的重构。江倩说:

> 我不知道他们为什么必须要去那么远的地方打工,我妈总是说,他们是为了我和弟弟。她还说,等有钱了,就在福建那边买个房子,把我们接过去,让我们在福建上学。但是,这些年,我弟和我病了,都是自己照顾自己。爷爷奶奶年纪大了,也顾不了我们。……要是当时我们家像现在这样,至少不穷,他们就不用出去打工了,我可能也不会在这吧。

当我问有多少钱可以算作"至少不穷"时,江倩想了想,说至少和城里人一样。我试图提醒她"穷"与"富"似乎与城乡没有太多关系,但她坚称,城里即便有穷人,也都不是当地人,而是像她父母一样的外来务工者。江倩的观察是:

> 福建本地人都很有钱啊,他们不是开厂的,就是有很多房子,收租就可以了,都不用干活。干活的都是外地去的,每天很累,还赚不到什么钱。

经过几年的打拼,江倩父母终于在福建的一座小城有了自己的生意。随着日子一天比一天好起来,江倩父母先把儿子接到了福建当地上学,江倩仍留守贵州老家,与爷爷奶奶一起生活。与很多留守儿童、武校学生的故事相似,江倩留守的代价之一是她本就不好的学业成绩更加雪上加霜。她坦言自己不是读书的料,"看到书就烦","到学校就想什么时候能放学"。这种"烦"在初一时因为一次与人打架达到了极限。据江倩讲,打架是因为看不惯一个女生经常挤对、欺负她的好朋友,于是她便为朋友出头,用提前放在书包里的砖头把那个女生打得头破血流。这次打架事件对江倩有两个最直接的影响:其一是学校找了双方家长,经过协商,除了家里赔钱外,江倩还在全校大会上被通报批评,这让江倩觉得没有面子,也加剧了她对学校、对读书的"烦";其二是她发现好勇斗狠也需要专业的学习,练武是最有效的办法,既可以保护自己不被人欺负,也可以在必要的时候"欺负别人"。于是,江倩在父母的反对中辍学了。辍学后,由于父母反对,江倩并没有去学武,而是到福建父母的店里帮忙。但好景不长,当新鲜感褪去之后,江倩发现即便在父母身边,"家"已经不是记忆中小时候的样子。青春期的叛逆与对"家"的"失望"使江倩执意要学武,并要求不在福建当地武校学南拳,而是到登封学习"正宗少林"。在江倩的"死缠烂打"下,她终于在一年后来到离福建 1000 多公里的登封,正式成为一名武校学生。尽管她强调这是为了自己的梦想,但是,从一个旁观者的角度看,这也许更像是对"家"的逃离。

"家"不再像家有时候并不是因为家庭成员在空间上的分隔,还可能因为"证件身份"(paper identity)的区别。由于父母外出打工,很多学生也随父母来到打工地就学,成为随迁儿童或流动儿童。这些学生有的就读于打工子弟学校,有的能够在当地的公办学校就读,但不管是哪种情况,一般到中考、高考时都必须回户籍所在地参加考试。在北京、上海等地,一些学校甚至出现初二结束时,因外地生源大量回原籍备考,学校要重新分班的情况。也曾有上海的教师告诉我,越是学习好的学生越是提前回原籍备考,因为上海使用的是沪教版教材,与很多省不一样,学生需要提前回去适应当地的教材和考题。相反,越是学习不好的学生越是留下来,期望能够在职业学校找到入学机会,进而在毕业后能较容易找到工作。从学校和老师的角度,这似乎是一个教育问题。但从家长和学生的角度,这也许是应对结构性政策规定的"民间智慧"。

小戴的故事便体现着这种"民间智慧"。小戴是我在武校田野调查时的室友之一。像许多外出务工家庭一样,小戴三岁时父母离开江西农村老家,先是在天津工厂打工,其后又到北京、山西做装修生意。小戴最初就读于江西老家的一所小学,但由于在家没人照顾,小戴学习成绩很差。当时小戴父母还在北京做装修生意,小戴妈妈便想接他到北京就读,既能兼顾小戴的生活,又能及时管教,希望能让小戴的学习成绩有所起色。但当时北京的政策是没有户口的学生不能就读本地学校,而一些办学质量好的私立学校学费又很贵,超出了小戴家的经济承受能力。无奈之下,小戴被送进北京郊区的一所打工子弟学校。据小戴回忆,这所学校的老师水平都很差,学生都不爱学习,爱打架的倒是不少,但学校也管不了。据小戴讲,只要不在校内打架,学校便假装不知道。由于打架够狠、次数够多,小戴很快成为校内外"混混"圈的名人。小戴妈妈没有办法,为了让小戴"不要学坏",又将小戴转学回老家就读。其后又因为小戴在老家把人打伤,小戴又跟着父母到山西读了两年。几经辗转,初二那年,小戴还是辍学了。

可能因为在小戴教育问题上的教训,小戴妹妹出生时便落户在了小戴叔叔的户口上,成为他叔叔的"女儿"。小戴叔叔是一个有自己工程队的包工头,年轻时曾在河北、天津打工,后来安家在山西的一个地级市,并把户口迁到了那里。小戴妹妹出生后,小戴家便全部搬到山西,投奔叔叔一家。2013年时,小戴的妹妹正就读于当地最好的一所小学。不管学习成绩如何,"至少没输在起跑线上"。但是,小戴对此有自己的看法:

> 我知道这对我妹是好的。我家和我叔关系也特别好,我爸妈也在他公司里做事,就真的像一家人一样。也不像我小的时候,自己在老家,爸妈在外地,现在我妹天天和爸妈住一起。好像也没什么不一样的地方,但有时候也觉得怪怪的。有些手续啊什么的我爸妈去就不行,必须得我叔去办。因为我妹在我叔家的户口上,我叔才是她"爸"。我觉得这就像一个三星手机印了个苹果的LOGO,手机还是三星的,用着也没什么不同,但你不能和人说这是三星的,必须得说这是苹果的。是不是哪里不对?

近年一些教育政策已发生变化,越来越多的外出务工人员能够让随迁子女在务工地接受教育。但是,像小戴这一代的"打工二代"却无缘享受这些政策福利,其人生轨迹也在家乡、父母务工地和武校间被重新规划。小戴的父母从儿子辍学中吸取了教训,集家族的力量为女儿换来一个"不输在起跑线上"的方案。这一看似难以理解的"民间智慧",实际上并不是当代的发明。

在独生子女政策实施之前,"过继"常发生在兄弟姐妹之间。最常见的"过继"有三种:第一种是基于重男轻女逻辑的过继,即儿子多的一家将某个儿子过继给没有儿子的兄弟姐妹,以便由嗣子履行赡养义务,完成生养、死葬、葬后祭祀等职责。① 第二种"过继"更像是第一种的补充，即在山东、东北等地曾长期存在的"顶盆过继"风俗。"顶盆"是指老人去世后，在出殡时要由家里长子把烧纸钱的火盆顶在头上，然后摔碎。如果去世的老人没有子女，一般要在叔伯兄弟的孩子中选出一人作为嗣子，由他来摔盆儿，也就是"顶盆过继"。在这种"过继"情况里，嗣子虽然没有尽到对老人的生前照护义务，但却可以获得继承遗产的权利。近些年，这种因"过继"而产生的纠纷仍时有发生，并引起学界对继承法、民俗与习惯关系的讨论。② 第三种是基于补充劳动力的过继，即子女多的一家将年纪稍长的女儿过继给子女少的一家，承担家中劳动力的角色。基于"补充劳动力"考虑的"过继"对于"过继"家庭而言也可以起到"减负"的作用。独生子女政策实行后，这种亲属间的"过继"还在某种意义上实现了逃避"超生"惩罚的目的。

在当下中国，这种"过继"的动机可能有所变化，但家族内兄弟姐妹间的"过继"实践却仍存在。小戴的故事便是一个以教育为目的的"过继"。其文化逻辑可以视为家族观念或亲族观念的体现。这与人类学家任柯安在山东邹平的研究发现类似。在他的著作《治理教育渴望：中国的文化、政治和学校教育》(Governing Educational Desire: Culture, Politics, and Schooling in China)中，一位靠养猪致富的村民自愿为两个侄子支付大学学费。这位村民表示侄子能上大学是光宗耀祖的事情，不管是他还是家族其他成员都觉得脸上有光。如果两位侄子大学毕业后能留在城市里工作，那么对整个家族来说都是有益的。③ 尽管我没有机会访谈小戴的叔叔，但我猜想他之所以同意将侄女的户口落在自己家，也大概出于类似的观念和想法吧。本部分所述田野故事也在某些层面反映了中国农村家庭/家族再生产过程中的"非理性"因素，例如，家族/家庭的兴旺、照顾的逻辑等等。这些考量与家庭内部分工决策不仅是"跨地方性"(translocal)家庭权力关系的反映，也因家庭外部的政治、经济等影响因素的变化而"生产"新的"希望"(aspirations)。④

---

① 王跃生：《清代立嗣过继制度考察——以法律、宗族规则和惯习为中心》，《清史研究》，2016年第2期，第57—74页。

② 姜福东：《法官如何对待民间规范？——"顶盆过继案"的法理解读》，《甘肃政法学院学报》，2007年第4期，第41—46页；彭诚信、陈吉栋：《论〈民法总则〉第10条中的习惯——以"顶盆过继案"切入》，《华东政法大学学报》，2017年第5期，第51—62页。

③ Kipnis, A., 2011: *Governing Educational Desire: Culture, Politics, and Schooling in China*. Chicago: The University of Chicago Press.

④ Jacka, T., 2018: "Translocal Family Reproduction and Agrarian Change in China: A New Analytical Framework", *The Journal of Peasant Studies*, 45(7), 1341-1359.

二、无"家"可归

在与武校学生共同生活的一年里,我时常有一种强烈的感觉:这些青春期的少年有着与年纪不符的对"漂泊"的习以为常、冷漠与无力。这种"无家可归感"也许源于他们对"家"的另一种体验与讲述。这些无处安放的思绪常萦绕于少年们关于"歧视"和"牺牲"的叙事。

歧视不仅是这些武校学生对城市的深刻印象,而且在不知不觉间构筑了这些学生内心深处的"无家可归感"。从农村老家到父母打工的城市,不只是物理空间的变化,更是在社会空间中的位置转变。一个在农村老家的优等生到了城市里可能变成差生;一个在老家"称王称霸"的校园"小霸王"换了个地方可能备受欺负;一个在老家的"小富豪",拥有其他同学没有的玩具、电子产品、潮服潮鞋等等,到了城市后发现自己成了全班"最土"的那个,甚至自己的乡音也成了被嘲笑的原因。一位来自安徽农村的学生坦言,他不喜欢城市,主要原因是他曾随父母到广东,在当地学校里,其他学生都说粤语,而他不会说也听不懂。有一次在放学回家的路上,他被几个学校附近有名的"小流氓"拦住"借钱",他不"借"便被"打得很惨",最后还是把他的晚饭钱"借"走了,几个"小流氓"嬉笑着离开时扔下一句:"听不懂广东话就滚!"这件事直接影响了他对学校、对广东的感受,他开始害怕去学校,并执意要回老家。

尽管在学校里必须使用国家通用语言,但其政策约束力似乎仅限于课堂等正式场合。在很多非正式场合,方言仍被大量使用,从而形成了一种拒"外地人"于千里之外的氛围。例如,在上海,当我询问上海本地的学生或老师"你们在学校里说上海话吗?"时,得到的大部分答案是否定的。但当我询问非上海本地、不会说上海话的教师或学生"平时学校其他同事或同学说上海话吗?"时,得到的答案却常常是肯定的。这一现象很好地说明了不同群体对同一种语言日常使用的感知与体验的差异性。这是因为,很多时候,语言不只是一种交流的工具,还是一种身份的体现和获得合法性的能力[①],同时,个体使用某种语言的能力往往影响了他/她在特定情境中协商、争辩的

---

① Bourdieu, P., & Wacquant, L., 1992: *An Invitation of Reflexive Sociology*. Chicago: The University of Chicago Press, p. 146.

效果,进而也影响着个体对歧视与自我认同的体验①。在上述安徽学生的案例中,"粤语"不再仅仅是一种方言,而是被赋予了"内/外""本地/外地"等指涉身份与阶序的意义。这位外地学生因听不懂、不会说粤语,其"外地人"的身份被强化,进而在当地学校生活中形成了"我"与"他们"的区隔。也许就算他没有经历欺凌,他也不会喜欢广东,也不会有作为"广东人"的身份认同。

据很多武校学生回忆,一些城市学校的老师也歧视他们。由于务工人员的孩子大概率基础差、成绩差、习惯差,很多老师不愿意让这样的学生在自己班里就读。事实上,不仅城市里的老师歧视农村出来的务工人员子女,就算农村中小学的老师也同样歧视"留守儿童"。最常见的"歧视"实践是老师们经常将学生成绩不好归为家庭原因,而不是学校的原因。其隐含的逻辑似乎是如果这些留守儿童的家长没有外出务工,这些学生的成绩可能就会更好。又或者,另一种常见的说法是外出务工的家长不负责任,只为挣钱,不关心下一代的教育问题。不管相信哪种逻辑,教师的这种深藏不言的观念都会体现在日常工作中。例如,一名武校学生回忆说,他曾在父母打工的地方读了两年小学,当时班上有个学生经常欺负他,还给他起外号。有一次午休时间,这个学生带着其他学生当众叫他外号,他实在忍受不了,与这名本地学生动手打了起来。后来,班主任把他们带到办公室,他诚实地把来龙去脉和班主任汇报后,班主任问本地学生是否属实,那名本地学生却说他并没有给谁起外号,相反,是自己莫名其妙地被打了。多年以后,当这名武校学生给我讲这个故事时,他仍带着些许愤愤不平:

> 你知道吗? 班主任居然信他不信我,还和我说让我(脏话)不要搞事情,不然就不要在他班待了。老师没有好东西!

歧视并不限于学校之内。在学校之外,来自陌生人的"凝视"也常使这些曾经的流动儿童、现在的武校学生感觉自尊受到了伤害。一个已经在武校待了6年的学生小谢和我说,他小的时候父母在福建的鞋厂里工作,那时候他要是自己去厂区外的私人小超市买东西,店主就会跟着他。如果他在货架间挑选零食待的时间稍久,店主就会不耐烦地催他快点,有些店主还会

---

① Craft, J. T., Wright, K. E., Weissler, R. W., & Queen, R. M., 2020: "Language and Discrimination: Generating Meaning, Perceiving Identities, and Discriminating Outcomes", *Annual Review of Linguistics*, 6, 389-407.

直接开骂。类似地,在登封的一些商店、小超市,当穿着校服、练功服的武校学生进店时,有些店主或服务员便会远远地跟随这些学生,直到他们挑选完毕到收银台结账。我曾在不同场合询问过一些服务员,得到的答案都是"害怕学生偷东西"。当我问武校的一些相熟学生是否知道这件事时,他们都表示知道自己武校学生的身份在"山下"受到的"特殊待遇"。有些学生对这种"特殊待遇"极为不满,认为是"瞧不起"他们,也曾因此而与人争吵过。但也有学生使用着歧视者的话语和逻辑,认为这种现象也是"正常的",给出的理由主要有"武校学生素质差""的确有人偷东西""开店就是要小心"等等。

这些故事在一定程度上反映了人类学家张鹂关于"移民犯罪的文化逻辑"(the cultural logic of migrant criminality)的观点。张鹂认为,移民聚集的社区常被污名化,代表着脏、乱、差与危险,这种污名化过程本身也是社会秩序的一种形态,同时把外来移民从"不可控"变为"可控"的权力实践过程。① 但是,这种以社会治理为出发点的污名化也会带来许多问题。例如,一项调查显示,只有12%的少年犯认为身边的同学、朋友对自己持关心态度,52%的人认为他人态度一般,36%的少年犯认为无人过问或受到歧视,这种有意无意地贴标签行为也是一个"制造犯罪人"的过程。② 尽管武校学生与少年犯是有本质区别的,但是,武校学生所感知、讲述的被歧视的故事除了让这些少年有一种"无家可归"的漂泊感,还会将他们推向怎样的未来,这是一个没有答案却需要反思的问题。

如果歧视是这些曾经的留守儿童、流动儿童"无家可归"的导火索,那么,回"家"以后面对的父母高频率、高密度的"牺牲"话语,可能是压垮他们的最后一根稻草。可能从"孟母三迁"被当作教育寓言开始,中国家长便以为儿女做出"牺牲"为荣,至少认为这样的选择是具有道德感的。因此,子女不仅需要尊重这种道德感,更要以恰当的方式给予父母回报。但吊诡的是,父母对"回报"的期待往往隐藏在"不求回报"的话语之下。

老马的故事便是此类母子之间情感博弈的案例。2012年的时候,老马17岁,来自辽宁省鞍山市农村。老马5岁时,他妈妈在鞍山的服装生意失败,独自一人去了深圳,从美发店小工做起,逐步成为美发师,并在深圳开了自己的店。老马的爸爸则在他很小的时候便做布料批发生意,经常全国各

---

① Zhang, L., 2002: *Strangers in the City: Reconfigurations of Space, Power, and Social Networks within China's Floating Population*. Stanford: Stanford University Press, pp. 140-143.

② 秦明华、陆文奕:《未成年人重新犯罪的实证分析及对策研究——以上海市未成年犯管教所在押少年犯为研究样本》,《青少年犯罪问题》,2011年第3期,第30—36页。

地到处跑,据说后来还自己办了厂,但老马并不确定他爸爸后来到底在做什么。由于老马父母长期两地分居,聚少离多,两人各自都有了新的情人,婚姻名存实亡,老马一直被"寄存"在舅舅家里。据老马说,他并不清楚父母到底谁先出轨的,等到他知道的时候已经是8岁那年,父母因离婚"闹"到了法院。其后,老马妈妈获得了抚养权,但并没有把老马接去身边,而是仍将他"寄养"在舅舅家,理由据说是担心老马不适应南方湿热的天气。作为补偿,老马妈妈定期给老马和他舅舅一笔生活费,逢年过节,还会再另外包红包,并从深圳邮寄一些据说是从香港买的衣服、零食、游戏机等。老马妈妈在深圳生活得如何没人知道,老马只知道后来他妈妈并没有和当年的那个叔叔在一起,之后也曾有不同的叔叔陪老马妈妈回家乡看老马,但每个人都似昙花一现,再没有出现在老马的生活里。

在几次聚会酒局上、外出下山采购中,老马都曾和我聊起他家里的一些故事。作为聆听者,我的感受是老马深受妈妈观念的影响,并不断用母亲的思维逻辑试图为自己的选择提供一个合理的解释。例如,尽管老马妈妈在他成长的过程中是长期缺位的,但老马坚定地认为他妈妈能每月给他生活费、把他送到武校等是非常负责任的表现。因为这种"负责",老马妈妈没有再嫁,一人在深圳的生活可能也不是一直一帆风顺,这些都是为老马做出的"牺牲",是"母爱"的表现。作为"回报",老马需要"孝顺""听话"。

一天午休期间,老马躺在床上,用QQ与他妈妈聊天。过了一会儿,老马脸色变得很难看,忽然坐了起来,一拳重重地捶了墙上,闷响引起了包括我在内的几个室友的注意。一个室友问他怎么了,老马没有回答,过了一会,他把手机给我,让我看他和他妈妈的聊天记录,并问我要怎么办。聊天记录显示,老马打算退学去打工,因为他认为就算再等一年拿到武术中专文凭对找工作也没有什么用,还要浪费一年的学费和时间。但他妈妈极力反对,认为老马都已经在武校待了6年多,钱和时间早就花了很多,如果这个时候退学,连一纸文凭都没有,那么之前6年多的投入便毫无收益。相反,如果再多待一年,把中专文凭拿到,也算是对此前经济和精力投入的一个结果。从聊天记录上看,这一分歧早就有了,只是这一次又被提起而已。让老马情绪失控的是他妈妈说的一句:"你要是没拿到毕业证,你就来给我收尸吧!"

几天之后,老马妈妈来到登封,名义上是来看望老马,实际上是确保老马不会擅自辍学。在学校附近最好的一家餐厅里,我见到了她。她三十七八岁的样子,个子很高,保养得很好,穿着亮面黑色细跟长靴和一件红色的长款风衣,很难想象这是一个17岁少年的妈妈。那天,赴宴的还有老马的教练、另外四个老马的好朋友。这顿饭从开始氛围便比较尴尬、压抑,尽管大家都尽可能地在找话题,但每个话题都似乎无法引起共鸣,聊了几句便又重回沉默。很快,话题转向了老马退学的事情。老马妈妈先是回忆了她在离婚后一人抚养儿子的艰辛,例如,她是如何"吃苦"、努力省下每一分钱给孩子花的;如果当年她狠心把老马给他爸爸抚养,她的人生将有何种可能、生活将变得多么美好等等。老马妈妈边说边哭,四个学生一声不吭,老马默默地流着泪,教练和我试图安慰老马妈妈,但又有些不知所措。于是,慢慢就变成了大家都静静地听老马妈妈的哭诉。在哭诉过程中,老马妈妈多次重复一句"你咋能知道我为你牺牲了多少"。经过这场哭诉,老马动摇了,他当场表示会在武校再等一年,拿到毕业证再出去打工。听闻儿子的保证,老马妈妈终于情绪平缓了起来,对我和教练说老马一直是个特别孝顺、听话的孩子。当天饭局的后半段,话题便始终围绕老马的"孝顺""听话""懂事儿"展开。老马妈妈满意地离开登封后,老马却仍陷入是否要退学的纠结之中,无法释然。他说,尽管他妈妈的确为他付出很多,但他并不喜欢每次都说为了他如何如何。

> 她每次就像在和你算账,让人挺不舒服的。有时候我也和她吵,但下次她还那样,说我欠她的。我也想回报她点什么,不然我为什么要出去打工?谁不知道在学校待着舒服啊。可是,你看,她从来不问我为什么要这样。

三个月以后,老马还是离开了登封,在家乡的一家网吧做网管,同时兼职游戏代练。与最初的计划略有不同的是,老马并没有辍学,而是"摆平了一些关系",允许老马在不欠学费的前提下,到时再返校领毕业证。在送别老马的酒局上,老马毫不掩饰对这个运作结果的得意:

> 我就问我妈,要是既能挣钱,又能领到毕业证,这样行不行?还用不用等一年?我妈开始还是觉得不行。我就让帮我办事儿的哥给我妈打了个电话,这样我妈也没同意。我又找教练,求教练劝我妈。反正都这样了,在这天天待着还不如帮人练级,还能挣钱。

老马和他妈妈的故事很好地说明了我国代际关系的变化。一方面,所谓"传统美德"的"孝顺"观念仍广泛存在,甚至被滥用成操纵亲密关系、代际关系的工具。这与中国文化里"报"的观念密切相关,在熟人网络,尤其是亲属关系网络里,个体被卷入"报"的运作过程里,"由于这种结构不给参与者退出的权利,进而导致报不是一种个体理性的或对自身自利的选择,而是一种义务"①。在代际关系中,这种"义务"的重要体现之一也许是在养儿防老式的"孝"尚不能"兑现"的时候,"顺"便成了父辈期待的子代回报。另一方面,我国社会的变迁也影响着家庭结构、代际关系的变化,年轻一代的个体化、高流动性等,使"孝而不顺"成为一种具有共识性的观念。阎云翔认为,"孝而不顺"并不是传统中国家庭文化的断裂,而是这种"孝顺"文化的当代延续,只不过代际关系从子代的完全顺从转变为基于沟通的情感亲密性(communicative intermacy)。② 在某种意义上,这种情感亲密性也在非亲缘关系里被建构与实践。例如,"以校为家"便是很多武校常用的宣传语之一。

三、以校为"家"

学校是很多留守儿童的"家"。有学者指出,留守儿童"在校"如"在家"有几个原因:一是学校可以为留守儿童的日常生活、同伴陪伴提供一个熟悉的环境;二是学校可以为这些留守儿童提供相对多元的帮助,而不仅是学业指导;三是学校可以让留守儿童获得相对丰富多样的生活体验。③ 如果这一研究发现具有一定程度的普遍性,那么,这些曾经的留守儿童、现在的武校学生又会如何理解"家"与"校"?

武术学校是特殊的寄宿制学校,没有暑假,只有短暂的寒假。如此长时间地生活在一个相对封闭的空间,不同人有非常不同的体验。在武校里,能打、健壮、勇气等是"好学生"的身体资本与能力表现,文化课是否学得好则显得无足轻重。因此,对于那些本就喜欢好勇斗狠、曾经的"差生"而言,武校是大展拳脚的"天堂"。有学生曾告诉我,有教文化课的新手教师没办法管理好课堂,还曾向作为班长的他请教经验。这名学生坦言,这种成了"专家"的感觉很好,感觉自己在武校"混得很开"。

相反,那些身体相对柔弱或过于肥胖、个性稍显懦弱的学生,则大多是因为种种原因被家长强迫来到武校,无论是在心理上还是在融入武校的氛围方面,他们都显得格格不入。武校对于这些学生而言,只不过是又一处生

---

① 翟学伟:《报的运作方位》,《社会学研究》,2007年第1期,第83—98页。
② Yan, Y., 2016: "Intergenerational Intimacy and Descending Familism in Rural North China", *American Anthropologist*, 118(2), 244-257.
③ Murphy, R., 2014: "Study and School in the Lives of Children in Migrant Families: A View from Rural Jiangxi, China", *Development and Change*, 45(1), 29-51.

产痛苦回忆的"他乡"。一个散打教练曾说：

> 上了擂台就是玩真的。你看那些平时不打架的，就算技术不错、身体素质也挺好，但上了台就挨揍，他就是不敢打。那些不管学没学武都爱打架的，他根本就不怕，上了台更是往死里打，这样的才能练好。

在武校的一年里，我曾旁观过无数次散打实战练习，也见证了很多次这位教练所说的情况。印象最深的有两次：一次是一个身高、体格明显处于劣势的学生追着对手满擂台跑，并最终把对手逼出擂台获胜；另一次是一个看着比对手瘦弱很多的学生在开战十几秒后，一拳将对手打成休克，直接倒在了擂台上。我的一位室友曾说，武校是"小流氓"的天堂，因为这里可以合法、合规地打架。尽管这是一句"自黑"的玩笑话，却道出了武校里的"丛林法则"及其文化逻辑。以往学校里用成绩建立的"好学生""坏学生"标签体系在武校里彻底失效，代之以"用拳头说话"的以武服人学生亚文化和以武育人的学校制度文化。

对武校生活的体验并不只是围绕"成功"与"失败"展开的，很多时候，能否在武校里交到新朋友、是否体验到友谊的力量也是重要影响因素。一个女生曾告诉我，她很喜欢武术学校，原因是她在武校里有几个特别好的朋友。无论是生病还是被人欺负，这些好朋友都会照顾彼此。用她的话说，这是她第一次体验到被人关心的感觉。她对这种"姐妹情"有自己的解读：

> 女生可能比男生更需要（他人的关心）吧？我刚来的时候，什么都不知道，什么都不会，但我们宿舍大姐就很会照顾我们这些小的。她真的像个大姐姐，会和我们说去哪里可以买到便宜又好的东西。……有时候大姐也会带我们偷跑出去玩，有时候也会和我们说说怎么和教练相处之类，毕竟少挨骂挨打还是挺好的。

除了学生的个体化经验，武术学校也刻意将"以校为家"作为建立学生认同感、归属感的重要宣传话语。在一所武校里，我还曾偶遇一块精心设计的宣传板报，其中有一段以《有家真好》为题的话，全文如下：

> 家是什么？是难舍的亲情，是温馨的集体，是亲爱的祖国；在这里用慈爱的伞为儿女撑起一方晴空，儿女用孝顺的心给父母奉上一缕慰藉；在这里洋溢着浓浓的师生之情、伙伴之谊。

这段话虽然简短,但内容却涵盖多个层面。其一,"家"负载着亲情、友情(集体之情)、爱国之情;其二,"家"之为家是父母通过为子女付出而来,相应地,儿女也要回报父母以"孝顺";第三,师生、同伴的关爱也是"家"的构成要素。在一些武校的宣传手册或内刊上也有大量关于教练与学生像家人的文章,以下这段文字便摘录自某个武校的内部报纸,文章的题目是《雷锋式的教练　张××》①:

> 没有爱,就没有教育。张教练教中有爱,在爱中施教。上一年,他班里有一个"调皮鬼",张教练对他不冷漠、不抱怨、不嫌弃,并且处处关心他。一次,这位学员生病,他像母亲一样端水、喂药、打饭、盖被,精心照料,孩子被感动了,在以后的日子里,学得懂事、听话,慢慢成了好学员。

但是,并不是所有人都在武校里体验到了"家"的幸福。一位教练曾经告诉我:

> 交了学费以后,学生的父母就失踪了。有时候他们一整年都不来看孩子一次;有些人还不愿意给孩子寄生活费,就那么欠着,让我们教练垫付。有些学生偷别人的手机什么的,转手几十块钱就卖了,为什么?他们不知道一个手机在校外最少也可以卖几百块吗?因为没钱吃饭啊。我就碰到过一个这样的。他偷别人手机被抓到了,我就打电话给他妈,她就不接电话。后来我借了个电话给她打,她接了。几句话没说,她就开始骂人,啥难听说啥,说已经给学校交了学费、住宿费什么的,教育他儿子的事就是学校的事,和她无关。

一些学生戏称,他们是被"寄存"在武校的。卫华便是众多被家长"寄存"在武校的学生之一。作为室友,即便我已和他同在一个宿舍两个多月,他仍能保持与我"零交流"的纪录。无论我如何主动与他搭讪,他总能以各种语气词做出回应,并止于"嗯""啊""哦"。这样的互动直到同为室友三个多月后才有所改观。据我观察,卫华在武校中并不快乐。他身材瘦小,常受欺负。一些学生会不分场合、地点地叫他的外号"娘们儿"。例如,在文化课

---

① 此文章原题用的是教练真名,此处匿名处理,这个教练也不姓张。

上,老师提出一个问题后,问:"谁愿意试一下?和大伙说说答案?"学生中便会有人大声地回应,"'娘们儿'乐意,'娘们儿'有文化,让'娘们儿'说说。"每逢此类情况,卫华只能假装没听见,默不作声。我也曾见到他在课后与起哄的学生争吵,但几天后他身上的新伤似乎确认了"争吵"无效。

不仅如此,有时候"合法的欺负"更让卫华困扰。例如,六合对练是一套强调对打、实战的少林拳法,练习的方式一般是两个学生一组,一起演练对练招式,一遍之后互换攻守,如此反复,少则几遍,多则几十遍。在练习六合对练的时候,卫华是一个被嫌弃的同伴。这一方面因为卫华的确不擅长武术,经常忘记动作,导致对练常常中止,使对练双方都无法体会到顺畅演练的成就感,更不要提体悟到这些招式的劲道、实战变化;另一方面,六合对练的评估是根据两人的综合表现,而不是其中某一个人的表现。这就使得学生们的结对更愿意强强联合,而不是强弱联合。当然,在学生之中,还有一种说法是如果强弱联合,强的会把弱的打伤,因为六合对练与注重表演性的少林套路拳法不同,是实战技能,初学者如果不会"收劲",有打伤、打残同伴的风险,而如果不"出劲",只演练招式又达不到训练的效果。由于没人愿意与卫华一组,教练往往会指定一个学生与他一组。如果恰好这位被指定学生与卫华有过节,那么,这一节六合对练课便成了合法报复的时间。对卫华而言,他却不能和教练说这是"公报私仇",因为不仅是学生,包括教练在内,都不喜欢"打小报告"的学生。更何况,"练武先挨揍"是武行里的共识。

卫华对武校的"厌恶"、对自己人生的无力感还体现在他的梦和对梦的解读。一天下午,只有我和他在宿舍。卫华忽然拿出一本《周公解梦》,问我信不信梦和解梦,他说他觉得很准。在之后的相处中,卫华多次和我谈到他的梦,让我印象最深、最有感触的有两个。

在第一个梦里,大雨瓢泼,天空是死灰的颜色。卫华站在一座人行天桥上,天桥下是一眼望不到头的各种车辆,但车里和路上却一个人都没有。卫华说:"不是堵车,而是有秩序的那种,一辆接着一辆,但没有人,那就像是一座被遗忘了的空城。"被世界遗忘的空城,里面的一切当然也被遗忘了,包括卫华自己。尽管他没有明确这一点,但从他回忆这个梦时的状态来看,他应该对于"被遗忘"难以释怀。

在第二个梦里,一只几层楼高的、盖着藏青色布料的巨大鸟笼出现在闹市的马路上。但是,人来人往,却没有人多看鸟笼一眼,更没有人好奇这只鸟笼为何出现在那里,以及鸟笼里到底有什么。卫华走近鸟笼,发现有一扇深灰色的门。卫华轻轻一推,虚掩的门便开了。当卫华走进笼子里时,他惊讶地发现里面是成千上万只的小鸟。这些鸟就那么"乖乖地"在笼子里待着,"不吵不闹也不叫"。卫华想把这些鸟放生,让它们回到大自然。于是,他把鸟笼的门打开,让阳光照进鸟笼。但令他不解的是这些笼中鸟忽然大惊,乱成一团,还有很多只朝卫华飞来,想要把卫华赶出鸟笼。然后,卫华便醒了。

从这两个梦可以看出,不管是大雨倾盆的空城还是无人问津的鸟笼,卫华的梦境充满了孤独、冷漠、沮丧与无奈。卫华痴迷于解梦,也许是因为他做了太多令人压抑的"噩梦",又或许解读自己的梦是他唯一能掌控的生活。

四、本章小结

本章围绕"家"的概念呈现了武校学生离家、寻家、恋家的人生轨迹,以及这些不同的人生交汇于武校的"阴差阳错"。在我的田野调查中,困扰如何回答"家在哪里"的少年都有着类似的人生轨迹:父母外出务工,自己成为留守儿童或流动儿童;成绩差、厌学,进而过早辍学;辍学后在"学生"与"务工者"两个身份间不断转换,最终成为武校一员。这些相近的人生在偶然的问答之间拧线成绳、萦绕于"家",为"谁在学武""为何会学武"等问题提供了部分答案。我认为,这些有关"家"的叙事、想象、重构既是隐性暴力实践的偶然结果,也是这些少年参与隐性暴力(invisible violence)[①]再生产的必然过程。

对于武校少年们而言,离家的记忆可能源于城乡间的结构性差异。生在"穷乡僻壤"意味着父辈为生计而离土奔波,也使得他们不得不留守故乡或漂泊在"城"与"乡"之间。无论是哪种情况,他们都无法享受与城市里的同龄人一样的教育机会。不仅如此,父母忙于生计,很难从对"忙碌"的信仰和"拜物"中抽身[②],也便大概率"没有时间"给予孩子足够的关注,使得孩子们对"家"有悖论式的体验。

"漂泊感"还源于对符号暴力的经验。结构暴力只是提供了道德体验的一种"结构"与可能性,这种道德体验(很多时候是不愉快的体验)往往通过符号暴力的实践而实现。符号暴力常常与污名化相伴随,而污名化的结果之一便是个体通过与污名相伴的道德体验形成的自我认知。戈夫曼认为,

---

[①] Bourgois, P., 2009: "Recognizing Invisible Violence: A Thirty-Year Ethnographic Retrospective". In B. Rylko-Bauer, L. Whiteford, & P. Farmer (eds.), *Global Health in Times of Violence*. Santa Fe, NM: School of Advanced Research Press, pp. 18-40.

[②] Holdsworth, C., 2022: "The Paradoxical Habits of Busyness and the Complexity of Intimate Time-Space", *Social & Cultural Geography*, 23(4), 485-501.

污名对个体认知最大的影响是认为被污名化的自我才是真正的自我。[①] 无论是学校里的教师、学生,还是厂区小超市的老板,对"流动少年"的歧视已经越过了"污名"的边界,将背后的议论与防范变成了面对面的"暂时性关系暴力"。关系暴力很多时候存在于熟人之间或确定的某种关系之中,但在本章所描述的个案经历里,这种关系暴力的基础已经超越了个体与个体之间的关系,而被泛化为群际之间的不确定性防范与怨恨。

家不是一个物理空间概念,相反,它是被赋予了"心灵港湾"符号意义的情感隐喻。对于这些武校学生来说,无家可归的感觉是一种自反性漂泊感的体现。像卫华的梦想一样,对于那些长时间待在笼子里的鸟来说,自由不是解放之路,而是对他们习以为常的生活的威胁。在这个意义上,"留守"是很多武校学生的日常。即使那些厌恶武校的学生也并不清楚何处为家、以何为家。等待,也许是唯一想象"家"的方法。

[①] 〔美〕欧文·戈夫曼:《污名:受损身份管理札记》,宋立宏译,北京:商务印书馆,2014年。

第 4 章 "锻炼锻炼":短期受训者的教育渴望

> 夫铁石天然,尚为锻炼者变易故质,况人含五常之性,贤圣未之熟锻炼耳,奚患性之不善哉?
>
> ——王充《论衡·率性》

本章聚焦于武校里一些短期项目的学生,探讨这些学生"上山"背后的故事。所谓短期项目,是指从 1 周到 12 个月不等的各类武术训练项目。这些短期项目与"夏令营"最初在西方社会的营销逻辑如出一辙。最早的夏令营主要目的是提供一种逃离现代生活的方式,以期从对"宅"(indoorness)的背叛中获得道德品格的历练。① 这种"离家"式集体生活在二战后又被一些心理学家赋予了"疗愈价值"(therapeutic value)。②

在武校,短期项目包括针对零基础学员的夏令营、短训班,针对海外华裔后代的"文化寻根班",针对肥胖、网瘾等"特殊问题"的"疗愈班"等等。无论参加的是哪种短训班,这些学生和家长的目的并不是要获得武术相关的学历,而是要体验武校、少林的生活,获得他们想象和期望的"效果",用很多家长的说法就是到武校里"锻炼锻炼"。本章围绕"锻炼锻炼"的"本土"理解,重点探讨有关"锻炼"的想象如何建构了武校里的身体文化,这种"锻炼速成班"为何被寄予家长们复杂、多样的希望。

一、"锻炼"与青年危机

在中文里,"发展"一词首先出现在清末的小说和报刊文章之中。在西学东渐的时代,斯宾塞的进化论被社会改革者们用于解释、解决中国落后于

---

① Paris, L. 2008: *Children's Nature: The Rise of the American Summer Camp*. New York: New York University Press, pp. 18-19.
② Smith, M., 2006: "'The Ego Ideal of the Good Camper' and the Nature of Summer Camp", *Environmental History*, 11(1), 70-101.

西方的问题。一种典型的现代性叙事逻辑是把"先进"和"落后"进行区分,并通过批判"落后"来达到对"先进"的构建。① 对 20 世纪初的社会改革者来说,"发展"意味着需要打破中国传统的束缚,尤其是传统教育方式、教育观念对青年一代的束缚,需要废科举、兴学校、开民智,把年轻一代培养成"现代"国民。② 梁启超是这些改革者中的典型代表,他的《少年中国说》是一篇为后世熟知的文章。他在其中写道:

> 少年智则国智,少年富则国富;少年强则国强,少年独立则国独立;少年自由则国自由;少年进步则国进步;少年胜于欧洲,则国胜于欧洲;少年雄于地球,则国雄于地球。

在这篇著名的文章中,梁启超开篇便比较了"老人"与"少年"的区别,并得出"老人如僧,少年如侠"的观点。显然,救国不能靠一切随缘的"僧侣",而需要有血性的少年"侠客"。那么,如何把"如侠"的少年教育好,培育成国之栋梁,并从根本上改变中国的命运?自近代以来这便是诸多教育家、社会改革家们乐于争论、勤于探索的问题。其中,具有划时代意义的政策文本也许当属 1904 年清政府颁布的《奏定学堂章程》,不仅明确规定了基础教育的教学内容、授课时间、教学方法等,还强调现代体操(体育)在课程体系、育人方式中的重要地位。③

新中国成立以后,青年的"全面发展"一直被视为社会发展的重要力量,"德、智、体、美、劳"五育并举一度成为中小学教育的风向标。但是,改革开放以后,由于升学压力逐渐增大以及对"独生子女"一代的污名化,青少年的"身心危机"被不断生产和消费。一方面,在实际的学校教育实践中仍是以应试为目标,以"智育"为主,其他"四育"处于边缘地位。在 20 世纪 80 年代末,"学好数理化,走遍天下都不怕"的社会心理达到一个小高峰,其带来的后果不仅是重理轻文的阶序固化,还有德、体、美、劳在学校教育中的边缘化。如今,从网络段子中仍可以看出这种边缘地位,例如,一个流传甚广的段子是:每逢体育课,体育老师都因病不能上课,不得不把课时让给语、数、

---

① Jones, A., 2011: *Developmental Fairy Tales*: *Evolutionary Thinking and Modern Chinese Culture*. Cambridge and London: Harvard University Press, pp. 16-29.
② 李森、杜尚荣:《清末民初时期基础教育改革的基本经验与现代启示》,《西南大学学报(社会科学版)》,2013 年第 2 期,第 57—64 页。
③ 李森、杜尚荣:《清末民初时期基础教育改革的基本经验与现代启示》,《西南大学学报(社会科学版)》,2013 年第 2 期,第 57—64 页。

外等升学考试的主要科目。另一方面,"80后"因其"独生子女"的身份、在三代家庭结构中处于"小皇帝"的位置而被污名化为"垮掉的一代"。在那个年代,很多文字工作者敏感地捕捉到了这一时代恐慌,并巧妙打造了一个持续争论30多年的"研究命题"。在这些人当中,孙云晓无疑是最著名的一位。

1993年,孙云晓在《少年儿童研究》上发表了《夏令营史上的一场变革——中日儿童探险夏令营启示录》一文。同年7月,《黄金时代》杂志以《我们的孩子是日本人的对手吗?》为题发表了孙云晓的同主题文章。11月,《读者》杂志转载,并将题目改成了《夏令营中的较量》。这篇文章的主要内容是:

> 1992年8月,77名日本孩子到了内蒙古,与30名中国孩子一起参加了为期三天的草原探险夏令营。虽然中国的孩子也非常努力,但教育的差异导致两国孩子的行为差异显著:中国孩子病了回大本营睡大觉,日本孩子病了硬挺着走到底;日本的爷爷乘车走了,只把鼓励留给发高烧的孙子,中国妈妈来了,在艰难路段把儿子拉上车;日本孩子坚强的背后是日本社会各界的支持,中国孩子娇弱的背后是父母的溺爱。[1]

此文一出,社会反响强烈。赞同者认为孙云晓提出了一个时代命题,需要更加重视我国青少年一代的教育、成长问题。[2] 反对者则认为孙云晓的这篇文章有诸多不实之处,为了证明"危机"的真实性而故意夸大了中日少年的差异,有"贩卖危机""耸人听闻"之嫌。[3] 其后,孙云晓在《中国教育报》上撰文逐条回应质疑。[4] 此事似乎告一段落,没有了下文。直到2018年,孙云晓再次撰文谈起当年的这场争论,他认为,《夏令营中的较量》具有重要的时代意义,至少在四个方面影响了20世纪90年代以后的中国教育变革:一是党和国家领导人高度重视儿童教育;二是素质教育成为国家教育工作

---

[1] 孙云晓:《25年后再说〈夏令营中的较量〉》,《中国政协》,2018年第12期,第66—68页。
[2] 刘显泽:《我们该如何面对挑战——〈夏令营中的较量〉给我们的启示》,《北京教育》,1994年第4期,第20—21页。
[3] 何平平、张爱学、常红:《杜撰的"较量"——所谓日本孩子打败中国孩子的神话》,《北京青年报》,1994年3月5日第1版。
[4] 孙云晓:《并非杜撰,也并非神话——〈夏令营中的较量〉作者证言》,《中国教育报》,1994年3月16日。

的主导思想；三是借鉴日本等国的经验，国家以制度性举措推进素质教育；四是将综合实践活动列入国家义务教育和普通高中必修课程。①

无论《夏令营中的较量》是否"真实地"呈现了那一代人"危机四伏"的童年，媒体与社会大众似乎都乐于相信年轻一代是"垮掉的一代"，是需要通过教育进行拯救的一代。这种为了民族未来、家庭幸福的教育包含从吃喝拉撒到道德养成的方方面面。科学育儿成为与国家、民族命运紧密相联的重要社会话语②，最为大众熟悉的例子可能是"每天一瓶奶，强壮中国人"的牛奶广告。此外，作为第一批独生子女的"80后"成为社会舆论批评的靶心。这一代因为没有兄弟姐妹而被认为缺乏集体合作精神，因为不缺吃穿而被认为"不能吃苦"，因为家庭内部的集中关爱而被认为自我中心、个人主义。有趣的是，相同的逻辑、相似的论调在之后的几十年中不断地被用于批评"90后""00后"和"10后"。从这一点来看，也许需要探讨的问题不是为何"一代不如一代"，而是为什么"上一代"习惯于指责"下一代"以及这种"指责"的代际再生产又是如何发生的。但对于"青年危机"的信徒们而言，如果通过严格律己和勤奋努力"遇见更优秀的自己"难度太大，那么，一个退而求其次的办法就是为下一代创造邂逅优秀的可能，让下一代从集体性的"危机"中走出，成为"出淤泥而不染"的优秀个体。身体，是最易可视化的规训对象，是"出淤泥"的重要方法，更是很多家长、青少年、"夏令营"经营者共享的幻象生产与价值实践载体。也正是在这个意义上，功夫短训项目里有关"筋、骨、皮"的历练被赋予了"精、气、神"的禅意、寓意与诗意。

二、"锻炼"与身体文化

人类学家苏珊·布劳内尔(Susan Brownell)将身体文化定义为"人们对自己的身体所做的一切，以及形塑这些行为的文化因素。身体文化是一个广义概念，包括健康、卫生、健身、美容、服饰，也包括手势、姿势、礼仪、谈吐和饮食方式等等"③。在武校，这种广义的身体文化与有关"锻炼"的话语实践杂糅在一起，试图通过建构和实践一种"正确的身体文化"，进而希望达到以身静心、以心正身、身心合一的目的。

---

① 孙云晓：《25年后再说〈夏令营中的较量〉》，《中国政协》，2018年第12期，第66—68页。
② 景军：《喂养中国小皇帝：儿童、食品与社会变迁》，钱霖亮、李胜译，上海：华东师范大学出版社，2017年。
③ Brownell, S., 1995: *Training the Body for China: Sports in the Moral Order of the People's Republic*. Chicago: University of Chicago Press, p.10.

(一)"人靠衣装马靠鞍"

身体文化的"正确性"首先体现在穿什么、如何穿上。在武校,常见的衣服有两种:一种是普通运动服,上面印有学校的校名、LOGO之类;另一种是灰色的僧袍。就我的田野观察,有些武校所有学生平时都穿僧袍练功;另一些学校则平时穿运动服练功。在一些学校会根据学生的身份划分着装的区别,例如,在普通班的学员平时练功要求穿运动服,表演队队员一般穿灰色僧袍。不管用哪种方法对学生进行衣着上的分类,黄色僧袍是不允许学生穿的,只有教练、招生办工作人员等需要向外界展示少林符号的人员才可以穿。对于夏令营的短期学员来说,僧袍无疑更具有符号意义。我曾多次碰到刚刚领了僧袍的学员和家长一起在校园里拍照留念。但是,并不是所有学生都喜欢和认同武校的这套"行头"。曾有学生直言练功穿的运动服"太丑",很像监狱里穿的"囚服"。在一次午休时,谈起此事,这位学生仍有很大情绪:

> 教练说我们只能穿这个,还有这种鞋。这也太土了吧?为什么不能穿自己的衣服,只要是运动服不就可以吗?就是想挣钱吧?可是我们已经交了服装费,已经买了这些衣服。既然我买了,那我就有权利选择不穿,是不是?大家都穿成一样的,他们怎么不在衣服上打上号码?然后,上课、吃饭、上厕所都喊号码,不是更好?

尽管有人心有抱怨,但参加夏令营就意味着要完全服从各种要求。从某种意义上讲,家长将他们的孩子送到这种功夫夏令营的目的之一便是寻求强有力的规训,以期使这些少年得到平时难以获得的"锻炼"。武校提供的一项重要"服务"可能便是通过"服装"传递有关"锻炼"的价值。在夏令营的开营仪式上,校长向家长和学生不断重申这种价值:

> 俗话说:"人靠衣装马靠鞍。""宝剑赠壮士。""好马配好鞍。"今天以前,你只是我们国家千百万个孩子中的一个,但是,从今天开始,穿上这套练功服,你就不再只是一个孩子,而是一名少林武术的传承人。……在接下来的一个月里,你们要用自己的最大努力来尊重这套练功服,尊重少林武术,把少林功夫发扬光大。从现在开始,你们要听教练的话,做到饭前洗手,每天洗澡,养成好习惯,练好身体。当你回到家、回到学校后,让你的父母、家人、老师、同学都觉得你不再是以前的你,你有了

很大的进步和成长。

从校长的致辞可以看出,习武身份的获得需要通过"僧袍加身"的隐喻予以确认。这位校长的演讲暗含的逻辑是夏令营成员是"好马",配上作为"好鞍"的练功服,不只是外观上的改变,还是身份的标识,同时也成为区分"我们"与"他们"以及建构认同的工具。不仅如此,"衣装"在身还意味着"责任"和"使命",即服从教练指令、养成好习惯和传承少林传统文化。如此,无论是普通运动服还是僧袍,都被赋予了超越服饰本身的意义与价值。通过分析日本社会对校服的重视以及校服对于日本学生的影响,布莱恩·麦克维(Brian McVeigh)认为,校服实际上体现着一种意识形态作用下的主体性。是否穿校服、如何穿校服不只是"学校教育""国家意识形态"的组成部分,也不仅仅是学生对"校服"代表的符号意义的认同和承诺,还是嵌入日常生活之中再生产社会规范、道德秩序的载体。[①] 换言之,"校服"只有与时间、空间、情境、程序等因素相结合,才可能被赋予"育人"的功能与价值,此外,也只有作为物的校服被"转译"成学生认同的符号意义,学生们对自我的认知才会发生改变,并与"校服"的符号意义交融成为一体。以上述校长的讲话为例,只有"好鞍"的意义被学生们理解和认同,"好马"的隐喻才有可能成为共识,进而"好马配好鞍"、"配好鞍"的都是"好马"的逻辑才可能获得规训的功能与教育的意涵。

(二)"有钱莫买少年肥"

参加武术夏令营的很大一部分学生是被身体超重问题困扰的。家长们大多认为,这些孩子缺乏锻炼,又偏爱汉堡、薯条等垃圾食品,"送到山上吃吃苦"也许可以解决肥胖的问题。至于解决的办法,无非两个:"迈动腿"和"管住嘴"。

对于这些零基础甚至讨厌运动的学员而言,"迈动腿"很多时候只包括两项基础训练:慢跑和马步。慢跑在武校中有时候又被更形象地称为"跑圈儿",即一圈一圈地跑。一次,一位教练让全班在训练场上一次跑10圈。即便训练场不是标准的400米跑道,目测一圈也有200多米。这意味着这些平时缺乏锻炼的学员一次要跑2000米以上。很多学生跑了三四圈便气喘吁吁,有的甚至不顾教练的怒吼咆哮,直接瘫倒在地,无论如何都不再起来。

[①] McVeigh, B., 2000: *Wearing Ideology: State, Schooling and Self-Presentation in Japan*. Oxford & New York: Berg, p.184.

午饭的时候,谈起上午的这次慢跑训练,一个学员抱怨说,就算是马也跑不了这么远。另一个学生开玩笑说:"你见过像你这么胖的马吗?"

如果慢跑的目的是提高学生的体能,那么,马步据说是培养耐心和耐力的重要方法。马步是少林拳法的重要基本功,也就是武侠小说、影视作品中经常说的"下盘",强调一个"稳"字。一位教练曾这样给学生解释马步的重要性:

> "站似一棵松,卧似一张弓",这歌词听过吧?说的就是稳。如果你下盘不稳,脚和腿无力,那你的腰就肯定借不上力,就更不要提胳膊和手了。这样打出去的拳是没有劲道的,既不实用,也不好看。但如果下盘很稳,那么,你就不容易被对手打倒。还有就是你的劲儿是脚、腰、臂、手浑然一体的,是接地气的,是有根的。

短训项目的训练内容里几乎都有"马步"一项。每天练习的时间长度取决于教练的严格程度,有时也取决于教练当天的心情。一般而言,"马步"训练的时间在 20 分钟到 60 分钟之间。对于那些习武多年的人来说,几十分钟也许不算什么,但对这些没有基础的夏令营学员而言,20 分钟已是一场"炼狱"式体验。除了时间长短,"马步"还因教练不同、情境不同有很多变化。例如,曾有教练要求犯错学生在头顶上放一小块石头,在蹲马步的过程中如果石头掉落,就要延长惩罚时间。对于很多夏令营的学员来说,这是不可能完成的任务。于是,犯错学生何时得到"宽恕"就全凭教练的心情了。大多数时候,对夏令营学员的要求明显低于全日制的学生。教练们似乎也都有默契,真正严格的惩罚或训练在夏令营里并不多见。

一篇关于空手道的民族志认为"马步"训练(kibadachi)不仅仅是经历苦痛,更是对主体间性的具身化体悟:

> 在马步练习之中,痛苦遮蔽、去除了所有细节。参与者的哀号、太阳的暴晒、如注的汗水、盘旋不去的苍蝇在脸上留下的阵阵瘙痒在马步练习之中毫无差别。这种痛苦囊括着全世界和空手道练习者的自我。他者的呼唤由内生发,击碎内心的平静,沉浸于深蹲之中,而非苦痛之间。这种转化的机制源自主体间性的交互,而不仅仅是痛苦的社

会性。①

对于习武者而言,痛苦是一种"身体的符码"(somatic code),其解码、编码的过程取决于身体的经验。② 然而,貌似如此深刻的武学体悟对于每天专注于"摇摆"的马步初学者而言是没有太多意义的。对于这些夏令学员和他们的父母来说,经历身体上的苦痛往往比哲学反思更加直接、可见、"物有所值"。在这个意义上,"马步"之痛与人类学家魏美玲(Emily Wilcox)对北京一所舞蹈学校的观察有相近之处。她指出,经历身体上的苦痛是所有舞蹈练习生的必修课,在这个过程中,不仅身体的灵活性、韧劲、爆发力得到历练与提升,更为重要的是舞蹈学生的品性得到磨炼。③ 因此,身体素质也就不再仅仅是生理学意义上的指标,还关系到个体道德的文化与社会意涵。武术夏令营里的"锻炼"也正是在这个意义上被赋予了父母更多的期待。但是,有趣的是,这种由身到心的文化逻辑有时却有着许多意想不到的变化。

很多学员有肥胖问题。无论是家长,还是武校的教练、功夫老板,都认为造成现在儿童肥胖的罪魁祸首是西式快餐的垃圾食品。一个学生的妈妈曾与夏令营招生咨询的工作人员闲聊时说,她的儿子多年来一直对炸鸡上瘾,一两天不吃都不行,现在她儿子才一米四十多厘米的身高,体重却已经140多斤,非常胖。她认为,造成孩子超重如此严重的原因主要是炸鸡、薯条之类的垃圾食品。这次把儿子送上山只有一个目的,就是逼着他减肥。为了达到这个目的,这位妈妈甚至与儿子订立了"协议":如果他能坚持一个月不吃炸鸡、薯条,不喝可乐,并能减肥10斤,那么,夏令营结束时他将得到一部新手机作为奖励。

有关"洋快餐"与年轻一代的身体问题,一位功夫老板也有类似的观点,他认为:

> 以前我们小时候没有什么麦当劳、肯德基,也没有那些薯条、汉堡。你每天吃的东西不是自家种的,就是别人种的,都是地里来的。但现在你知道你吃的东西哪里来的吗?工厂里生产的那些零食,有多少添加

---

① Cohen, E. B., 2009: "Kibadachi in Karate: Pain and Crossing Boundaries within the 'Lived Body' and within Sociality", *Journal of the Royal Anthropological Institute*, 15, 610-629.
② Cohen, E. B., 2006: "Kime and the Moving Body: Somatic Codes in Japanese Martial Arts", *Body & Society*, 12(4), 73-93.
③ Wilcox, E., 2018: *Revolutionary Bodies: Chinese Dance and the Socialist Legacy*. Berkeley: University of California Press.

剂,谁知道?像汉堡、薯条这类东西对孩子是绝对有害的,不安全。还有,以前我们种地用的都是有机肥,大粪,现在用什么?全是化肥、杀虫剂。吃什么很重要的,对身体、练武都很重要。老祖宗讲,天人合一,吃的都不是老天给的,还怎么天人合一?

有趣的是,2012年前后,登封并没有麦当劳和肯德基。登封当时只有一家本地人开的汉堡店,主要经营各式汉堡、薯条、炸鸡块、冰淇淋等。有趣的是它还将"洋快餐"进行了本土化,"米汉堡"便是一例。顾名思义,"米汉堡"就是把汉堡中的面包替换成了压成块状的米饭。对我而言,这是我第一次见到如此本土化的创新。但是,在武校学生的眼中,这种本土化的创新以及非连锁的汉堡店意味着没有严格的"产品质量控制"和"标准化的流水线生产工艺"。因此,他们更偏爱麦当劳、肯德基、汉堡王等连锁品牌。

不管持哪种观点,这些有关吃什么、如何吃的态度也许可以从两个角度加以分析:第一个视角是有关"吃"和食物的社会记忆。有关"吃"的记忆常与特定的时代和个人经历紧密相关,例如,20世纪50年代出生的河南人对红薯有着特别的记忆,这主要是因为在那个年代,由于经济贫困,红薯是唯一的食物。又如,城市打工者使用"苦"这样的味觉表述来描述自己的生活,实际上却是对有关"苦"的记忆、认同和道德感知的表达,并在"经验"层面与"苦"指称的日常生活不确定性同居共存。[1] 事实上,当人们讲述自己"记忆"的时候,叙事已经超越了食物本身,而是将食物与时间、空间、社会话语相联系,建构了一种源于味觉、嗅觉记忆的情感力量。[2] 正如一位功夫老板所说,中国在20世纪80年代中期以前没有西式快餐,他这一代的大多数人在年轻时候都没有对汉堡包和薯条的身体记忆。但是,与他这一代相比,现在的青少年有关"吃"和食物的经验更加多样化。那么,对于父辈而言的"不道德的"食物对于现在这一代而言似乎并不涉及道德的考量,原因可能只是这一代并没有关于饥饿、特定食物等的经历与记忆,也就自然而然不会认同和使用上一代有关食物的叙事框架。

第二个视角是有关"吃"和食物的道德感问题。"吃什么",或称,"什么是可吃的"关乎"吃"的社会文化与禁忌,也是成长于特定文化中的个体的身

---

[1] 何潇:《"苦":上海打工者的社会记忆和日常体验》,《北方民族大学学报(哲学社会科学版)》,2014年第4期,第34—38页。

[2] Sutton, D., 2010:"Food and the Senses", *Annual Review of Anthropology*, 39, 209-223.

份、习惯、认同等的体现。不仅如此,有关"吃"和食物的道德感更是社会关系的体现和实践。例如,孙隆基曾以"吃"的社会隐喻为例,认为"对中国人来说,'自己人'这个圈子往往是一个可以互相'吃'的范围,因为,'自己人'总是'熟人'而不是'生人',自己在他们面前往往'吃得开',也比在'生人'面前更容易'开口',而自己在他们面前也是'多吃一点亏也无所谓',因此,'吃里爬外'的人就变成不可饶恕的叛徒"①。不可否认,孙隆基的研究在一定程度上揭示了中国文化中很多与"吃"和身体相关的文化逻辑,比如,长辈会通过关心胖瘦的身体形态变化来表达对晚辈的关心,在饭桌上以互相夹菜传递"好的"食物来体现和建立亲密关系,等等。类似地,将孩子送到功夫夏令营里"吃苦"也可以视为这种围绕"吃"进行的情感交换。于是,多少具有讽刺意味的是,家长一方面希望孩子在山上"多吃苦",另一方面又和孩子约定"不能吃"某些"不道德的食物"。在吃与不吃之间,生活方式的"正确性"不仅成为权力话语的表征,而且成为代际关系的实践方式。

(三)"人闲百日病自来"

除了肥胖,被父母送到功夫夏令营里"锻炼"的另一类少年是所谓的"网瘾少年"。"沉迷网络"是个非常有趣的表达。"沉"意味着难以自控、不能自拔;"迷"则表明被网络深深吸引,可能丧失了清醒判断、理性行动的能力。很多父母把孩子的"缺乏锻炼""太胖"等归因于"网瘾",参加夏令营的目的就是希望通过在武校里"吃点苦",最好能把"网瘾"戒掉。

少义便是一例。2013 年,少义 13 岁,来自河北。据他爸爸讲,由于忙于做生意,没有时间照顾少义,少义小学的时候便经常把买饭的钱用来上网。起初这件事并没有引起少义父母的注意,直到少义上了初中后,开始逃课上网,或是整夜"泡"在网吧里。从那时开始,少义爸爸经常要去当地的网吧一家挨一家地找。最初把少义带回家,少义爸爸总要打他一顿,逼他认错。但很快,少义爸爸发现这样的方式不仅无效,还让少义的"网瘾"变本加厉,更加严重了。之后少义父母开始"晓之以理,动之以情",但每次少义都发誓说再不上网,却过不了多久便又被父母从网吧里"捞出来"。少义被送到功夫夏令营的导火索仍与"网瘾"有关。据少义父亲讲,这一次少义从家里偷了 1500 块钱,打出租车去了附近的另一个县城,在网吧里待了一周。在少义失联的这一周里,少义父母找遍了每一个他可能去的地方,问了每一个可能知道他去哪的人,但一无所获。最后不得已,少义父亲还去报了警。

---

① 孙隆基:《中国文化的深层结构》,桂林:广西师范大学出版社,2004 年,第 50 页。

等少义把钱花完回到家时,父母已在崩溃的边缘。这一次,少义父母下定决心要寻求外界的帮助,换一种方法帮助少义戒掉"网瘾"。通过熟人介绍,少义爸爸得知在登封有武术夏令营,采用军事化管理,可以达到戒网瘾的效果。于是,少义父母在 2013 年的夏天,以到少林寺旅游为借口,骗少义到武术夏令营接受"改造"。

少义一家打车到武校的时候,我正在与招生办公室的工作人员、几个不值班的教练在办公楼前闲聊。当时少义并不高兴,坚决不下车,并打骂他妈妈。在征得少义爸爸的同意后,招生办的一名工作人员去做少义的工作。但少义仍不同意下车,坚决要回家。这名工作人员趁少义不备,使了一招少林擒拿手,把少义拖出了出租车,几乎是押进了办公室。在办理入营手续时,少义爸爸和我们讲:

> 他花太多时间打游戏,也不知道在网上和什么人聊天,能一聊聊一晚上。以前也没觉得这事有多严重,就是玩嘛。……这次他偷了钱,这就不一样了。这次偷家里的钱,下次是不是就偷别人的?偷不到钱,难道还要去抢?那早晚要去蹲大狱啊。(我)是真操心。

在几天后的训练休息时间,像少义一样的"网瘾"少年便聚在了一起,分享玩网络游戏的各种技巧、"泡网吧"时发生的种种趣事。对他们来说,即便人在山上,被封闭化管理,不能上网,但他们的心却在网上和网吧里。也许只是想一想、和"同好"聊一聊便可以生发出无数的快乐。但是对于他们的父母们来说,网吧和网络是罪恶之源。上网是与学习无关、"浪费时间"的事情。于是,当这种时间的"浪费"达到了"瘾"的程度,对于许多中国父母来说,是无法忍受的。他们觉得自己的孩子"病"了,需要"治疗",这也是有关"网瘾"治疗从未有青少年主动提出,而都是父母代为决定的原因。[1] 此外,至少在我的田野调查过程中,极少有父母认为自己的孩子是在家中染上"网瘾"的。一个共识是"网瘾"源于无节制地"泡网吧"。

在中国青少年"网瘾"研究中,有学者分析了"泡网吧"的文化意涵。他们认为:

> 在某种程度上,我们可以说"泡网吧"是将时间花在网吧里,但也可

---

[1] Manjikian, M., 2012: *Threat Talk: The Comparative Politics of Internet Addiction*. Farnham: Ashgate, p. 150.

以把"泡"解释成：将身体融入周围更广泛的环境。这样的图景更适合强调淹没和浸入液体之中的"成瘾"隐喻。①

在中国，人们普遍认为，"网吧"对于青少年而言有百害而无一利。尽管"网瘾"是否真的是一种精神疾病仍是个颇有争议的问题②，声称能够治疗或预防这种"病"的机构 2010 年前后在我国呈爆发式增长，俨然已成拉动地方经济的生意。直至 2016 年，由于杨永信电击戒"网瘾"③等事件的发酵，如何戒"网瘾"似乎才忽然成为一个需要讨论和关注的问题，但是，是否需要戒"网瘾"并未成为问题。原因很简单，"网瘾"是"病"，有"病"就需要治。在登封，不只是夏令营被包装成具有戒"网瘾"的功能，有些生源不好的武校在 2010 年前后甚至直接把校名改成了"少年军校"之类的名字，主要业务也从武术训练变成了戒"网瘾"、治理"早恋"和"娘娘腔"等各类"问题青少年"的"问题"或"疾病"，由此可见这一市场的巨大。我曾在一篇文章中批判过这种简单将父母责任"外包"的问题：

> 对于家庭或网瘾青少年的家长们而言，由于这种"病"常常染于一种叫作"网吧"的地方，所以，网瘾与家庭环境、家庭教育无关。家长们乐于相信自己的孩子都是"好孩子"、自己都是"好家长"，只是孩子受到了不良环境、互联网新技术的影响，才一失足染了"病"的。但"病"不是绝症，"病"是可以"治疗"的，"治疗"当然又要寻求"专业机构"或"专业人士"。于是，无论是"染病"还是"治疗"便都与"家""家长"无关了。④

所谓的"网瘾"也许还有其他的侧面。如同前章所述的那些感觉"无家可归"的少年，这些所谓的"网瘾"少年大多与家长关系较差，至少没有家长们声称的那样好。原因也很简单，在他们童年和成长的关键期，父母忙于打工赚钱，要么不在身边，要么在身边却无暇照顾他们。更糟糕的情况还有父母在外打工受气，回到家里把孩子当"情感垃圾桶"，动不动酗酒打骂、言语

---

① Golub, A., & Lingley, K., 2008: "'Just Like the Qing Empire': Internet Addiction, MMOGs, and Moral Crisis in Contemporary China", *Games and Culture*, 3(1), 59-75.
② Cash, H., Rae, C., Steel, A., & Winkler, A., 2012: "Internet Addiction: A Brief Summary of Research and Practice", *Current Psychiatry Reviews*, 8, 292-298.
③ 中国新闻网:《"电击"戒网瘾当事人：说句"我累了"都会被电击》，2016 年 8 月 24 日，来源：http://www.sohu.com/a/111775655_123753
④ 董轩:《多理解青年问题　少生产"问题青年"》，《社会科学报》，2017 年 5 月 25 日第 8 版。

讥讽、冷暴力等等。长此以往，这些少年发现对"家"的逃离才是快乐的源泉，而"网吧"便是那个可以忘却忧愁的心灵港湾。如果从这样的角度反观"网瘾"问题，也许其背后真正的问题就不再只是青少年的问题，还是一个父母如何履行其责任和义务的社会问题。因此，也许可以说"青少年问题"映射出的正是当下中国社会种种问题的缩影。

三、"锻炼"与少年老成

除了强身健体，一些父母希望孩子在集体生活中得到"锻炼"，培养孩子的独立性。尽管对我而言，这些以历练"人情世故""会说话"为目标的动机很不可思议，但这些父母的想法也许提供了审视当下中国社会的一种可能。

审时度势被认为是一种能力。在武校里，教练、校长、老师、保安、值日生等都在不同方面、以不同方式拥有针对普通学生的权力。同时，由于武校采用半军事化的管理方式，严禁无正当理由、无假条出入校园，这也使得日常的管理、权力实践与多样的监督变得极为复杂。如此，能在其中生存下去，甚至乐在其中，被很多家长理解为是拥有难能可贵的"混社会"的能力。一位学员的爸爸初中辍学后便在广东打拼，从流水线工人到拥有自己工厂的小老板，他的人生经验让他觉得"混社会"的能力极为重要：

> 一个大人和一个孩子的区别是什么？就是审时度势的能力。我们常说孩子幼稚、天真，就是孩子看不懂、分不清情况吧。知道谁是关键，怎么打通关键，把事办成，这是将来到社会上特别重要的能力。我就和我儿子说，你要是不知道该和谁交朋友，你就是傻。多个朋友多条路，你得先有朋友后有路，是吧？这个社会没有人脉是肯定不行的，学习好不好都不重要，人脉是关键。我就希望我儿子在这能锻炼锻炼。

那么，如何构建这种"有用的"友谊呢？送礼，无疑是最为直接、有中国特色的社会关系维系手段，同时也是人情世故历练的方法。正如人类学家阎云翔在其名著《礼物的流动》中所言，"中国人的礼物交换是嵌入于一个人类学家称为'人格之文化建构'的过程当中的：个人要通过礼物交换实践学会如何去和不同类型的人打交道"①。阎云翔的研究发现根植于民间实践。

---

① 阎云翔：《礼物的流动：一个中国村庄中的互惠原则与社会网络》，上海：上海人民出版社，2000年，第14页。

一位在山东某县做公务员的父亲,也将儿子送到夏令营"锻炼"。在报到那天下午,我们有机会进行了一次短暂的"闲聊"。谈及"人情世故"与"送礼",他说他曾有意让孩子锻炼送礼技巧:

> 他七岁多的时候,逢年过节我就让他去给亲戚们送礼,也观察、培养他这方面的能力。我教他要说什么、怎么说。送完礼之后,要在人家家里待多久,就要离开,要不要吃饭。他还是很有天赋的。从那时起,他就知道了,送礼不只是把东西送过去那么简单,还要有恰当的言谈举止。事实上也是,有时候怎么说比说了什么重要,送礼的方式比送了什么重要。他很小的时候就知道这些,这个将来到社会上很重要。

如这位父亲所言,人类学家任柯安发现在 20 世纪 80 年代末的中国农村"礼尚往来"并不只是"礼上往来"那么简单,而是负载着复杂的人情、关系的社会交换。他认为,在送礼问题上,感情是人际关系过去、现在和未来之间的联结方式,现在有关感情的感知会引起对过往关系的回忆,而这种过往与现在又影响着未来的亲疏远近。[①] "感情"的强化就不只依托于"物"的流动,可能更多地关乎"礼"的表达。在这个意义上,"物"只是形式,"礼"才是内涵。这就需要送礼者不能只是"物"的意义上投其所好的"快递员",还要知礼、懂礼、习礼、用礼,方能达到"礼"与"物"的双重流动,也才可能拥有在特定文化中送礼的娴熟技巧,完成"社会化"的目标,也成为这种送礼文化的参与者和传承者。

在武术学校,送礼有两种。第一种主要发生在学生家长与教练之间。有时是家长来探望学生,请教练吃一顿饭;有时给教练带一些家乡特产或是烟酒;有时则通过学生将礼物转交给教练。与我国很多教育机构中家长给老师送礼类似,此类送礼的最主要目的是保证孩子得到教练的特别关照,至少不故意为难学生。例如,通过在一所幼儿园所做的民族志田野调查,人类学研究者许晶发现,幼儿园学生的家长有时会邀请老师及其家人一起吃饭,期望能在学校情境之外与教师建立更为亲密的关系,从而使孩子在幼儿园时得到更多的关注、分配到更好更多的资源与机会(如座位、课堂发言表演

[①] Kipnis, A., 1997: *Producing Guanxi: Sentiment, Self, and Subculture in a North China Village.* Durham and London: Duke University Press, p. 58.

的机会等)。① 与许晶的观察类似,武校学生,尤其是这些短期学生的家长,遵循"礼多人不怪"的文化逻辑给教练送礼,希望教练能够对自己的孩子有更多关照。但是,与农村熟人社会中的礼物交换、幼儿园或中小学里家长给老师送礼等情况不同,这些家长并不需要与教练建立起长期稳定的关系。教练是否以他们希望的方式给予"回礼",也几乎处于失控状态,因为教练并不一定与家长们共享同一套"礼尚往来"的意义系统,或者,教练也不需要遵循"礼来必有往"的潜在规则。此外,多少具有讽刺意味的是,这些家长一方面明明是花重金送孩子来"吃苦""锻炼",他们也了解和接受所谓严格的军事化管理包括不同程度的"体罚"或言语暴力;另一方面,他们却害怕孩子无法承受这种"锻炼",希望教练能严而有度,让孩子尝到苦头却又不要苦不堪言。

武校里的另一种"礼物流动"是一些学生口中的"不得不送"。这种"礼物流动"交换的可能并不是物质形态的礼物,至少不仅仅是"物",还可能是"帮忙"。例如,大部分武校采用的是半军事化管理,意味着如果没有层层审批签字的假条,无论是学生还是教练,都很难离开学校。因此,当有学生有正当理由可以去校外的时候,教练常会请学生"帮个小忙",可能是从附近餐厅带几个菜,也可能是去登封市区的营业厅帮忙交手机费,或是帮忙买零食、水果等。最常见的情况是,教练们会告诉学生等他们回来再给钱,但真正给钱的教练并不多。在武校,这近乎一个公开的秘密,也基本上没有学生会因此而投诉教练。原因可能是这种"小忙"涉及的金额的确不多,一般在百元以内。此外,更为重要的原因可能是,如果投诉有招致教练报复的风险。2013 年,在一个教练们的聚会饭局上,一个新教练曾抱怨他带的班级里学生都特别天真、"不懂事儿":

> 我们是新生的时候,每次出去,回来都多少会带点水果、吃的,给教练点儿,也给宿舍的兄弟们点儿,是不?这样别人出去,也会给你带。吃人嘴软,你犯错了,教练还能往死里揍你啊?现在的学生太傻了。有一回,我班上有个小孩儿他爸来了,他请假要和他爸去市里。我就说,那你帮我带个充电器回来,我原来那个线要折了。他是记得带了,然后就管我要钱,十几块钱的东西,至于吗?

---

① Xu, J., 2014: "Becoming a Moral Child amidst China's Moral Crisis: Preschool Discourses and Practices of Sharing in Shanghai", *Ethos*, 42(2), 222-242; Xu, J., 2017: *The Good Child: Moral Development in a Chinese Preschool*. Stanford: Stanford University Press.

当我问他最后是否把充电器的钱给了学生时，他表示，如果这种小事都要把钱给学生，那他就不会选择留校成为教练了，"再说大家都这样干，这是传统"。但是，当我委婉地向校长、学校董事会成员和真正的大老板多方求证时，这些学校高层一致否认有这种所谓的"传统"，他们最常见的回应有两种：一种强调学校管理非常规范，有严格明确的规章制度，对此类现象也有明确的惩罚，所以不可能存在此类现象；另一种强调"武者仁心"，习武先习德，能成为教练的都是武校里最优秀的学员，不仅得过各种大奖，还经过层层考察和培养，是不可能做出这种有违师德的事情的。在田野调查中，我也的确看到过明确的规章制度、惩罚措施，甚至还看到了每周学校对各类违规事件的处理记录。我也相信作为快速成长、不断扩张的组织，规范乱象、明确章法可能的确是学校高层努力在做的事情。但是，这并不意味着我观察、听闻到的"民间故事"就是假的。很多时候，生活的荒诞常常是故事的每个侧面都是"真"的。

这种"真实"还体现在学生对学校门卫的"孝敬"。武校是半封闭式的管理，因此，保卫处有很大的权力。保卫处成员大多是学校的毕业生，年纪稍大，熟悉学校的日常生活，像学生一样在学校吃住。他们几人一组，24小时值班。白天主要在校门口设岗，检查出入学生、教练的假条，登记出入情况等。晚上则要按要求两人一组在校内巡逻，以防学生打架、跳墙溜出校园等。对于学生而言，一旦有违纪行为被保卫处抓到，并登记上报，最可怕的不是记过处分，而是教练的体罚。一些曾被保安抓到违纪、依规处罚的学生背地里常称保安为"看门狗"。一个学生曾说：

> 如果你在路上遇到一条疯狗，你会怎么办？你要么把狗打跑，要么你跑。你能跑过狗吗？最后肯定还得被它咬。那你就扔个包子出去，吸引它注意力，你就能跑了，是吧？

这位学生所说的"包子"很多时候是指"孝敬"保安的小礼物。这些小礼物种类多样，可以是一袋瓜子、薯片等零食，也可能是一包烟。据与我相熟的一位保安"传授经验"，送给保安们的礼物最好是消耗品，因为消耗完了就无迹可寻、死无对证。据他讲，也不是所有保安都会主动要求学生"上供"，但如果学生主动送些吃喝，一般都会收下。他认为"收礼"是"大环境"使然：

> 你不收的话，一是不给面子，搞不好还结仇，你以为学生好欺负啊？

学生里有江湖大佬，谁都惹不起，人家马仔给你点吃的，是看得起你。你收了也是看得起人家，这是面子问题。二是还要不要在这混？别人都收，你不收，那不是装吗？

他的解释逻辑体现了礼物流动的两个方向：一是送礼人与收礼人之间的符号交换，如"面子"；二是收礼人与群体内部其他成员的社会交换和对群体共享"潜规则"的遵循。这两个层面往往会交织在一起，共同影响着"礼物"的交换与流动。例如，这位保安向我普及这些"本土知识"的时候，我们正在学校附近的一家小饭店吃饭。我虽不是什么"江湖大佬"，但作为获得学校高层准许进入的研究者，我有"通关令牌"，能够在学校里通行无阻。不仅如此，作为门卫，他们似乎还观察到我既与不同群体的学生一起出入学校，有时还能坐着学校老板、中高层管理者的私家车出行。这可能也是他一口答应我的吃饭邀约的原因？按他对"面子的交换"的解释逻辑，我请他和另外三个相熟保安吃的这顿饭，既是他作为"受邀人"给我这个"邀请人""面子"，也是他作为保卫处的小队长能与学校的"神秘人物"一起吃饭而"面上有光"。

无论是审时度势、识人用势还是送礼善言，其最终的目的都是与人相处，并从中获益。对于这些学生而言，他们不仅是常被诟病不懂分享、过分自私的独生子女，还是家庭条件较好、衣食无忧没有"受过苦、遭过罪"的脆弱一代。这样的刻板印象最初是怎样被构建出来的已无从考证，也许仅仅是那些喜欢谈论"垮掉一代"的话语权掌握者一厢情愿式的想象。一个确定的事实是这些常被标签化为不愿分享的少年在"物"的分享上非常大方、随意，他们分享零食、日用品，甚至是衣服。但是，对"物"的分享也可能并不是因为有"集体精神"，也许是因为这些少年们家境富裕，并不在乎。如果这个解释是有说服力的，也许就可以解释为什么同一群少年在不同的事情上有着天壤之别的表现。

一天晚上，两名学生因为洗澡问题打了起来。宿舍热水器由于水箱容量较小，无法一次性提供足够的热水让所有室友洗澡。当天其中一人洗澡时间较长，用掉了大部分热水，引起了另一个学生的不满，于是，从口角发展成了大打出手，最后惊动了住在隔壁的教练。如果此事发生在全日制学生宿舍，教练也许会把他们拖到走廊，每人打一顿，打到他们的惨叫全班都能听到为止。但在夏令营和短期班里，很多教练的态度是息事宁人，只要一个月或半个月时间里不出事就行了。曾有教练开玩笑说："财神爷把儿子送来让你看几天，你还动不动打他一顿，你和钱有仇啊？"于是，当天这场突发的打架事件,最终以教练的训诫结束。第二天,其中一个学生带着他的行李和新买的洗衣机,搬到了教练的房间暂住。在我参与观察期间,再没有打架事件发生,这位教练也没手洗过衣服。这个学生在短训班结束后,为了感谢教练的周到照顾,不仅把刚买了一个月的洗衣机送给了教练,还给教练买了一个全新的平板电脑。学生的父母也表达了特别感谢,原因是他们发现儿子"长大了""成熟了",有此判断大概也是基于在山上一个月的"锻炼"。

四、本章小结

对于短期学员而言,武校经历可能只是他们人生中的一个片段,一次猎奇式的体验,"在一个短暂的时期内,青年从工业社会的严酷现实当中走了出来,去寻求一种象征性的身份认同"①。与上一章所述的全日制学生不同,这些学员并不需要在嵩山之上找寻"家"的意义,他们本就是这座深山里的过客。少林对这些少年而言,不过是体验生活的一个主题,并不是生活本身。这些少年之于少室山,可能也不过是有缘的众生,而不是命定的信徒。

这些短期学员与少林的"缘"可能与"夏令营"这个西方商业概念紧密相关。自19世纪中后期,工业社会的发展催生了各种"复古"思潮与行动。作为商业资本与"复古"思潮的成功结合,"夏令营"巧妙地把工业社会以来人们对流水线上的工作、按部就班的生活的个体性不满与结构性焦虑绑定在一起。通过渲染城市生活、工业产品、现代生活方式的"原罪"以及对儿童成长的不利,"夏令营"成为儿童拥抱生命、回归自然、重获新生的重要方式。据说儿童参与这样的活动,不仅可以"开阔眼界",还能获得在家无法得到的"锻炼"机会,当然,家长需要为这种难得的、宝贵的"机会"付费。可能这些家长们并没有思考过这样的问题:"夏令营"又何尝不是一种现代性的发明?

各种功夫短期项目便是"夏令营"商业模式与中国传统文化的联姻。与夏令营相似,短期功夫班也被寄予了强身健体、重塑品格、发展身心的多重希望。对于这些家长而言,深山古寺、僧袍斋饭的意象也许本身就充满了背叛现代生活的禅意。至于"锻炼"什么、"锻炼"到何种程度,也许不同的家长和学生有各自不同的期望。但共识似乎有两点:一是有胜于无,即"锻炼"比不锻炼强;二是身心合一,即"锻炼"包括身体上的痛苦经历和心智上的历练。

---

① 〔加〕迈克尔·布雷克:青年文化比较:青年文化社会学及美国、英国和加拿大的青年亚文化》,孟登迎、宓瑞新译,北京:中国青年出版社,2017年,第251页。

基于这两点共识，结合本章所述田野故事，也许有两个问题需要进一步思考：首先，"锻炼"只是手段，"锻炼"背后的消费逻辑和文化基础是什么，这种对"锻炼"的"痴迷"又是从何而来的？其次，青少年的"危机"是一种"客观事实"还是生产焦虑的话术？在当下中国，有关下一代的教育、培养问题，是否存在着一条"贩卖焦虑"的产业链？家长、孩子、教育机构等不同群体又是如何卷入焦虑的生产和再生产的？

第5章　苦其心志:武校生活中的"素质"话语

> 故天将降大任于是人也,必先苦其心志,劳其筋骨,饿其体肤。
>
> ——孟子

"苦其心志"常被认为是在承担"大任"之前的考验。这种考察不仅仅是身体意义上的,还是心智、道德层面的。人们相信"心"(智识、道德等)的成长可以借由"身"的(痛苦)体验来达成。"有形"的"身"的磨炼可以改变"无形"的"心"的存在状态与方式。尽管千百年来,苦心志、劳筋骨、饿体肤的具体形式和方法有诸多变化,但这种通过身体的体验达至心智改进的文化逻辑却一直被保留下来。在学校教育中,具体表现为既有"德智体美劳全面发展"的目标表述,又有学生值日、卫生大扫除、个人卫生等方面的具体要求与制度设计。无论是以身体规训为目的,还是以心智的社会化为目标,劳动一直被认为是一种有效的促进"身""心"互动的教育手段。

在武术学校,校园劳动的密度要远大于普通学校,其原因主要有三:其一是在中国传统师徒关系中,为师父干活是徒弟日常生活的重要部分。尽管在武术学校大多数时候这种师徒关系已经不存在,但这种观念却被保留了下来,并成为让学生做体力劳动的一个具有道德合法性的理由。其二是武术学校是寄宿学校,学生的日均劳动强度大。这是因为武校学生众多,校园卫生的日常维护大多分配给学生负责。其三是劳动被赋予更多道德意义与期望。由于武术学校学生大多是辍学生、"网瘾"青少年等"问题青少年",武术学校(以及大部分学生家长)期望通过习武、劳动等严格的、高强度的身体规训达到培养"对社会有用的人"这样的德育目标。

本章通过分析三个个案,尝试探讨"素质"话语在师徒关系、同辈关系和性别关系中是如何在不同的劳动情境中被实践的,以及这种日常实践又如何被建构成为"正确"理解、对待上述关系的方法。

一、"素质"与师徒关系

在武校,基于日常劳动的"素质"话语成为学生间分层的符号。我在田野调查过程中长期"蹲点"的一所规模较小的学校定位是吸引高端客户,学费近10万元一年,因此,学生平时是不需要自己打扫宿舍的,甚至不需要自己刷鞋、洗衣服。这些日常劳动皆由两位同样住校的生活阿姨负责。因此,在这所学校,仅剩的劳动便是为校长(师父)家打扫卫生以及偶尔为校长(师父)干活。但是,并不是所有的学生都能为校长(师父)打扫卫生,而是只有"弟子"才有此"殊荣"。学生想要"升级"为"弟子",需要交纳除学费以外一定数额的"拜师费"。"师父"会发给"弟子"一个"拜师帖(证)",有时还会为"身份特殊"的弟子举行拜师仪式。我在田野期间并未亲眼见到拜师仪式。据一些学生讲,只有身家显赫的巨富、权贵,或者与师父有私交的人送孩子过来才会举行拜师仪式,但这一说法并没有得到武校管理方或校长(师父)本人的证实。

尽管普通"学生"对"弟子"为师父打扫卫生表示不屑,认为这是"花钱买来的"身份与特殊待遇,"弟子"们和师父的解释却与"素质"话语的逻辑相关。小兵是2013年初才开始拜师学武的新"弟子"。14岁的他因为学习成绩一直不好,逐渐产生厌学情绪,从小学六年级开始逃学。上初中后,由于他逃学更加频繁,且经常与一些社会上的小混混待在一起,还参与了几次集体斗殴,他爸爸觉得再这样下去,他很有可能也成为一个小混混,甚至会因为伤人而进监狱。于是,2013年春节刚过,小兵便被送到登封习武。据小兵说,之所以在登封众多武校里选择了这一所,是因为一方面,他爸爸考察了几所大大小小的武校,觉得这所学校的硬件条件非常好;另一方面,他爸爸托人打听了登封武校的情况,所托之人极力推荐这所学校。至于为何选择成为"弟子"而不是普通的"学生",小兵说这是因为师父当时和他爸爸说成为"弟子"可以有"名份",即延续少林寺辈份的法号。此外,还可以得到师父的特别关照和指点,在武功上、书法上以及为人处世方面都会像最传统的师徒那样,尽心去教。最为重要的一点是师父认为小兵的骨骼特别适合练武,假以时日必有所成,如果只是让普通教练教会浪费了小兵的这一天赋。

于是,小兵成为七名弟子中的一员,也是可以进入师父院子和房间打扫卫生的弟子之一。小兵称这种进入师父房间打扫卫生的弟子为"入室弟子"。尽管入室弟子的最初含义也许是指入师父的室、读师父的藏书,但在小兵看来,能经常入室打扫卫生,近距离欣赏师父的藏书、古玩、字画等,本身就是得意弟子身份的彰显,亦是与师父私人关系亲密的体现。

此外,入室也是个人素质的表征。尽管小兵身体相对来说较瘦弱,在练习传统武术套路所需要的柔韧性、爆发力等方面都没有明显优势,在外人看来,很难说小兵是一个练武的好苗子,但由于师父说过小兵有先天优势,素质不错,小兵对此深信不疑。每当有学生取笑小兵时,小兵都以师父的话来反驳,但效果并不好,往往引来其他学生更多的取笑或嘲讽。在其他学生看来,身体素质如何或者是否适合练武,只有练了才知道,只有练好才能确定。显然,小兵是他同学中练得很差的,也常受到其他学生的欺负。身体对抗小兵从未赢过任何人,于是在很多他的同学看来,小兵也只剩下"嘴上功夫"了。与这些学生的看法不同,小兵认为,他之所以被师父选中成为"入室"弟子,能有机会参与打扫房间,是因为师父认为他具备练武的"素质",别人觉得他练不好是因为别人没达到师父的"道行",师父能见凡人所不能见。此外,小兵认为还有另一个原因,就是相比很多"武夫",他做事更加仔细、认真,具备更好地打理师父起居的能力。尽管小兵从未使用"素质"一词来指称这种能力或"美德",但从其归因的逻辑可以看出,小兵认为自己的"仔细"和"认真"是区别于其他同辈"武夫"的重要特质。

作为下论断的一方,师父的观点分明。师父曾表示,当他说一个学生素质不错,有学武潜质的时候,实际上有两种情况:其一,这个学生的确是学武的好材料。其二,这个学生需要希望。而后一种情况往往较多。师父认为,现在这个时代,被送到武校的孩子只有极少一部分因为家传、父辈影响等原因是真正为了学武的,更多的孩子是因为有问题或者被家长认为有问题才被送到武校求助的。因此,在师父看来,他需要做的事情是要给这些求助的家长和孩子希望。让家长们相信他们的孩子虽然学习成绩不好,但实际上是有优点的,是可以被培养成对社会有用的人的,并不是真正"素质差"的人。

不仅如此,"传统"的师徒关系中"师"对"徒"的"因材施教"还有更丰富的内涵。在口述史著作《逝去的武林》中,形意拳大师李仲轩提供了一个有趣的解释:

> 旧时代的拳师收徒弟学孔子。孔子有子贡帮他结交官府,有颜回帮他传学问,有子路帮他管人,门庭中有三个这样的人,必然会兴盛。
>
> 从《论语》中可以看出,别人提问,孔子会耐心解释,子路提问,孔子一句话就驯服得他五体投地,这是在训练他一言以服众的能力,去管理

其他徒弟。教师教育方法的不同,也是这个徒弟用处的不同。①

二、"素质"与道德空间

相比普通学校,武术学校的卫生区域很大。学生需要打扫的主要包括训练场、文化课教室、宿舍。每天晨练、午休和晚餐时间由于很多学生将没有吃完的食物、用餐后的垃圾随意扔在操场上,导致这段时间如何保持公共空间的清洁卫生是武校管理的难题。在一些武校,校园被划分成若干个区域,每个武术班级负责一个区域的监管与打扫。于是,在午餐和晚餐时间,便可见一些学生戴着红袖套,拿着笤帚等工具,随时打扫其他学生扔的垃圾。如果暂时没有垃圾,他们常常坐在台阶上或小凳子上玩手机。

班级卫生区域是一个边界清晰的劳动空间,午休值班并打扫本班卫生区域也是武校里常见的一种劳动形式。由于武校学生人数众多,就餐时间如果去得晚些,常常没有饭菜剩下,或者只能吃已经凉了的饭菜,就餐时间的值日工作常被分配给班里较弱小的学生。于是,值日工作便形成了一个悖论:一方面,值日生有权力提醒扔垃圾的学生,如果该学生不听规劝,值日生可以记录下扔垃圾学生的班级、姓名、学号等信息,汇总上报给教练,再由教练上报给学校管理部门,使扔垃圾的学生及其教练在每周的校内通报中受到惩罚;但另一方面,由于这些学生相对弱小,少有学生会听他们的规劝,也不会主动给这些值日生提供班级、姓名等信息。在这种情况下,值日生只能忍气吞声,及时打扫卫生区域的垃圾。否则,如果被学校管理层的巡查组发现有垃圾,他们及他们的班级和教练就会被通报,并扣罚教练当月的奖金。在这种情况下,值日生逐渐发展出一套"民间"应对策略。一些值日生会找与他们关系较好的"大个"(个头较高、年纪稍大的学生)陪同他们值日,作为回报,他们会给"大个"买一些零食或在"大个"溜出学校时在教练那里进行掩护。一个值日生曾半开玩笑地说:"'大个'就是稻草人,站在那吓唬人的。"此外,素质的有与无还常常具有空间性。例如,一个学生可能在有教练值班的食堂大厅遵守规则,很有"素质",但离开值班教练的视线,便可能是另一种状态。同样的,很多学生在自己班级负责的卫生区域里"很有素质",但在别的班级负责的卫生区域则乱扔垃圾,变得"没有素质"。在这个意义上,素质似乎很难用"有"与"无"来判断和衡量。换句话说,"有素质"与

---

① 李仲轩、徐皓峰:《逝去的武林》,北京:人民文学出版社,2014年,第47—48页。

"无素质"变成了一种受到空间、人、情境等因素影响的很复杂的日常实践。

水房是"素质"话语实践较为集中的社会空间。在我做田野的大武校里,由于学校规模大、师生人数多,有自建的净水过滤系统,能够生产类似家用纯净水的桶装水,每桶19升。每天早晨、中午和晚上,按照排好的换水时间表,每个班、每个宿舍都由值日生负责带着空桶到水房换新的桶装水。即便只是换水,也由于人数众多,管理相对混乱,常有不同班级、年级、性别的学生发生摩擦和矛盾。这些或大或小的摩擦往往成为"素质"话语逻辑集中爆发的导火索。例如,不排队、插队的学生会被其他学生鄙视为"素质差"。但由于敢插队的学生往往是高年级、年纪大、体格与武力都占优的,其他学生也只能是"敢怒不敢言,只敢心里偷偷骂一句真没素质"。有趣的是,这些体格与武力都有优势的高年级学生,往往是教练眼中的优秀学生,这不仅仅因为他们现在的"身体"资本,还因为在过去多年的优胜劣汰中,身体素质差、不适合练武的学生早已在不同阶段知难而退了。在十六七岁的年纪,仍选择留下的很多都是武校里的优等生。他们能够参与一些有成就感和经济收入的活动,如重大赛事的表演、旅游项目的表演等等。但是在水房或其他公共空间里,这些优等生的"素质"却有着多重意义和解释。

在这个意义上,同一个学生在学校里的不同时间和空间里可能具有非常不同的"素质"评价,一个在练功房、训练场上可能非常优秀的学生在非训练时间、其他空间里就可能变成他人眼中的"没素质"的个体。此外,使用"素质"的有与无来评价一个人,也可视为武校里的"弱者的武器"。既然在身体上无法对抗,那么,这些相对较弱的学生便通过"素质"话语的实践,以构建自己的道德优越感。

三、"素质"与性别区隔

武术学校里女生的比例极小,一般只有规模较大的武校才有女生。在我做田野的大武校,2012年我开始田野调查的时候,大概有200名女生。到2013年10月,我结束田野调查时,女生的数量已经减少到150人左右。平时女生与男生是分开管理的,所有女生住在办公楼的六楼,而男生则分布在其他宿舍楼。不仅如此,平时武术训练也男女分开,女生在校园一角集中训练。尽管周围也有男生班级,但据我观察,在训练或休息时间,男女生基本上没有交流。这主要可能是因为各班教练、各系部负责人都在场。因此,男女生可能有交集的空间便只有食堂、水房和文化课教室了。

在武校,文化课是半天制。教室也因学校不同而有不同安排,有的武校教室是固定班级的,训练时间教室便空闲;有的武校则最大化教室的利用,安排两个班级共用一间教室,轮换使用。由于是不同班级轮换使用教室,使用后的卫生保持便成为一个比普通学校更为重要的问题。

课后打扫文化课教室的卫生成为男女生为数不多的交流时机。这种或愉快或不快的交流在一定程度上也建构着武术学校里的性别关系。我亲历了一次并不愉快的课后打扫卫生活动。我参与观察的班级是该校的一个中职班,2012年时中职一年级,班上共有37名学生,其中5名为女生。当天下午文化课后,2名女生和4名男生是值日生,负责教室的打扫工作。最初的任务分配是2名女生和2名男生负责打扫室内,主要工作包括把所有椅子倒扣在桌子上方便打扫、擦黑板、洒水扫地,另2名男生负责去水房打水、倒垃圾。与很多学生值日的情景相似,总有人认真干活,有人以各种方式消极怠工。在这一天的值日过程中,男生B很明显无心打扫教室,他可能把手里的笤帚当成了剑或刀,在狭小的过道尝试复习上午所学,或是试图舞出想象的大侠风姿。不管是哪种情况,B的行为引起了女生A的反感。

  A:你还能不能好好干活了?
  B:要你管?
  A:(脏话)你还是不是男人?能不能快点干活?
  B用脏话回击A的指责,并没有把笤帚放下认真干活。A又骂了一些脏话,几经转折演绎,就从针对B的不认真劳动的谴责变成了问候B的母亲,进而变成了对B的性能力的鄙视。B有些恼羞成怒,在冲向A的过程中不小心撞翻了用来拖地的半桶水。教室里原本在看热闹的其他学生和我才意识到事情已经发展到超越了武校里常见的"消遣型"骂战。很快B便被另外两个男生拉出了教室,在拉出的过程中,其中一个男生不断和B说着"好男不和女斗"。A则带着胜利者的嚣张,送了B最后几句脏话。在B离开后,A好像是和包括我在内的"观众"抱怨,又好像是自言自语,说B缺少作为男人的基本素质,如果在古代,最适合B的职业肯定是太监之类。(田野日志2012年11月13日)

这个事件里有三个要点与"素质"话语有关:一是"素质"在这个冲突情境中演变成了其最初的政策话语含义,人口素质或人口质量,"素质低"已经不仅仅是社会道德意义上的批评,而是转为难以让男权社会中的男性接受的指责,"素质"在这个意义上成了评估男性气质的指标。二是A作为女生,对B的攻击是从其作为男性的身体素质开始,至道德素质结束。其攻击的逻辑也许可以归纳为身体的"不行"等同于或近乎等同于作为男性的社会担当的德性的缺失。三是无论是男生还是女生，都使用了"素质"这个词或至少"素质"话语的逻辑作为攻击对方的武器、区分人与人的工具、建构（道德）优越感的方法。这不仅表现在 A 作为女生对 B 的男性身体的攻击，还表现在"好男"不与"（恶）女"斗的道德优越感。似乎在这样的冲突情境中，男性的退让是一种对女性的尊重，是"素质"高的表现。在这个意义上，"素质"亦成为区隔男女性别、再生产性别权力关系和符号暴力的"工具"。

四、本章小结

本章的核心观点是，"素质"话语已成为一种符号暴力，不仅嵌入武术学校的日常劳动，而且被不同群体视为理解他人、构建自我的"正确方法"。正是这种所谓的"正确性"重构了武校学生对"素质"意义的理解以及对自我的"误认"。这一结论建基于三个方面的研究发现：

首先，"素质"话语已成为武术学校里一种常用的分类工具。在诸多劳动情境中，师父将学生分为有潜质的弟子与没有潜质的学生，学生将同辈群体分为"有素质的"和"没素质的"。这种分类实践在武校以外也普遍存在，例如，人们习惯性地认为农民工是没有素质的，留守儿童的家庭教育较少，因而学习和生活习惯等素质较差等等。但是，在武术学校里，这种分类实践所依托的意义系统又有所变化：文化课成绩好的学生并不一定能成为"好学生"，而好勇斗狠、爱打架的学生则可能因为实战经验丰富而成为"有素质"的好学生。

其次，"素质"话语强化了日常劳动情境中不同学生群体间以及学生对自己的误认。如上文三个案例所呈现的，不管是在师徒关系的构建中，还是在学校日常生活里，"素质"话语及其逻辑已经深植于这些学生的思维方式。一方面，这些学生使用"素质"作为"武器"来攻击其他人的不道德行为，如随地扔垃圾、值日时消极怠工等。另一方面，这些学生又因为权力上位者（如师父、教练）对其"素质"的评价而重构自我认知，形成自己适合或不适合习武的观念。

再次，"素质"话语的日常实践固化了基于二元分类意义体系的群际关系。"素质"概念提供了一个二元对立的分析框架，例如，好/坏、优/劣、有道德/无道德等等。这种两极逻辑在武校生活中被凸显为亚群体间的区隔。例如，入室弟子与普通学生、好男与"恶女"（女汉子）、"大个儿"与"小个儿"等等，这些貌似司空见惯的分类法，杂糅于"素质"话语的日常实践，使本来可能并不明确和明显的群体边界被强化了。而伴随这种边界的强化而来的是不同群体的群际地位和阶序的建构。

总之，在武校的情境中，日常劳动与"素质"话语形成了融合与共谋。劳动成为具有道德感的规训手段，而"素质"则成为这种道德感建构的重要工具。武术学校里的这种"劳其筋骨"已经不再仅仅是学校教育的手段，而已成为"素质"话语在当下中国社会日常实践的注脚之一。其目的也不再仅仅是培养德智体美劳全面发展、有"素质"的人，而是生产福柯意义上的"主体"。这些"主体"既不会意识到日常劳动与"素质"话语的内在联结，更不会质疑自己的存在方式与生活状态。

第 6 章　以武服人：拳头、兄弟、江湖

就是这群年轻人，才能使江湖中永远都保持着新鲜的刺激，生动的色彩。

——古龙《三少爷的剑》

在田野调查过程中，不同学校的学生在不同场合给我讲了一个内核相似的故事。这些学生彼此并不相识，没有交集，但却有着类似的对武校、兄弟、江湖的诉说和想象。综合不同版本，故事的核心部分如下。

据说，黄河武术学校①是登封第一家武校。这家武校的创办人是当地民间的一位著名少林拳高手，解放前曾在少林寺做过武僧，解放后还俗，在少室山的一个小村子里以种地为生，同时也收徒授艺。改革开放以后，这位民间高手便开始广收门徒，开了以武办校的先河。黄河武校不仅是登封首家武术学校，也是当时全国最好的武校。但是，好景不长，当创办人因病去世后，他的两个儿子为争夺遗产打得不可开交，最终黄河武校被分割成两所武校，分别由他的两位继承人负责。但是，由于两个儿子学艺不精，又没有什么管理才能，两所武校很快便招生困难，没几年便先后关门了。

就在他的两个儿子为遗产打官司的这段时间，这位民间高手的三个徒弟悄悄地把他珍藏的武功秘籍偷走了，并在之后的几年里，陆续创办了自己的武校。据说，这些武功秘籍里最重要的是两种，一种和散打有关，另一种是一些失传已久的传统套路。因此，这三位高徒创办的学校各有特色，或以散打为主，或以套路为主。多年以后，其中一位不安于"三校鼎力"的江湖格局，曾试图派人去偷取另外两家手中的秘籍，但事情很快便败露了。但是，师兄弟三人颇有默契地都没有报警，而是选

---

① 经多方求证，登封从未有过一家名为黄河武术学校的学校。

择了"江湖"办法解决。于是,在一个月黑风高的夜晚,三人来到少室山里一处隐秘地点,采用决斗的方式决定谁去谁留以及秘籍的归属。最终,正义战胜了邪恶,忠厚善良战胜了心怀不轨,设法偷取秘籍的这位战败,不得不交出他手上的秘籍,还被禁止有生之年再回到登封。此一战之后,登封的武校江湖便只剩两所学校"二分天下",一所办学特色是散打,另一所办学特色是少林传统套路。三十多年过去了,两家武校井水不犯河水。据说主要原因是两个师兄弟是真正的兄弟,并能共同遵守君子约定。

这个虚构的故事包含了武侠小说、影视作品中有关"江湖"的很多元素和意象。例如,师承、不肖子孙、欺师灭祖的弟子、武功秘籍、江湖规矩、内讧、放逐、钱财、兄弟等等。归纳总结一下,可能有三个关键词:一是师承,武林重门派、敬师承,但在这个故事中,无论是父子还是师徒,在利益面前,似乎都没有把师承放在很重要的位置,甚至欺师灭祖,为利益不择手段;二是规矩,没有规矩不成方圆,师承是规矩,武林也需要规矩,应对纠纷更需要规矩,因此,所有对规矩的遵守或违背都成为一种道德行为;三是江湖,师承和规矩都是江湖的具象化,江湖本身却是看不见摸不着的,但又无处不在。在这个意义上,有关纠纷的是是非非既关乎人心向背,更在于是否符合规矩和惯例。如果只是一个学生给我讲述这样的故事,可能是偶然。如果在多个学校,不同的学生都在讲述类似的故事,这也可能是偶然的。但是,这种"偶然"也许可以说明这样一个几乎"脱胎"于武侠小说的传奇故事满足了这些少年关于江湖的想象,并乐于转述、"添油加醋"地再创作这样的故事。

为什么这样的故事在武校中有如此广泛的"受众市场"?本章试图从这个充满张力的故事出发,围绕"拳头""兄弟""江湖"三个方面,呈现这些习武少年的生活图景与江湖想象。本章的核心观点是:对于这些武校少年而言,江湖既源于武侠小说和影视的建构,也根植于他们的日常生活。江湖不再是"庙堂"之外的山野,而是嵌入生活的道德价值意义系统。

一、拳头

在田野调查初期,常有好心人或直接或委婉地提醒我两件事情:一是武术学校没什么好研究的,研究这些学生对国家、社会都没什么贡献;二是这些少年爱打架,都有严重的暴力倾向,最好离这些人远一点。一些"好心人"还会特别有"镜头感"地为我描绘登封街头武校学生群殴的故事。但是,从一个"局外人"兼"研究者"的角度来看,也许需要探究的问题是武校学生为什么爱打架。换成更有学术意味的表达,也许就是:这些武校学生如何理解暴力?为什么会如此理解?

如果在网上搜索"武校""打人""体罚",很容易搜到大量的新闻或网络帖子。例如,2012年7月,一些媒体网站陆续转载一系列武校体罚学生的照片。在这些照片中,数百名穿同样深红色运动服的学生围坐在一起,三名教练用木棍体罚三个趴在地上的学生,地面上可见一些木棍断裂产生的碎屑,同一组照片中,还有学生被打后的伤痕、臀部的淤青等[①]。如果在判决文书网上搜索"登封""武校""伤害"等关键词,会搜索出大量判决文书和案例[②]。在登封武校中,有关体罚致残、致死的传闻则更多。一种"民间"的解释是由于武校学生大多是"问题学生",不服管、难管,必须要使用体罚才可能达到"杀威"的效果,也才有可能真正驯服这些少年。一位资深教练曾用"骟牛"的比方形容此事:

> 原来农村里面的牛,长到一岁多两岁不到,就要骟了它的那生牛蛋子。以前老一辈都是把它的生牛蛋子捶碎,听着就疼吧?疼就对了,捶完了就老实了。都是一个理儿,这帮小崽子就是那生牛蛋子,不好管也不服管,你不"骟"了他,还练武?

这位教练所言在武校中常演绎为一幕幕仪式感十足的"杀鸡给猴看"大戏。这种"杀一儆百"的逻辑也许源于"榜样社会"[③]对"典型"的偏爱。每周一早上,一些武校会有全校师生参加的升旗仪式和全校大会。会议内容大多是上周工作总结、本周工作安排、奖惩通报等等。奖惩通报可能是与普通中小学晨会最大的区别。在武校,奖励可能是因为学生获得各种比赛大奖,也可能只是值日认真。奖励的原因可大可小,重要的是每个被奖励的学生都要登台领奖,并要手持奖状合影留念,以便对全校学生有示范和教育意义的同时,还可以成为学校对外宣传的材料。相比之下,惩罚虽是全校大会的重要内容,但似乎就不那么"便于宣传"了。全校大会上的体罚并不常见,只有学生犯了极严重的错误(例如打群架),或屡教不改的典型才可能成为全

---

① 可能由于时间过久或其他未知原因,这组照片目前在网上已经没有有效链接。
② 判决文书网地址:http://wenshu.court.gov.cn/。
③ Bakken, B., 2000: *The Exemplary Society: Human Improvement, Social Control, and the Dangers of Modernity in China*. Oxford: Oxford University Press.

校观摩的"坏典型"。这种体罚大多是使用练功用的木棍打学生的屁股,由于木棍易断,久而久之,这种被学生们称为"开棍"的惩罚方式不是以打了多少次为计量单位的,而是以打折了多少根棍子为计量单位。例如,开五棍在某些情境中仅指打了五下,而在另一些情境中,则可能意味着打折了五根棍子,由此亦可见惩罚的轻重。不仅如此,习武出身的教练手上的劲道是可以控制的,这就意味着同样数量的"开棍"也有打得轻与重的区别。至于是真打还是假打,这取决于很多因素,例如,当天的氛围、教练的心情、学生的反应等等。有教练告诉我,如果真打,两三棍便可以让人在床上躺一周。所以,他认为学校里的"开棍"多是雷声大雨点小,重在"教育"。也许出于"教育"的目的,有时教练"开棍"时,学生还要大喊"知道错了"之类的话,以求教练手下留情或是向没被惩罚的学生传递"育人"信息。这种场景很像陈凯歌的电影《霸王别姬》中戏班里的体罚,学徒们被打时还要大喊:"打得好!"与《霸王别姬》里的桥段类似,如果有学生性格倔强、一声不吭,往往会被解读为挑战师父或教练的权威,结果是只会被打得更狠。但是,如果有学生在这种公开惩罚仪式上表现得足够强悍,也会成为武校里的传奇人物,此类故事则可能被津津乐道许久。在我的田野调查过程中,便有学生曾给我讲述过某位传奇人物被开 20 棍仍一声不吭的故事。

多少具有讽刺意味的是,如果学生在全校大会上被打到痛哭,在公开惩罚之后,他很有可能还会被教练在本班再体罚或批评一次,主要原因是当众痛哭不像习武之人做的事情,让教练觉得很没有面子。一位教练曾直言,他甚至不在意他的学生是否违反学校规定,是否会晚上偷跑出去上网,但他特别在意自己的学生是否让他丢脸,是否会让他被其他教练嘲笑。

> 你可以犯错,都是这年纪过来的,谁不贪玩?谁不犯错?犯错就挨打,这是老祖宗的规矩。……每个人都不一样。有的没打呢就喊上了;有的把棍儿打折了,他都不吭声。我和我的学生说,这都没事儿,但有一点,不能哭。为什么?因为你来学武就是要练成真正的男人,你见哪个爷们儿动不动就哭的?我就说,你们来学武,这么大的登封,有十几万人学武,成为师徒那是缘分。学武是有天分的,不是谁都能学好的,但活得像个爷们儿,这是谁都行的吧?学武先学挨揍,如果我训练你一两年,你还是挨揍就哭,那就不要在我的班待了,也不要学武了,这一行不适合你。

在我接触到的学生中,尽管有个别学生认为武校里应该严禁体罚,尤其是"开棍",但大多数学生和这位教练的观点相近。不只在中国,在日本的学校尤其是体育团体里,体罚也是常见的惩罚方式。阿伦·米勒(Aaron Miller)通过长时间的田野调查发现,很多日本人都将体罚视为教育的手段、纪律的组成部分和组织内个体间阶序关系的权力表达。尽管日本政府曾三令五申严禁体罚,但实际上体罚仍普遍存在,甚至还被提升到日本传统、日本文化竞争力的高度。[1] 人类学家石瑞(Charles Stafford)对 20 世纪 90 年代中国台湾地区农村的观察也有类似发现。在那个年代,家长会鼓励教师作为教育的权威使用体罚来规训他们的孩子,而不是将体罚视为对儿童权利的侵犯。[2] 与上述研究发现相比,武校里的"开棍"似乎具有更丰富的意涵。这些来自武校不同群体的各式观点,总结起来可能有四种:第一种是传承论,即"开棍"是武行的"文化遗产",所有前辈都曾被"开棍"、被体罚,因此其合法性不容置疑;第二种是身心磨炼论,即不受皮肉之苦不足以成为武者,没有苦行也就不会有道德层面的修炼,因此,这种观点一般认为体罚是"修德"的重要方法;第三种是男性气质论,即"伤疤是男人的勋章""身上无伤,脸上无光";第四种是"入伙"论,与前三种观点杂糅在一起,这种观点认为"开棍"是一种"入伙"的过渡仪式,没有被开过棍的学生还不是真正意义上的"武者"。任何"观点"可能都是"信则灵"的执念,有关体罚的各种观点和观念也如此。作为一个不练武、多少更倾向于"体罚侵害儿童权利"观点的研究者,我更有兴趣的是这种种"执念"是如何形成,如何嵌入日常生活,如何被生产和再生产的。

如果问一个武校学生,练过武的人和没练过武的人最大的区别是什么,得到的答案很有可能是习武的人更能吃苦。这句话的潜在意思可能还包括:能吃苦意味着意志坚定、有毅力、抗压能力强,甚至还可以指代品德高尚。身体上的"苦"能否提升"心灵"的境界,这是一个哲学问题。但至少对于这些习武之人,他们中的大多数都坚信刻苦训练的多重价值和意义,其中就包括通过"合法的"打人和被打成长为真正的男人。

散打无疑是最具对抗性的武术专业。一位教练告诉我,散打的训练主要分为力量与技巧两部分,两大部分又都要通过不断的实战进行强化。对

---

[1] Miller, A., 2013: *Discourses of Discipline: An Anthropology of Corporal Punishment in Japan's Schools and Sports*. Berkeley: Institute of East Asian Studies, University of California; Miller, A., 2015: "Foucauldian Theory and the Making of the Japanese Sporting Body", *Contemporary Japan*, 27(1), 13-31.

[2] Stafford, C., 1995: *The Roads of Chinese Childhood: Learning and Identification in Angang*. Cambridge: Cambridge University Press, pp. 65-66.

我而言，武校里的散打实战可能更接近一场暴力仪式，只不过这个仪式每隔几天甚至每天都要进行一次。与正式的散打比赛不同，武校里的实战训练并不是严格按体重、技术等级分配对手的。一般情况下，为了增强对抗性和集体荣誉感、认同感，两个或三个散打班会一起开展实战训练。由两名教练随机挑选一名学生进场，第三个教练自动成为裁判。这种一对一的实战不仅是对上场的两名学生的考验，还会让在场下观战的学生能从其他人的成功、失败之中反思自己的训练。对于相对优秀的学生而言，这种实战近乎个人表演，会不断增强获胜者的自信和技巧，形成良性循环。但是，对于那些相对较弱的学生来说，每天一次或几天一次的实战无异于噩梦，因为他们不仅要在同辈群体面前"丢人"、被教练呵斥谩骂，还要被强于自己的对手"合法地揍自己"。如果遇到"有武德的"，还可能手下留情、点到为止。如果遇到只顾炫耀自己的，则可能会被打得很惨，却又不能因为技不如人而抱怨。

在田野调查的一年中，我曾旁观了无数次这种实战练习以及学校运动会上的散打比赛。我曾亲眼目睹一名学生一拳将另一个学生打成休克，直接送去了医护室；也见过两个学生都不敢出手，一直在擂台之上互相试探，最后被各自教练训斥；还见过体重、身高明显不在同一段位的两个人，矮个子的把高个子的打得满擂台跑。在武校里，一直流传着一种说法，即初学者要从传统套路学起，主要是为了练体能、柔韧性、协调性；练到一定程度后，很多学生会选择转专业到散打，以便进一步提高体能、力量和实战技术。但这只是最理想的步步为营式训练的顺序，很多学生并没有套路练习的基础，却也想短时间获得散打的实战技能。这也许是我所见的散打专业学生参差不齐、差异巨大的原因之一。一位散打部负责人、曾经数次获全国散打重要奖项的资深教练给出了另一种"本土解释"：

> 你要说打到职业比赛，省赛、国家的、世界大赛这些，是需要技术的。就是常说的高手过招，一招一式都是有讲究的，往往就输在一招上。但你说在这学校里，都是刚开始练的新手，还都谈不上技术上的问题，都差不多嘛，都没有技术。都没技术的情况下，为什么有人学得快、学得好？有的人也很勤奋、很能吃苦，为什么就不行？我看这里面最大的问题就是够不够狠。你看那些原来在家的时候就经常打架的，来这里不管会不会、学了什么，上台就有一股狠劲儿，他不躲。但你看那些老实的，有的都练了好几年了，学得也还不错，上台就怂，你说你老往后躲能打到别人吗？

从这位教练的解释可以看出,"狠"这一平时不被认可的个性特质在武术学校中反而成为一种"优秀"的品质。"狠"成为勇气、无畏的替代概念,成为武校学生的符号资本。但是,"狠"是一把双刃剑,擂台上的"狠"是一种资本,可以为学生带来荣誉和其他社会酬赏;日常生活中的"狠"却是需要被驯服、被掌控的,如果失控,则可能会给教练和学校带来管理上的麻烦。在武校中,这种"被驯服的""可掌控的"的"狠"往往被解读成武德的修炼,而这种修炼需要"经历事儿"。一位教练曾在班级例会上分享了一个有关"狠"的故事:

> 我原来有个学生跟着我学了六年。他是个很厉害的学生,学武是有天赋的。但这个学生有个问题,他脾气不好,经常因为一些小事和其他人起冲突。隔一段时间,就会和人因为什么事情打起来。他厉害的地方也在这,能不能打得过他从来不怕,打就完了。直到有一次,他和另一个学生打起来后,那个学生拿着练功的刀把他砍伤了,两根手指骨折,后来留下了后遗症,他现在还有一个手指不能吃劲儿,不能像我们正常人一样弯成这样(教练示范手指弯曲)。这个事情之后,他就很少再惹事。有一回他和我说,就是手的这个事情,让他知道打架没有赢家。手上有这个不大不小的残疾,会影响以后很多事情。比如,那之前他特别想打成全国冠军,然后去当特种兵。但现在有残疾,这条路就走不通了。我说这个事,是要提醒你们,脾气不好那都是借口,学了几招就觉得自己怎么样了,就觉得可以脾气不好了,我告诉你们,有本事到擂台上去打,在台上那叫本事,打到职业的(比赛),电视和网上直播的那种,有无数双眼睛盯着你打,那叫真本事,台下搞这些是害人害己。

"武德"往往与暴力的使用方式、情境有关,既希望"点到为止",却又在很多时候强调只有自己强大,才可能"以战止战"。在武校,"武德"及其近义词是经常被使用、提及的。如此高频,最重要的原因也许恰是学生们很多时候无法控制自己的拳头。略有讽刺意味的是,"拳头"往往是这些青少年解决问题的最直接、有效的方法,也是"战败方"卧薪尝胆、刻苦练习的重要原因。不仅如此,"拳头"是否够"硬"还可能影响个体在同辈群体之中的地位、与他人的关系。

小李的故事可以从一个侧面反映"拳头"在武校里的复杂意义。2013年春节后,当时14岁的小李被家里送到登封习武。由于家境较好,父母虽然希望小李在武校里得到"锻炼",但同时又不想让小李吃太多苦。基于这样的考虑,他们决定为小李报名"贵族班"。高出普通班几倍的学费换来的是优越的宿舍条件和小班教学。"贵族班"的宿舍一般有两张或三张上下铺,本可以住四到六个人的宿舍只安排两到四名学生入住,其他床位用来放学生的行李和杂物。每间宿舍内有独立的卫生间,并配有单独的家用型热水器和空调。这意味着 24 小时的热水供应,也意味着学生不必在刺骨的冬夜跑出宿舍上厕所。但是,小李父母可能没想过武校学生宿舍并不只是硬件条件好坏这么简单,这个相对封闭的空间在晚上熄灯后是另一种"江湖"。在与小李相熟之后,一次晚饭后的散步闲聊,他讲起第一天到武校报到的事情:

> 我爸不是给师父和教练包了大红包嘛,然后我就被安排住在那个宿舍,当时就一个人在里面住。那天把行李放在宿舍,我爸就带我下山去买东西,后来他就打了个车让把我送回来,他就直接去郑州了。我就一个人拎着东西回来的。回来的时候,我室友正在床上玩手机。我这边的床上也有他的东西,反正他的东西就是乱放的,到处都是。我就说你能不能把东西放上铺,我好铺床。第一次说,他没吱声,假装没听见。我就又和他说一次,他就突然从床上跳起来,这样抓着我的衣领,把我推到墙那里,说"你以为你谁啊?老子想放哪就放哪"之类的。

据小李讲,那天晚上他最初很害怕,但很快便镇定下来。他选择的解决办法是去找教练,因为教练收了"红包",理应在这种时候保护他,并替他"摆平"这些事情,否则"红包"便失去了意义。结果也如他所预期的那样,教练把他的室友狠狠地批评了一顿,他的室友向他道歉,并把放在小李床上的杂物收拾走了。但是,初入"江湖"的小李还是太天真了,当天晚上熄灯后,他刚刚睡着,便忽然被室友一把从床上拖到地上,室友低声说要给小李上"开学第一课",如果小李把教练吵醒,或者再去教练那里打小报告,他就每天晚上揍小李一次。时隔数月,小李和我回忆起当时的情景仍是一脸苦笑:

> 我就挣扎,想还手,但他个子比我高,也比我壮,还练了好几年了,我打不过他。打不过,还不能告诉教练,还能怎么办?只能忍着。但现在忍着不是一直忍着,等我练好了,我会让他知道什么叫拳头硬。

尽管小李在和我聊天时表现出"君子报仇,十年不晚"的决心,但是,从我的角度观察,也许小李并不是一个有潜质的武者。他身体矮小瘦弱,长相清秀,说话虽然常常夹着国骂与匿名的祖宗,却总给人不太自信,甚至怯怯的感觉。不仅如此,与同期进入武校的其他学生比,小李虽然很勤奋、用功,但短短几个月的时间,便已能看出他与其他学生的差距。他的身体协调性、力量、对招式的记忆力、模仿能力都明显不如其他人。小李并不是"不懂世故"、单纯的少年。他采取的策略是"搞好关系",经常让办公室的工作人员从山下帮忙带整箱零食给教练、室友和其他同学,有时还把新换的手机主动借给某些学生或教练玩游戏。但是,这些"努力"似乎效果并没有小李预期的好。在文化课的课堂、食堂、宿舍等场所,我仍经常听其他同学以开玩笑的方式欺负他、激怒他。在一个信奉"丛林文化"的环境里,弱者最后的力量也许就是希望。不管这种希望是复仇,还是逃离,有希望总是好的,希望也就成了生活的全部,成了把日子过下去的理由。小李的故事最终也没有按他自己期望的那样,变成一个逆袭的励志故事。相反,不到半年,小李便难以忍受其他人的排挤、室友的骚扰和欺凌,最终离开了武校,去离家乡更近的一家拳馆继续学拳。在那家更像是健身房的拳馆里,小李是否仍被欺凌已不得而知。从QQ空间那些抽烟耍酷的自拍来看,也许他找到了比练拳更适合自己的探索青春的方式。

如果说小李是一个没有"拳头资本"的失败案例,那么,杨洋的故事则是一个女生如何书写在武校里的铁腕人生。2012年我认识杨洋时,她17岁,刚到登封三个月。认识杨洋源于一次"课堂观察"。当天杨洋引起我的注意有两个原因:一是她练的一招一式,动作都很专业、很到位,一看就不像是初学者;二是同样练的是小洪拳、七星拳等常见拳法,她却总在关键招式、分解动作上与其他人不一致,给人的感觉是她并不是这所学校训练出来的学生。熟悉了之后,杨洋告诉我,她3岁开始学舞蹈,先学民族舞,再学现代舞、拉丁舞等等。杨洋妈妈是公务员,同时也是三家麻将馆的隐形老板,对女儿的期望是学舞、考艺术院校、成为明星、嫁入豪门。但是,杨洋在12岁那年,一次偶然的机会接触到跆拳道之后,便执意习武,这也开启了母女之间有关人生轨迹的拉锯战。最初双方的妥协方案是杨洋仍要以学舞为主业,周末才可以有半天的时间学习跆拳道。在母女之间的"战争"白热化的时候,杨洋还被强行送进了离家一小时车程的一所寄宿制学校。杨洋妈妈的说法是为了杨洋的学业,而杨洋的说法则是她妈妈为了让她不学武,觉得小姑娘天天打打杀杀有失淑女风范。随着时间的推移,杨洋逐渐获得了主动权。杨洋妈妈便托人为杨洋找到在当地小有名气的民间武师,拜师学习少林拳法。学了三年多之后,杨洋的师父建议杨洋到他习武的地方再进修。于是,2012

年夏末,杨洋便成了我做田野调查的这所大武校里的一名学生。

尽管杨洋已经身有武艺,但她初到武校时,仍经历了和小李类似的"宿舍欺生"。据杨洋讲,她报到的第一天便和室友打了一架,起因仍是行李放在哪里的问题。由于女生宿舍杂物更多,空间显得更小,杨洋试图为自己的两个大箱子找到可以放的地方,但宿舍里的一个女生不同意,还骂了脏话。杨洋这样描述当时的情景:

> 她骂我,还让我听见了,我就回敬她一句。她就站起来推我,你先动手的,那我就不客气了,我也没太用劲,她没站稳就坐地上了。她站起来就踹我,坐在一边看热闹的有几个也凑过来,意思是要拉架,但那明显是帮她。想拉住我,然后让她打我。一帮人打我一个,一看就是宿舍里的一霸,我只能自认倒霉,还能怎么办?

在这次闲聊之后,我曾向杨洋的室友们打听这次打架事件,但她们要么表示不清楚,要么借口说当天不在,要么告诉我一个类似"凡事有因果"的模糊答案,让杨洋口中的这个"欺生"事件变成了无法还原的谜案。一个杨洋同班女生曾告诉我她的观察,她认为,杨洋学过舞蹈,家境条件也很好,化妆品、衣服什么的都很讲究。而另一个女生则避开针对具体的人,从一般意义上给出了武校里女生打架的几个原因:不尊重"老生"(资历更老的学生)、八卦别人的私事、偷别人东西、开玩笑没分寸等。这些是否也是杨洋初到武校被室友给了"下马威"的原因已无从得知。尽管无法准确还原这个打架事件的原貌,但我的确发现杨洋在武校里似乎没有什么朋友,表现之一是训练间歇,女生们一般都三三两两地集体行动,而杨洋大多数时候则是一个人。她的解释是她不愿意和年纪比她小的"小女孩儿"玩,"没什么可说的"。

几个月后,我在校园偶遇杨洋,发现她的状态明显比之前好了很多。她告诉我,她已经快完成助理教练的选拔和培训,通过最后一次考核便可以晋升为助理教练。这意味着她刚到武校不到一年,便从学生身份转变为职工身份,可以"赚钱养自己"了。不仅如此,由于她"摆平"了教练、女生部的一些"重要人物",她已经"教训"了当时欺负她的室友,并"安排"她搬出了宿舍。从她的讲述中,我似乎听到了一个新的女生部"大姐大"的诞生故事,其中不乏暴力、心机、权力欲望等江湖元素。时隔多年以后,当我重新修改这部书稿,忆起当年与她偶遇的下午、她掩饰不住的兴奋和我内心的震惊,我仍无法完全理解武校里的这种"欺生文化"。

一些学者认为,"欺负"新人(或对新人的"考验")是很多兄弟会或亚文化组织的"入伙仪式",通过了这种"考验"才能成为正式成员。例如,具有严密组织的飞车党[1]、青帮[2]、袍哥[3]等等。相比于这些处于黑白之间的组织,学校里的兄弟会、亚文化群体的"入伙仪式"可能更多地扮演着成年仪式的角色。无论个体是否喜欢,通过这样的仪式、加入同辈组织是很多新生的必修课,不加入这样的学生组织后果往往是个体被边缘化,无法融入同辈群体。[4] 类似的"仪式"常伴有欺凌的成分,美国一些军事院校便有此类文化,无论男女,所有新生都要经历这种近于欺凌的"新生入学典礼"[5]。又如,在美国高中,更衣室也可能成为欺凌、骚扰的重灾区,这种欺凌往往还被掩饰成同辈间的"玩笑"。[6] 在英联邦体制内,大学本科新生入学后一般都会申请住进不同的宿舍,类似电影《哈里·波特》(*Harry Porter*)里的"院",每个宿舍一般都有严格的学生组织等级体系和晋升传统,其中也包括形式各异、被奉为"传统"的"欺生文化"。2017 年,引起网络热议的香港大学学生宿舍欺凌事件,尽管校方否认这与"舍堂文化"(hall culture)有关,但至少从新闻报道的内容上看,很容易让人联想到英联邦体制的本科宿舍文化。[7] 在武校,"欺生"也许并没有这么多"传统文化"的迷惑包装,而只是服务于确认新生在武校里的"位置",即,一个新来的学生是"狠角色"、"不好惹",还是可供欺负、消遣的"软柿子"。这种分类法不仅与"新人"阶段相关,还关乎由"新"转"旧"之后的同辈交往。

---

[1] Veno, A., 2009: *The Brotherhoods: Inside the Outlaw Motorcycle Clubs*. Crows Nest, NSW: Allen & Unwin.

[2] Martin, B., 1996: *The Shanghai Green Gang: Politics and Organized Crime*, 1919-1937. Berkeley: University of California Press.

[3] 王笛:《袍哥:1940 年代川西乡村的暴力与秩序》,北京:北京大学出版社,2018 年。

[4] Johnson, J., 2011: "Through the Liminal: A Comparative Analysis of Communitas and Rites of Passage in Sport Hazing and Initiations", *The Canadian Journal of Sociology*, 36(3), 199-227; Robbins, A., 2019: *Fraternity: An Inside Look at a Year of College Boys Becoming Men*. New York: Dutton.

[5] Pershing, J., 2006: "Men and Women's Experiences with Hazing in a Male-Dominated Elite Military Institution", *Men and Masculinities*, 8(4), 470-492.

[6] Howard, A., & EnglandKennedy, E., 2006: "Breaking the Silence: Power, Conflict, and Contested Frames within an Affluent High School", *Anthropology & Education Quarterly*, 37(4), 347-365.

[7] 搜狐新闻:《香港大学发生宿舍欺凌事件 校方处罚 23 人》,2017 年 4 月 9 日,来源:https://m.sohu.com/a/132846215_119038。

二、兄弟

兄弟情（brotherhood）是很多单一性别占主导的群体或情境中特别强调的，例如，军营、农民工群体、监狱等等。在中国文化语境中，"兄弟"往往与义、情紧密相联。不仅如此，中国文化中的"兄弟"又似乎在很多时候超越了同辈的范畴，与"长兄如父"式的父权观念杂糅在一起，形成独特的身份阶序。在这样的阶序之中，"兄弟们"共享着一套"兄友弟恭""长幼有别""有福同享、有难同当""关怀爱护"的意义系统。本部分截取武校学生们三个生活片段，以期展示和讨论这种"兄弟情"是如何在日常生活被构建、实践的，以及这种实践的背后有着怎样的文化逻辑。

"下山"是武校学生常用的一个极有画面感的表达，这主要是因为大部分武校在嵩山脚下或半山腰，而登封城区则在"山下"，在空间的意义上，"下山"也就等同于"进城"。但是，"下山"干什么、什么时候"下山"却是略为复杂的事情。例如，有些武校每周给学生一天或半天假期，允许学生以班或小组为单位，由班长或教练带队，"下山"采购生活用品等，集体去、一起回。有些武校则是每两周或每个月才允许学生"下山"一次。有的武校则干脆不组织集体"下山"，只允许学生在获得层层审批的假条后，一人或几人一起"下山"。从这些制度规定上可以看出，无论是哪一种，其背后的逻辑都是尽量减少学生"下山"进城的机会，以免"生出事端"。但是，武校学生大多是十几岁的少年，精力充沛，又有武艺在身，可以想象的是"官方规定"的"下山"频率和时间是无法满足他们的需求的。于是，入夜"下山"成为一场校方和学生间的猫鼠游戏。为了防止学生在入夜后私自出校，一些武校会在熄灯后锁上宿舍楼的大门，但对于这些习武少年来说，从窗户跳出并非难事。有的武校则在窗户上装上了防护网，以防止学生从窗户跳出，但仍有学生有办法将厕所、走廊的铁丝网弄坏，据说这样既能出去上网，又能避免被追查到是谁破坏了铁丝网。于是，学校又开始在走廊里装上红外线监控探头。不仅如此，武校的围墙一般都在三米以上，并在墙头放上铁丝网、碎玻璃，墙外还会挖上深沟，以增加从校内跳出去的难度。但是，这些煞费苦心的设计被证明并没有太大效果。我曾在墙外的草丛和土沟里发现学生的校服以及可能是用来防止手被刺破的纸板和手套等。曾有学生开玩笑说："跳不出去说明我们学得不好啊，我们能跳出去说明教练教得好，学校应该高兴。"在这个高风险的猫鼠游戏中，"难兄难弟""两肋插刀"抑或"狼狈四散"的戏码也不断上演，并成为武校少年们津津乐道的饭后谈资。

一位已在武校六年的学生曾向我展示过他手上的伤疤,并讲述了他无数次跳墙经历中最狼狈的一次。

> 你看到这些黑点了没?都是扎的。就是墙上的那种有倒刺的铁丝,还有玻璃碴,就算垫上衣服,有时候还是会扎到。这还都是小事儿,去年冬天,我们几个晚上跳墙出去,晚上太黑,墙外也看不见什么,都是黑的,我当时也不知道那下面有冰,就跳下去了,结果正好摔在冰上。这也就算了,恶心的是那冰没冻实,就是那种上面结了一层,下面还有水的,下面的水很臭。那天晚上,墙上的铁丝把我裤子弄出一道口子,我还掉在冰上了,完了之后,冰下面的臭水弄了我一身。一晚上,我又冷又臭。

如果按照我的思维方式,遇到这样的事情,也许会原路返回,当天不再"下山",或者,至少要换一件衣服。显然,这个学生没有这样做。最重要的原因还是对风险的预估。如果原路返回,则有可能被在校园内巡逻的保安抓到,一旦被抓到,后果就不是一晚上的"冷"与"臭"了,而是来自保卫处、教练的惩罚。如果情节严重或"屡教不改",还有可能在全校大会上被通报批评,甚至"开棍"。

这种对风险的预估能力源自多年的武校生活。和我熟识的学生们都可以或多或少地告诉我一些跳墙出去的技巧,这些技巧有时是靠自己试错试出来的,每试错一次都可能带来皮肉之苦;有时则是室友、同学、高年级学生的经验传授,这种技巧往往很有用,但也有"过期"的风险。例如,半年前可能在某个时间某个地点能顺利翻墙出去,但随着知道这个"消息"、使用这个"窍门"的学生越来越多,保卫处堵上了这个安保漏洞,这样的信息就成了"过期窍门",不仅无用,还有更大的被抓风险。除了"猫鼠游戏"式的找漏洞、打补丁外,更为高阶的方法是"猫鼠一家亲"式的"合作共赢"。我的室友之一,一个当时已在武校七年的资深学生海勇告诉我,对他而言,保卫处的那些人很多都是他原来的同学,即便不是同学,也互相认识,甚至在武校的时间、辈分还比他小。由于有这些关系,海勇晚上出学校的方法便简单得多,不必过分担心被保卫处巡逻人员抓到。一天午休时,海勇甚至带我去参观了他跳墙出去的秘密路线和一个藏得很隐蔽的简易梯子。他颇有几分得意地和我说:

> 这梯子是找保卫处的哥们去那边工地弄来的,就藏在这里,没人知

道。……这社会你干点啥不都得有关系？没关系能办成什么事儿？晚上保卫处巡逻一般是两三个人一组，你只要认识其中一个，被抓到了塞两包烟就行了。不认识也没事，不认识说明是新来的啊，那就和他们说我是谁谁，他们都知道的。他们老大都是我哥们，抓我去保卫处对他们有什么好处？还不如拿两包烟抽，也是给我面子，是不？

海勇在学校里是八面玲珑型的人物，可以摆平很多复杂的关系。在给我展示"梯子"几个月后，他成功通过考核，留校成为助理教练。从学生转变为教练身份后，也许就再不需要用"梯子"翻墙出校了，但对海勇来说，那个简易的梯子也许还代表着某种更广义的社会阶梯，是七年武校生活的经验积累、文化浸染与思维重构。"关系"即"兄弟"，"兄弟"亦是"关系"，二者互相成就了武校的生活。

尽管违规出校可以有很多种方法规避风险，但风险之所以是风险，意味着这种行为首先是违规的、不被允许的，其次是它仍会被抓到，并且无法通过所谓的"关系"摆平。按武校的管理规定，学生晚上溜出学校属于教练的直接管理责任，如果发生重大事故，如打群架、交通事故等，则不只是学生的主管教练的责任，还要牵连到教练的上级，甚至更高层级。因此，从学生的角度看，"最不幸"的事情就是被教练或部门主管抓到。如果被抓，体罚是不可避免的。由于晚上出校一般是几人一起，极少有学生一人单独行动，那么，如果一人或几人被抓，是否供出同行者也是考验人品、兄弟义气的重要时刻。

我的室友"军师"曾分享过一个由于"打黑车"被学校保卫处抓现行的故事。在2012年的登封，出租车分两种，一种是出租车公司的车，统一为绿色，车身上有公司的名字；另一种是所谓的"黑车"，一般是小型面包车。登封有很多这种小型面包车，一种说法是家里人口多的话，这种座位多、价格便宜的面包车比较实用。这种家用面包车不一定是"黑出租车"，但"黑车"大多是面包车。在田野过程中，我还曾遇到过私家面包车司机临时起意，半路"拉客"的情况。有一次因为打不到车，我只好步行下山，一辆面包车主动停下来询问我是否要搭车，而车费只需要两块钱。在坐车下山的过程中，司机也坦言他是下山办事，看我走路下山，就想送我一程，怕我以为他是坏人不敢上车，才提出要两元车费。这件事也从一个侧面说明在登封"打车"的复杂性。对于武校学生来说，他们一般会在跳墙出去前先和相熟的黑车司机联系，让其到指定地点来接他们。但如果当天司机有事或不愿意来接，学生们就只能先出校，再碰运气在路边拦车。

当天,"军师"和几个同学翻墙出去后,给相熟的几个黑车司机打电话,但不巧的是几个司机不是有事,就是由于时间太晚不愿上山或是不接电话。最后,他们只好步行一段距离后,准备在路上拦车碰碰运气。由于几个人都是"老江湖",他们决定用"剪刀、石头、布"的方式来决定派谁去拦车,其他人在路边的小树林里等。这也是一种分散风险的方法,可以防止"团灭"。"军师"不幸成为"排头兵",到路边拦车。据"军师"讲,他拦下的第一辆面包车,上面还有其他学校的学生,座位不够,所以只好等下一辆。其他室友讲,第二辆面包车当时并没有停车的意思,都已经开过去了,但"军师"非常不明智地在后面追喊,面包车才停了下来。车停后,"军师"追上去准备和司机商谈租车下山。当"军师"发现面包车里坐着的是他们学校散打部的总教练和保卫处处长时,已经来不及逃跑。据"军师"讲,当时他发现跑不了后,故意特别大声地回答询问,以便提醒不远处的同伴。然而,据其他室友讲,"军师"当时就"怂了","连个屁都没放",所谓的逃跑信号反倒是保卫处处长下车对着小树林喊的那句:"还有谁?出来!"其余四人在逃跑过程中跑散了,最终都在当晚突击检查之前回到了宿舍。

"军师"便没有那么幸运。由于"军师"被抓,保卫科第一时间通知了他的主管教练,不巧的是,教练那天临时回家,并不在学校。于是,深夜 12 点多,教练从山下的家中临时赶回学校,被上司痛批一通,记了过、扣了分,罚了当月奖金。于是,"军师"先是在保卫科被教练惩罚了一次,用"军师"的话说,那是做给领导们看的。然后,"军师"又被带回宿舍,在宿舍走廊里再次被教练体罚了一遍,"军师"说:"这次是做给学生们看的。"深谙其中门道的"军师"非常积极地配合教练演好被惩罚的戏,恰到好处地喊痛、悔过。不仅如此,由于"军师"一口咬定当天只有他自己翻墙出校,没有供出其他四人,"军师"也在一定程度上获得了其他人的尊重,其在同辈群体中的"口碑"甚至地位都有所提升:

> 有时候打游戏也挺烦的,我也不太想每次都去。……不去吧,他们就会笑话你,说什么"你是教练的乖儿子啊"之类。但那次被抓,我就一人扛下来的,他们都跑得比兔子还快。他们嘴上不说,我也知道,换成别人被抓,能不能做到我这样,也是个不一定的事。在这儿这么多年,见得多了,学也学会了,为兄弟两肋插刀不是随便说说的,遇上事儿,你就得扛住,那才叫兄弟。

当"军师"在宿舍走廊里略有得意地给我科普武校中的"门道儿"以及何

为兄弟时,宿舍楼已经熄灯,走廊里漆黑一片,而"军师"和他的"兄弟们"正准备翻窗出去,到底是"下山"喝酒、上网、打游戏有吸引力,还是"下山"这件事被赋予的有关"兄弟"和"共同犯险"的符号意义更加难以抗拒,这似乎是一个很难说得清的问题。

类似的文化逻辑也存在于女生群体中。由于武校特殊的"去性别化"文化,女生常常被要求不要过分女性化,因此,女生群体也往往共享着男生们津津乐道的"兄弟情"。其重要表现形式之一就是晚上一起偷偷"下山"。但是,由于登封的大多数网吧在夜里都是武校男生的天下,极少有女生在网吧包夜。2012年前后,登封的KTV也只营业到凌晨2点,露天夜市大概营业到4点。由于深夜打黑车上山对于女生而言也并不是一件百分百安全的事情,所以,女生们"下山"聚会的后半段一般会选择"小时房"。这种"小时房"在登封常常冠以"武生公寓"的名字,按条件和服务不同,收取的费用也有所差别。最便宜的大概几块钱一小时,30元或40元一天。有的"武生公寓"还会给熟客提供果盘、饮料、扑克、麻将,甚至是避孕套,这取决于"熟"的程度。换言之,"熟"也就意味着学生在该公寓累计消费较多。据一位相熟的女生讲,对于女生们而言,一起"冒险"似乎并不会带来特别的成就感,但"陪伴"对于闺蜜、好姐妹"而言却十分重要,尤其是在一些重要时刻,例如,生日、特别开心的时候或特别不开心的时候等等。也有另一位女生坦言,每次她男朋友来登封看她,她都会安排男朋友请宿舍姐妹们吃饭、唱K。

"下山"后的目的地一般是"邮局"。一方面,很多学生会先到邮局取钱或邮寄东西;另一方面,邮局位于登封市中心,附近大多是一些消费并不高的小店,有网吧一条街、夜市、KTV、各种小商店,基本上可以满足学生们"下山"的所有需求。因此,"邮局"可能已经远远超越了其字面含义,俨然武校学生们共享的消费空间。我在田野过程中曾在邮局附近租了一处房子,主要是为了让自己能每次"下山"时有一个相对独立的空间,能够洗衣服、整理田野日志、写论文以及享受独处的时光、恢复在"异文化"中长期生活消耗掉的心绪。当时租这个房子的另一个考虑是即便我在"山下",相熟的学生下山到邮局附近,我都能在第一时间赶到,"参与"和"观察"他们的夜生活。

"下山"后的夜生活一般包括吃饭、偶尔喝酒、上网以及偶尔一次的唱K等等。这里以我参加过的一次唱K活动为例,以期从这样一个生活片段管窥武校少年们是如何习得、实践和表达兄弟情谊的。2013年夏天的一个晚上,9点多的时候一个"前室友"给我打电话,告诉我老马从东北回登封拿毕业证,想请大家喝酒。老马也是我的"前室友",在第四章中曾写过他与他妈妈之间的"战争"。他在那场母子"战争"之后沉寂了一段时间,在寒假前得到他妈妈和教练的同意,在 2013 年春季开学后可以不再返校。

  我赶到这场老马的告别聚会时已是晚上 10 点左右。在邮局附近一家小饭店里,老马和几个室友、一些与他关系好的同学围坐一桌,桌上已经摆满了啤酒瓶。喝到 12 点左右的时候,老马提议去唱歌。于是,十几个人又转场去了最近的一家 KTV。在 KTV,老马又点了两箱啤酒、一瓶"天之蓝"的白酒和一些零食、果盘。对我这种不喜欢喝酒的人来说,这是一个漫长的夜。但对于人类学研究者而言,这又是一次可遇不可求的重要"参与观察"机会。点完单,老马招呼众人点歌、倒酒,他则又从包里掏出一盒中华烟,给大家发烟。无论是中华烟,还是 400 元一瓶的"天之蓝",这些似乎都远远超过了武校学生的消费水平,唯一的解释是老马为这场不知何时才能重逢的离别做了精心准备,至少在资金上做了充足的准备。

  在这次之前,我也曾参加过几次不同学生群体的唱 K 聚会,但这一次让我多少有些意外的是"主旋律"似乎过于怀旧。从《一无所有》到《笨小孩》,从周杰伦到动力火车,这些可能更应该是我这一代人的青春记忆,这些"90 后"的少年却似乎特别钟爱。在老马的热情招呼下,众人推杯换盏节奏逐渐加快,KTV 包房里的烟气也弥漫到令人有些喘不过气。正在大家都已微醺,甚至有人已经醉卧一旁的时候,海勇点了 2013 年的一首新歌《兄弟,抱一下》,将这场聚会推向了高潮。在歌曲开始前,海勇拿着话筒、语无伦次地发表了一个简短的致辞,主要内容是他和老马做了六年多的兄弟,一起练武,一起打游戏,一起喝酒,一起逃课,一起被罚,一起打架,因为有这么多的共同记忆,所以,老马现在是他的兄弟,将来仍是他的兄弟,是一辈子的兄弟。可能这个"演讲"触动了在场所有人心里对武校生活的爱恨情仇,海勇、老马以及其他人手搭着其他人的肩膀,随着音乐律动。老马一手拿着话筒,另一只手搂着其他人,也许是在酒精和氛围的双重刺激下,老马及其他人已经不再顾及是否跑调,每个人都在声嘶力竭地喊着歌词:

兄弟你瘦了 看着疲惫啊
一路风尘盖不住 岁月的脸颊
兄弟你变了 变得沉默了
说说吧 那些放在心里的话
兄弟我们的青春 就是长在那心底
经过风吹雨打 才会开的花
……
兄弟抱一下 说说你心里话

说尽这些年你的委屈 和沧桑变化

兄弟抱一下 为岁月的牵挂

为那心中曾翻滚的 汹涌的浪花

为哥们并肩走过的 青春的年华

从歌词可以看出,这首以兄弟为主题的歌从关注兄弟的身体开始,逐步引向"心里话""委屈"与"青春年华"。在华语流行音乐中,这样的主题也许并不少见,歌词水平也似乎没有超越前人,但是,当这些少年在KTV包房昏暗的光线里,半醉半醒地"吼"出来时,这首歌的意义也许就不再只是一首歌,而是集中宣泄平时可能无法组织、无处表达的情绪。

马克·默斯科维茨(Marc Moskowitz)在分析华语流行音乐,尤其是KTV这个源自日本、兴起于我国台湾地区又流行于我国大陆的特殊聚会形式时,特别指出KTV实际上在一个有限空间,通过音乐的主题、歌词、旋律等建构出一种特殊的氛围,例如,孤独、伤心、爱等平时难以启齿或羞于表达的情感可以通过相近主题的歌曲表达。[1] 不仅如此,这样的"借势造势"还可以避免某些表达不当的尴尬,也就让"害羞"的表达者没有了心理负担。对于这些武校学生来说,尽管他们每天一起吃饭、训练、洗澡、娱乐,他们中大多数人却极不善于表达自己情感,尤其是对诸如兄弟情这样的亲密关系的公开言说。在这个意义上,上述研究发现同样适用于武校少年。但是,这些少年的"不善言辞""害羞"仅仅是中国文化的影响吗? 或者,有没有其他可能的解释? 在我看来,这种极度的、过分的"害羞""内向""不善言辞"也许并不是作为"中国文化"表征的脚注,而是中国快速城市化过程中"不期而遇"的结果。如第四章所述,这些少年大多有留守儿童或流动儿童的典型经历,受限于父母的教育程度、工作性质,代际关系限于物质、金钱上的给予,他们几乎没有或很少得到父母在心理、精神上的关爱与支持。因此,在成年人看来不可理喻的"网瘾"、不孝的逆子行为似乎在这些少年那里,只不过是寻求情感寄托、宣泄、抗争、期望父母关注的方法。只不过,这些方法在很多时候是无效的。如同KTV里的借歌抒情、把酒浇愁,也许除了营造出那些令人动容的时刻,并没有什么其他功用。即便是少年们无比珍视的"兄弟情",很多时候也经不起"日久见人心"式的考验,这也许就是生活本身的无奈,亦是"人在江湖"的无情。

---

[1] Moskowitz, M., 2010: *Cries of Joy, Songs of Sorrow: Chinese Pop Music and Its Cultural Connotations*. Honolulu: University of Hawai'i Press, p. 13.

三、江湖

在很多有关江湖的社会学、人类学文献中，江湖常被描绘成一种与官方秩序相对的混乱，但又乱中有序、有情有义。如果说官僚制使人从制度规则中消失，从而达至或期望无人而治。那么，江湖可能更强调植根于恩怨情仇之上的人与人的联结，以及只有江湖中人才深谙的"规矩"。江湖到底是什么？可能每个中国人都有自己的理解和想象。对于这些每日练功的少年来说，更是如此。

在一个大风、寒冷的深秋下午，小叶邀请我和他一起去学校诊所打针。2012 年的时候，小叶 16 岁，来自湖北农村，住在我的隔壁宿舍。那天小叶复诊完毕，便在医护室的隔壁开始打吊针。打吊针的房间是一间教室改造的，空间很大，没有取暖设备，门也已经坏了，不时有冷风吹进来，地面上一些空的零食袋、用过的纸巾等垃圾随着冷风偶尔盘旋起落，让人怀疑这是与医护、健康有关的场所。一面墙上挂着一台老式电视机，正在播放香港武侠片。我和小叶的闲聊也就从评价、谈论香港武侠电影开始了。

当我问小叶如何理解江湖时，小叶说：

> 江湖就是练武的人行侠仗义的地方。入江湖之前，你得先拜师学艺，有门派、有师父、有师兄弟，这样你有事了，才会有人帮你，就像乔峰，出了事就往少林跑，他虽然不是少林弟子，但他不是和少林有关系吗？还有那些丐帮弟子，一出场就报家门，什么"丐帮八袋弟子"，他怎么不报他祖宗八代？因为丐帮在江湖上更有名啊，门派就是靠山，没靠山行走江湖很难的。……除非像李寻欢那种的，上了百晓生的兵器谱，那就不用靠门派了，大家都知道他。哦，还有那种的，就像令狐冲，你说他是借华山派出了名，还是华山派因为有他才出了名？这事不好说吧。

从小叶的表述可以看出，他所理解的"江湖"至少有三对关系很重要：其一，武功与声名、排名的关系，大侠不一定是个人武功修为最高，但一定是声名在外、江湖有名号的，如果能在百晓生的排行榜上被"盖章"认可，更有利于行走江湖；其二，门派与个体的关系，二者似乎是互相成就、互为符号资本的关系，个人能力弱可以借助门派的江湖名声，但如果个体武功、侠名在外，则又可以反哺门派，光宗耀祖；其三，群体与个体的关系，无论是师徒还是师兄弟，不仅仅是一个辈分体系，更负载着一个共享的道德意义系统，即尊师重道、兄友弟恭的"规矩"。

尽管小叶对江湖有如此的想象,但当我问他,如果可以成为武侠小说里的某个人物,最想成为谁时,他却毫不犹豫地说是"阿飞"。阿飞是古龙《多情剑客无情剑》中的人物,是一个没有师承、没有门派的孤儿,传说他的武功是在大漠中与狼共处自悟的结果。作为侠客,阿飞甚至连像样的兵器都没有,可能只有初入江湖的"豪气"或"莽撞"。但小叶却认为,正因如此,阿飞没有牵挂、没有负担,也没有师门、师兄弟间的钩心斗角、人情债,"无债一身轻"的阿飞虽然穷、没有靠山,但是很自由,也很有个性。

小叶对江湖的想象不能代表所有武校少年,但是,他的想象与言说却有着明显的角色代入感。身为习武之人,对何为江湖、江湖何为的理解不仅受到影视、小说的影响,更与日常生活缠绕在一起,难分彼此。其中,"关系"既是生活,也是江湖的底色。

"关系"的亲疏远近如何表现在日常生活中?我曾另文讨论谁与谁一起玩、一起吃饭,在特定空间如何选择座位等似乎毫不相干的事情如何体现了"关系"与社会空间的实践。[①] 但是,当文章写完、还算顺利地发表后,我一直在思考的问题却是这种归纳总结过的"关系"与对所谓"社会空间"的描述是否真的还原了所谓的"关系"?具体到这一章的这一节,我到底要如何描写"江湖"才能既描述出我在登封的所见所闻,又能为读者留出恰当的空间去想象种种社会关系,这些不同的"关系"实践也许在其他研究者那里并不能用"江湖"给予解释。例如,网吧是否可以称得上是一个充满秩序化混乱的江湖?对酒文化的习得与实践是否体现了这些少年的"江湖气"?如果江湖与道义紧密交织,那么,兄弟间的背叛与不道义是对江湖规则的违背、无视,还是仅仅是个体化的"人品问题"与青春期少年们稚嫩的心机?

网吧是武校学生"下山"最常光顾的地方,也是男生最经常聚集的场所。其中原因可能有三个:第一个原因是大部分男生都喜欢玩各种网络游戏;第二,游戏往往还扮演着融入同辈群体重要工具的角色;第三,相比其他娱乐活动,网吧无疑是最便宜的一种,在2012年,网吧包夜的价格从8元到15元不等,主要取决于网吧的硬件条件。但是,一个武校学生经常去哪家网吧却常常与网吧的条件、上网的价格没有太多关系,更多地与"他"是哪个学校的学生有关。尽管一些新开业的网吧有更好的环境、服务、电脑硬件等等,但很多学生仍选择经常去的网吧。对于我来说,花几乎同样的钱,却不选择

---

① 董轩、何梦蕊:《感同身受:教育民族志方法的情感向度》,《教育学报》,2020年第1期,第27—33页。

条件最好的网吧,这是一个不合逻辑的选择。当我向相熟的学生表达我的这种困惑时,一种解释是他们经常去某个网吧已经有几年的时间,与网吧老板、老板娘、网管等都很熟悉,去网吧上网已经超越了上网、打游戏这些娱乐活动本身的意义,更像是"回家"。尽管"回家"也需要付费,但对于获得"回家"的感觉而言,10元左右的费用显然微不足道。

相比将"网吧"视作"家"的私人情感联结,更常见的一种解释是将网吧作为群体归属符号的公共空间。在这个意义上,有些学生会将常去的网吧称作"老窝儿""窝子"等等。这样的公共空间兼具了多种功能,例如,它也可以提供"家"的情感功能,只不过这种"家"的感觉不是指向个体与网吧的,而是指向个体与群体的关系。此外,网吧还可以为学生提供"避风港"。由于武校学生至少在刻板印象上有"易怒""爱打架"等问题,经常去的网吧由于多数都是自己熟悉的学生或是同一个学校的学生,因而在发生争执时更容易以非武力的方式解决。相反,如果争执发生在两个学校的学生之间,则更有可能引发群殴。在田野过程中,不断有学生为我绘声绘色地描述他听到的或者本人参加过的大规模群殴,至于其中的真假则很难判断,可能更多时候群殴事件是真实的,但参与的人数、激烈的程度则经过讲述者的添油加醋。例如,我的室友曾说他参加的一次校际互殴有四五百人参加,事件的起因他都不清楚,只是听闻有人跑回学校叫人,他就跟着跑去"助阵"了。当我询问更多细节时,他却很难讲清楚。给我的最直观感觉是他不是去参加群殴了,而是去看了一场有关打群架的"热闹",并将自己代入事件当中,成为了"见证者"与"亲历者",而不再只是"旁观者"。

尽管一些学生喜欢夸大其词地向"外人"描述他们的"英雄事迹",但大多数学生在遇到与自己无关的打架事件时,会在判断出可能的风险时选择离开。2013年的一个周末,我便亲历了这样一件事。当天由于常去的网吧没有足够的机位供我们六个人一起上网打游戏,于是我们选择去其他网吧碰碰运气。在询问了四家网吧后,终于在晚上11点多找到一家新开的网吧。这家网吧刚刚装修过,电脑设备也是最新的,但价格并没有贵太多。多少让我有些惊讶的是在周末的"黄金时段",这家条件如此之好的网吧却没有爆满。在找位置的时候,我注意到这里的顾客穿着不同武术学校的校服,也有看似是武校学生但没有穿校服的。同行的学生和我解释说这家网吧其实也存在很多年,只是最近两年频繁换老板,尽管设备新、环境好,却一直没有稳定的客源。

一局"英雄联盟"还没有打完,忽然,网吧最里面靠墙的位置两个学生厮打在了一起。几乎同时,半个网吧的人都站了起来,将那两个学生围了起来。其中一个个子最高的人大声质问两个打架少年中的一个:"咋了?你为啥打他?你知道他是谁不?我兄弟你也敢打?"隔着人墙,我也能隐约看到高个男生一边质问,一边扇着少年耳光,在整个过程中被打少年一声未吭。这时,网吧老板分开人群,挤到最前面和高个男生说不要在网吧里打架,要打出去打。高个男生并没有回应网吧老板的要求,继续咆哮了几声"你以为你是谁",被打少年努力蜷缩成一团,始终一声不吭。在网吧老板和众人的注视下,高个男生开始拉着被打少年的衣领,将其拖向门口。整个过程中,网吧里安静得有些诡异,也没有人做更多的干预。在他们消失在门口后,与我同行的学生小声为我"科普"刚刚到底发生了什么:

> 那小子(被打男生)完了,你没看他趴地上被拽着也不出去吗?出去就完了,肯定被揍得特别狠。那个(高个男生)是那一帮的头儿,这事弄不好,他会觉得没面子的。……要是那小子有人罩着,或者有人帮他找人来,估计还有得商量。……走了,我们换地方。不然一会儿真有人找来,搞不好我们也要挨打。

在与这些武校少年们朝夕相处的一年里,这是唯一一次他们在损失包夜费的情况下仍坚持换地方的。尽管事发双方都与我们无关,但是,从他们的坚定也许可以判断"搞不好我们也要挨打"并不是被害妄想症发作,而是他们的"经验"使然。当我们离开网吧时,网吧外并没有人,但同行的学生说,这不代表一会不会有更多的人来,这完全取决于被打的人是不是有背景、能调动多少同校学生来为他"出头"。至于为什么作为"局外人"的我们也有可能被打,他们给我的解释是武校学生间是能分辨出谁是武校学生的,无论是否穿校服,在这种情况下,一旦打起群架,一般都是打不是同校的或不认识的,混战的可怕之处就是误伤,误伤之后还找不到谁负责。不仅如此,如果被打,更大的风险是第二天训练时被教练发现,有可能被教练再打一顿,如果被认定为参与打群架,尤其是跨校打群架,还可能在全校大会上被当众体罚,甚至是被开除。因此,与其在那里坐等挨打和不可知风险的来临,还不如早点主动避险。这件事似乎也可以解释为什么这些少年宁愿选择设备陈旧、环境脏乱的"老窝"上网娱乐,也不愿意去条件更好的新网吧。对我来说,消费理性就是花相同的钱购买更好的东西或服务;而对这些少年们来说,在花费差不多的情况下,在哪里消费不仅涉及购买服务的好坏,还包括是否"安全""安心"以及风险的大小等等,这也是"理性"消费的重要组成部分。

如果说上网、打游戏仍是少年们的消费诉求，那么，喝酒与吸烟则是两种"恶习"。在很多人成年人眼中，这两种"恶习"的危害性和上网相比，有过之无不及。但是，也如大量人类学、社会学的文献研究指出的，这种文化禁忌反而赋予了"恶习""成人礼"的形式意义。例如，人类学家石瑞在20世纪80年代末的台湾地区进行田野调查时发现，吸烟、喝酒、赌博和嚼槟榔是农村成年男性的四大爱好，但同时却是未成年少年的禁忌。[1] 这种双重标准使获得实践上述四项活动的合法时间成为具有符号意义的过渡仪式。与石瑞的研究思路相近，林晓珊通过考察大陆地区大学一、二年级男生的吸烟行为，认为"香烟实际上是青少年在过渡期中的一种仪式道具，青少年男性作为仪式演员在吸烟行为上与青少年女性的差异主要是源于他们遵从男性化的性别规范作为仪式实践的剧本"[2]。与青年男性将吸烟视为成年仪式相比，女性吸烟则可能被赋予了更多丰富的意义诉求，如对性别平等的追求、对独立新女性形象的刻意塑造等等。[3] 吸烟可能更多地是一种个体行为，但喝酒在酒文化多样的中国则有着更为复杂的社交与道德意义[4]，例如，"酒品即人品"和"舍命陪君子"的酒局话术虽然有些莫名其妙的"玄奥"，却是很多人观察世界的视角。这些人相信只有无视自己身体的人才具有高尚道德的可能性，也才值得"深交"与信任。但是，颇有讽刺意味的是"酒品"信徒们也会在微醺之时高谈阔论"酒肉朋友不可信"。不仅如此，通过划拳、拼酒、敬酒、劝酒等形式多样的"酒桌仪式"，中国人将权力关系、集体情感、个体诉求等平时难以启齿的事情，通过半醉半醒的状态进行诉说，酒不仅壮了胆，还将被拒绝的尴尬与风险共同掺进了"酒不醉人人自醉"的社交表演。对于正值青春期的武校少年们来说，酒与烟不仅有上述文献所言的文化意义与道具功能，还有植根于武者的想象、生长于武校的价值意义。这里举两个例子。

第一个例子是助理教练刘栋的酒局。当天的酒局主题是庆祝刘栋从"资深学生"晋升为"新手教练"。十几个人在一家小饭店的包间里刚落座，菜还没有点，刘栋便让服务员搬了三箱啤酒进来，吩咐众人自己认领、倒酒。

---

[1] Stafford, C., 1995: *The Roads of Chinese Childhood: Learning and Identification in Angang*. Cambridge: Cambridge University Press, p. 42.

[2] 林晓珊：《"香烟"弥漫的青春：作为一种"过渡期仪式"的青少年香烟消费》，《青年研究》，2010年第3期，第46—57页。

[3] 林晓珊：《城市青年职业女性香烟消费的情境与实践》，《青年研究》，2009年第5期，第47—59页。

[4] Chau, A., 2006: "Drinking Games, Karaoke Songs, and 'Yangge' Dances: Youth Cultural Production in Rural China", *Ethnology*, 45(2), 161-172.

他则一边翻菜谱一边用很江湖气的口气说:"人生得意须尽欢,来几个硬菜。"这样的"主旋律"很快在等待上菜的过程中得到众人的掌声和几轮祝贺刘栋荣升的酒杯碰撞。

这样的酒局在武校学生群体中可能每天都有无数场。喝酒、聚会的理由可以是晋升教练、比赛获奖,也可以是过生日、失恋,甚至还可以是手气不好、上网打游戏打得不爽等等。从这些少年们给出的理由来看,也许可以总结为只要想喝酒,"借口"可以随便找。但是,谁参与谁的酒局却并没有这么随意。酒局的参加者往往与邀请者关系至少不坏,并因酒局的目的不同而杂糅着各种权力关系。例如,在刘栋请客的这个"局"里,我的位置就比较微妙。一方面,我受邀是因为刘栋住在我隔壁宿舍,是我的一位室友的好朋友,经常来我住的宿舍"串门",一来二去也算熟悉,但也仅限于这个程度的"熟悉",从这个意义上讲,我算不上是"生人",却也称不上是"哥们儿",但我却是刘栋最好的哥们的室友,以"兄弟的兄弟即是我的兄弟"这样的江湖标准来衡量,似乎不能让我明显感受到我不是兄弟,而是外人;另一方面,我的身份并不是武校学生或教练,算不上"局内人",并不受制或受限于"局内人"各群体之间的权力关系(如教练与学生、学生与门卫、助理教练与更资深的教练等),换言之,我作为一个"外人"无法提供"局内人"需要通过酒局交换的资源、八卦、感情。因此,对刘栋来说,我在他的这个"局"里显得无足轻重,却又不能过于怠慢。

也许浸染武校江湖文化七年之久的刘栋比我更清楚这一点。于是,在点完菜后,他便首先给我倒了三杯啤酒,并说这是登封规矩,贵客要先喝三杯,不喝便是不给他面子。这是一套被广泛应用于中国酒局上的话术,喝酒与给面子相关联,但这其实是个悖论,即在一个酒局中真正有话语权的人并不需要用"面子"来要挟、"劝"人喝酒,而往往以"面子"要挟他人的事实上并没有太多的"面子",可能正因为"面子"是渴望得到承认的,是否"给面子"便成了极为重要的事情。如上所述,在刘栋与我的关系中,我并没有觉得刘栋的"面子"对我而言有多重要,但是,对于其他来参加饭局的学生而言,未来还期望刘栋以教练身份"罩着"他们,因此,能成为酒局中的一员已经是自己面上有光。同样地,刘栋也深知我只是偶然地出现在他组的这个酒局中的"外人",也是武校里的一名过客。因此,他对我的"劝酒"与其说是他对我的权力关系实践,不如说是他的权力地位的展演,是表演给其他"兄弟们"看的:他是这里的"老大"。

"老大"的权力展演不能是独角戏,需要有人配合。不巧的是,在这场酒局里,我成了第一个重要"配角"。于是,我只好在众人的注视下,将三杯啤酒一气喝下。刘栋露出笑意：

> 我们不是外人，但喝酒却是第一回。这个"面子"你得给老弟，怎么说你比我大，是我哥，咱还是东北老乡，这点酒算什么，是吧？但话说回来，老弟也是要敬大哥的。你看这样行不行？大哥你今天就喝五瓶，喝少了是老弟照顾不周，喝高了那是老弟不懂事儿。

对于刘栋不容拒绝的话术，不善言辞的我也只好答应。从另一个角度来说，我是去"参与观察"他们喝酒的，在这件事情上纠缠过久，我就成了他们的"观察对象"了。如我所料，当我爽快地答应只喝五瓶啤酒之后，刘栋及其他人的注意力便从我身上转移到了别处。随着各种八卦、黄色段子、江湖恩怨、发财故事的讲述与酒精的刺激，包房里的氛围也越来越轻松活跃。

从酒局文化和潜规则的掌握方面来看，这些十几岁的少年有着与他们年纪不相符的老到、熟练。几乎每个人都是在先敬了刘栋之后，再敬我，再按顺序互相敬酒。在敬酒时，所有人（包括其中只有13岁的少年）都自然地把酒杯杯口放在低于我的杯口的位置，这据说是在酒桌上表达敬意的方式。一个常见的场景是两个人不断地降低自己的酒杯，佐以相应的话术和肢体上的暗暗较量，敬酒便成了敬酒者与被敬者之间的一场心智与体能的角力。讨喜的敬酒者与被敬者常能将这种角力戏剧化，演绎出中国人喜闻乐见的"热闹"氛围。无论酒局参与者之间的社会关系在酒后是否有变化，一场"热闹"的酒局常被认为是成功的。对这些武校少年们而言，无论口才好坏，每个人都尝试在敬酒时说几句，年纪稍大的几个总是能把敬酒、劝酒、拼酒演绎出"热闹"的灵魂，即便是其中最内向的，也可以说出"我干了你随意""都在酒里"之类表达真诚的语言。这与我对武校学生的印象大不相同。在我与他们的相处中，大多数时候他们是沉默寡言的。即便有外向开朗的，一旦谈话的氛围开始"严肃"起来，他们也习惯性地以"嗯""是"来回答或搪塞。但在刘栋的这个酒局上，平日里沉默的少年们忽然就像变了个样子，变成了深谙酒局规则、老练的"社会人"。"热闹"之后，也有人会反思"醉"与"醒"的意义。一个相熟的学生便曾发过这样一条QQ动态：

> 我们都不喜欢喝酒，却总是喝很多。喝酒后的情绪是复杂的：空虚、寂寞、伤感、暧昧、激情、回忆、想念……或者是犯贱。呵呵，好吧，是有点酒多了，睡了，晚安。也许半醉半醒间才是最真实的自己。

对于女生而言,表演自己的"社会"也许可以从喝酒和吸烟开始。在一次我参加的女生聚会上,17 岁的胡芳和她的男朋友在我们刚刚坐定,便开始给每个人发烟、倒茶。胡芳的男朋友当时 18 岁,在广东一家工厂打工。和学生相比,胡芳的男友是真正的"社会人"。几个女生和我都表示不抽烟,胡芳笑嘻嘻地问我为什么不抽烟,她觉得抽烟的男人特别有男人味儿。她男友似乎对胡芳充满崇拜的眼神很受用,自顾自地用一只精致的打火机点燃一支烟,为众人吐了一个饱满的烟圈。酒菜上桌后,胡芳和她男友开始张罗着给众人倒酒。与男人们在饭局上对酒的自觉不同,这些女生表现出各样的拒绝。有的在接受之前声明只能喝一杯;有的说自己酒精过敏不能喝酒;有的说正在生理期,只负责吃菜。胡芳选择了无视这些理由,坚持每人面前的杯子倒满,并不断强调不喝就是不给她和男友面子。不仅如此,胡芳还半开玩笑地表示她太了解这些女生了,有外人在都要装淑女,她是知道每个人的酒量的。酒至微醺,胡芳让服务员把桌子收拾干净,换上瓜子、茶水和几瓶啤酒,建议大家玩真心话大冒险。与常见的玩法唯一的不同是如果某个人的回答得不到其他人的认可,就要罚酒一杯。当天,女生们提出的问题从最喜欢的教练到暗恋的明星,从理想的男友类型到幻想的性生活,五花八门,但很明显,游戏使酒局的氛围达到了顶点。也许没人在意真心话大冒险过程中的真与假,但可能所有人都很在乎这个过程是否"够嗨"。把酒言欢、挥霍青春的感觉也许才是这些武校学生追求的"酷的感觉"与"袍泽之情"。毕竟,如一位学生曾说的,"武校是个人很多但也很孤独的地方"。他所言的"孤独"可能正是酒局狂欢后的落寞与兄弟反目的江湖险恶。

江湖险恶常与"人心"有关。在武校,学生间复杂的债务链缠绕、锁住的不仅是人心,还是有关江湖的体验。尽管每个学校都有自己的一套制度,但大部分武校采用的学生管理制度并没有实质上的差别,区别仅仅在于制度规定的详细程度与执行的严格程度。以学生零用钱的管理为例,最严苛的管理制度可能是每月学生家长把钱转给教练,由教练负责将伙食费存入学生饭卡中,剩余的零花钱则由教练统一管理。这一制度的初衷是方便教练进行管理,因为学生手上没有钱,便不会在校内乱消费,更不会跑下山去上网。但其弊端也是明显的,由于财务的不透明,无法监管教练收到了多少"零用钱",又把多少钱真的给了学生。其中很容易滋生腐败,甚至助长了教练利用身份特权侵占、挪用、"敲诈勒索"学生的零花钱。由于很多家长都有一种补偿心理,认为把孩子送到武校习武是"不忍心的",是"让孩子遭了罪的",同时,这些习武少年的家庭一般都算不上贫穷,父母至少是中等收入的小生意人,因此,每月学生的零花钱在数额上并不少。例如,一个 40 人的班级,平均每人每月有500元的零用钱和伙食费,那么,这个班每月所有人的零用钱就有2万元,一年就有24万元之多。如果教练平均每月从每个学生那里以各种名目、手段侵占50元,那么,一个月就有2000元的收入,而在2012年的时候,刚入职的教练月工资只有1200元到1400元。相信这笔账很多教练、准备晋升为教练的学生都是自己算过的。与这种严苛又有腐败风险的制度不同,有的学校采用的是相对宽松的政策,允许学生手里有一定数额的零用钱,但也要控制数额。据一位武校中层管理者说,这主要是因为这些学生大部分都对钱没有概念,手里有多少便能在短时间内花掉多少,曾有学生把父母留给他的半年生活费在一周之内花光,学生父母反过来投诉学校管理不力。为了避免这种纠纷,这所学校最后采取的办法是提醒家长不要预留过多现金给学生,最好采用每月转钱到卡的方式。除了交纳必要的伙食费,剩余的都在学生自己的卡上,教练或其他人不干涉学生的消费。这位中层管理者也坦言,采取这种办法是为了最大程度地避免给学校带来麻烦——不仅是管理上的,还有各种可能的纠纷。

在这样的背景下,武校学生一般没有过多的零花钱。也正因为大家都没有什么钱,所以,不知何时,在武校学生中间形成了复杂的债务链,或称债务网更为合适。这些债务涉及的金额都不多,从十块钱到一二百元不等,但债权的形成、转让却非常复杂。不仅如此,由于这些学生并没有太多借贷、法律知识,也没有写借条的习惯,所以,借了多少钱、是否还了钱、是否足额还了钱,如果没有足额还钱,是否以其他方式偿还了(比如请债主上网),如果没还钱,是否通过转让债权来抵销债务,这种债权转让至少涉及三方,是否得到三方的认可等貌似是经济和法律层面的问题却在武校学生群体中每天发生着。

此处举一例。某天晚上,我的室友A准备出去上网,但发现自己没有钱。他想起来室友B还欠他100块钱,于是问B要,但B说他没有钱了。A指出B前一天晚上还给隔壁宿舍的C同学100元,B承认他给C还了100块钱,但正因为前一天还C钱了,所以他已经没有钱了。A不依不饶,仍坚持让B还钱,以便自己可以外出上网。最后,B提出如果A坚持要当天得到100块钱,A可以去另一个宿舍找D要账,因为D一个月以前曾向B借过130块钱。A不想去,想让B去要,但B拒绝了,坚持让A自己去要账。于是,两人的拉锯战持续了十几分钟,也从开始心平气和地协商逐渐升级成争吵。在争吵之中,B忽然说如果A再纠缠,他就要打电话叫人教训A。A咆哮了一声,"有种你就叫,老子等着",摔门而去,一夜未归。事隔多日,一次偶然的机会与A聊起与B的这次冲突。A表示互相欠钱不还是常发生的事情，这并不是他与 B 发生冲突，甚至绝交的主要原因，主要原因是 B 不仅不还钱，还威胁他，这是不讲兄弟义气的表现，是 A 所不能忍受的。

如果说上述的这场债务、债权的危机是义不在人心的表现，那么，接下来这个发生在女生中的涉嫌诈骗的例子则可能是人心难测的注脚。这个案例最初是一个女生和我讲的，随后在教练、其他女生和学校管理部门那里得到了相互印证的信息，尽管细节上有不同，但事情的真实性并没有问题。事件的主角是一个 12 岁的女生，2010 年春天入校习武。在进校后的三四个月间，她与室友、同学、教练等都相处很愉快，迅速建立起彼此信任的关系。随着关系越来越近，她开始以各种借口向其他人借钱。在她离校消失前的一周里，她分别向不同人表示她即将过生日，准备办一次特别大的生日聚会，但筹备需要钱，而她妈妈正在外地出差，没办法给她寄钱。她希望其他人能借钱给她，一解燃眉之急，等她妈妈寄了钱，便马上还清。但是，当这些女生借了钱、等待被邀请参加盛大的生日聚会时，她们发现这个女生在请假外出之后便再也没回来，连宿舍里的行李和衣服都没拿。据负责处理此事的学校管理人员讲，接到学生举报后，教练和学校相关人员最先做的是找这个学生，担心她出什么事情。最后邮局附近一家小旅店的老板联系了学校，说是有个看着年纪很小的孩子已经住了两天，和偷跑下山玩一天就回学校的学生不一样，老板怕担责任，便按校服上的校名联系了学校。找到女生后，这个女生身上已经只剩一百多块钱，并且拒不承认借了很多钱，坚称钱是家里寄给她的。学校联系她妈妈，希望她能到登封解决此事，并把借的钱还给其他学生。但是，她妈妈态度坚决，认为自己女儿一直很乖，是不可能做出这样的事情的，并称自己生意很忙，没空到登封处理这件事。校方以报警相要挟，这个女生的妈妈才同意，但据说最后也没有偿还所有债务。负责处理此事的管理人员说，最后统计的数字是有 20 多人借给这名女生钱，一共有 2000 多元。但是，借钱的女生一直坚决否认借过这么多钱。

四、本章小结

江湖常常被想象成与庙堂对立，有自己的规矩、运作逻辑、价值意义系统的边缘世界。它既是"社会"的一部分，又似乎游离于主流"社会"。对于武校学生们而言，"江湖"似乎不只是在边缘与主流之间做出取舍。从我的角度来看，武校学生们的"江湖"更像是一个变化着的道德意义体系。这个体系既设置了有关"江湖"规矩的基本框架，又为个体的解释、争辩、实践留出了足够的空间。因此，武校学生们的"江湖"生活既有遵循规则的可预见性,也有违反规则、双重标准的混乱。

"拳头"是行走江湖的立身之本。初入武校,"拳头"的软硬是重新定位自我的重要影响因素。在日常训练中,如果一个学生"有勇""够狠",即便武术技能相对偏弱,也能获得教练、同辈群体的认可,进而成为武校里的"好学生"。相反,如果个性懦弱、身体又较瘦弱,那么这样的学生将会在这个被重构的"好/坏"阶序中被认定为"差生"。不仅如此,在"初来乍到"阶段,"拳头"也是应对欺生文化、获得尊严的重要筹码。"老生"的权威构建需要在欺负"新生"的过程中得以确认,"新生"在武校里的社会位置也在屈从与反抗之间被强化或承认。在某种意义上,"拳头"是武校里的符号资本,是可以被"兑现"的"硬通货"。

"兄弟"是混迹于"江湖"的社会资本。"兄弟"有两个主要来源:一是门派的师承关系,尽管武校并不是师门,但同在一所学校习武的校友也形成了特有的校友关系网,并在毕业离校后发挥着社会资本的功能;二是个人结交的朋友,如前文中小叶讲述的李寻欢与阿飞的关系,这类关系源于"投缘""对脾气"等私人情感联结,但在"江湖"之中,实际发挥着社会资本的作用。无论是哪一种,"兄弟"关系的维系都需要遵循共识性的江湖规矩,如"义气""关怀"等等。

"江湖"即普通人的道德生活。"江湖"需要"拳头"与"兄弟",但"江湖"并不仅仅是好勇斗狠,更重要的是人情世故。在这些"关系"的构建与历练中,武校少年们在网吧里观察人情冷暖,在酒局上习得话术与"礼仪",在债务的流动中考验"人品"。"江湖"的边界在日常生活中变得模糊,它提供了道德生活的一种可供参考的文化脚本,却又允许个体在这一系列规则之中选择信奉、遵守抑或质疑、背叛。

第7章 训练场上的"灰姑娘"：
女性气质的文化脚本

"灰姑娘的故事说明一双鞋可以改变你的人生。"

—— 一个十八岁的武校女生

女孩 A：高跟的啊！
女孩 B：哎，红鞋啊，这是要结婚啊？
女孩 C：快穿上，快穿上，让我们闻闻女人味儿！

2013 年的一天午休期间，在校园一角，王倩在她的室友和我的注视下打开了她的 18 岁生日礼物。她的几个室友故意夸张的表情和语气，让这个"开箱"活动充满欢快的氛围。王倩是我比较熟悉的一个学生，她的男友据说与她同一所初中，但高她两级，当时已经辍学，远赴江浙一带打工。王倩的十八岁礼物是一双红色的、满是亮晶晶"碎钻"的高跟鞋。也许换个情境、换一位女生，这样的颜色、款式可能都会被"吐槽"是充满"直男"审美的礼物，但是，对于整日与廉价运动鞋、汗湿的运动服打交道的武校女生们而言，高跟鞋的符号意义远比美学上的瑕疵重要得多。尽管高跟鞋在武校里没有什么实用价值，也没有场合可以穿，但可能每个少女心中都有一个公主梦。在这样的梦里，不一定都有城堡与白马，但一定有一个洞悉"灰姑娘"内心的"王子"和那双改变命运的"鞋"。

本章分为三个部分，分别聚焦三个问题：第一个问题是武校女生如何应对他人想象中的女性刻板印象，如"未来的母亲""姐姐""贤内助"等等，我将所有这些对女性刻板印象的"话语实践"统称为对"母职"的青春期探索。第二个问题是在武校的尚武文化里，这些女生对不同女性气质的多样理解与实践。第三个问题是一定程度的女性化会给男生带来怎样的"问题"，这种"问题"又有怎样的社会与文化根源。

一、"母职"的想象

本部分以三个女生的人生故事为例,探讨她们为何、如何活在了他人构建的"母职"形象中。"母职"并不一定真正成为妈妈,但却一定与女性的"角色"有关。"母职"不是一个职业,但却似乎是女性的"天职"。但是,如果什么事情被认为是"不容置疑"的、天生如此的,那么,就可能是问题的开始。在我看来,让人困惑的可能并不是这些青春少女的父母、家人或者武校的教练、老师怎么认为,而是这些女生自己对青春期"母职"的坦然接受,甚至是不以为然。

第一个个案是陪伴弟弟学武的小芳。小芳的家乡在安徽山区,父母长年在外地打工,有时在广东或福建,有时在上海及其周边城市。2012年的时候,小芳16岁,在武校已经一年多。小芳坦言,她从未想过要学武,她觉得练武、每天打打杀杀是男孩子的事情。她被送到武校的最主要原因是作为弟弟的陪读,照顾弟弟的生活,让弟弟不被欺负。小芳的弟弟比小芳小四岁,可能因为中年终于得子,也可能因为长年在外打工觉得亏欠儿子,小芳的父母对弟弟从小便极为宠爱,有求必应。据小芳讲,弟弟从小便是左邻右舍同龄孩子里的"有钱人",不仅吃穿玩具等是周边孩子中最好的,而且他平时也是零花钱最多、经常请客的。钱,总是会花完的。花完再管姐姐和父母要,这种有恃无恐形成习惯后,最可怕的可能不是不断伸手要钱,而是欲望的膨胀、无法填平欲望黑洞后的另谋捷径。从八九岁开始,小芳弟弟便开始有小偷小摸的行为,并多次被邻居、学校老师发现,但无论是老师的惩戒还是家长的体罚,都似乎没什么效果。小芳弟弟慢慢开始逃学,与"社会上的小青年"混在一起,抽烟、喝酒、打网络游戏,维系这个恶性消费循环的仍是盗窃。有一次,小芳弟弟与他的"大哥们"一起盗窃被抓,派出所通知小芳家,小芳的父母才知道自己的儿子已经堕落到这个程度。由于未成年、情节不严重,小芳的弟弟没有受到刑罚。

但据小芳回忆,此事直接影响了小芳父母的育儿态度。他们一致认为,小芳弟弟之所以堕落到犯罪的边缘,主要原因是学校管得不够严格,想要让小芳弟弟改邪归正,就必须将他送到管教严格的地方进行"改造"。经一同打工的工友介绍,小芳父母了解到在千里之外的河南居然有军事化管理、文武兼修的武术学校,便马上决定要将儿子送到武校里学习,以期通过经历身心之苦,能重新做人。但是,一个现实的问题是,小芳弟弟当时只有11岁,父母一方面觉得必须要送儿子去"改造",另一方面又不放心把这么小的孩子送到千里之外过集体生活。于是,小芳父亲想出来的解决办法是将小芳也一同送到武校,成为实际上的弟弟的陪读。据小芳讲,父亲说服她陪读讲了两个理由:一是小芳本来就学习成绩一般,已经可预见中考不会考上普通高中,而去职高或读中专的话,到武校习武也可以获得一样的学历证书;二是弟弟需要有人照顾,父母为家里已经付出太多,每天打工都很辛苦,小芳作为大女儿,需要更多体谅父母的牺牲,更需要为家里做贡献。也许是小芳父亲入情入理的"游说"起了作用,也许是小芳作为学校里的差生也多少希望早点逃离"学习的苦海",小芳很快便答应了。

武校生活也并不简单、愉快。小芳既要照顾弟弟的生活起居,还要承担起管理姐弟二人生活费、"教育"弟弟的责任。据我对小芳姐弟的观察,一个较为典型的场景是午休或周末的时候,小芳为弟弟洗好衣服,有时会一起分享一些水果、零食。这种时候,小芳弟弟大多都在抓紧时间玩手机,而小芳则更像是个"妈妈",不仅关心弟弟的生活、是否被人欺负,更要关心弟弟的文化课学习、练功等等。但是,玩手机游戏的弟弟与小芳似乎很难在同一频道,小芳为了引起弟弟的注意,常常反问:"你听见了没?""你听不进去,我告诉爸妈。"每当这个时候,小芳弟弟要么转身就走,要么一声不吭继续玩游戏。

一个周末下午,学校放半天假供学生打扫卫生、休息。校园里到处都是或三三两两闲聊的学生,或洗衣服、晾衣服、扫地的学生,突然办公楼前的训练场上有人在大喊,马上吸引了包括我在内的众人围观。走近了之后,我才发现是小芳,她在用力扯着一个矮她一头的男生的衣领,一边用力把男生向办公楼里拉,一边咆哮着:"你走不走? 不走我打到你走,信不信?!"可能是看到围观的人越来越多,小芳开始大声呵斥被她紧紧抓住的小男生:"你走不走? 你还偷我弟的手机不? 去保卫科!"小芳的弟弟默不作声地跟在后面,既没有帮姐姐,也没有阻止。当天下午,小芳、小芳弟弟和偷手机的小男生一同进了保卫处,但保卫处值班的工作人员拒绝了我旁观处理过程的请求。当小芳他们从办公楼里出来时,小芳走在前面,她弟弟不远不近地跟在后面。小芳一脸怒气地朝她弟弟吼道:"快点走! 不然我给爸打电话了!"她弟弟不情愿地小跑几步,赶上小芳。小芳仍不依不饶地教训着:

> 你都知道是谁偷了你手机,你为什么不说?! 我要是今天不问,你还打算不说? 你不说他还能还给你吗? 你说你能解决,你怎么解决? 你去求他还给你吗? 那还叫偷吗? ……你是不是不想我管? 那我以后不管行不行? 我现在就给爸打电话,我回家,你自己在这吧,行不行?

不是为了你,我会来这鬼地方?

小芳弟弟默默地揉着手里已被揉烂的一块纸巾,过了一会,他小声嘟囔了一句什么,我没有听清,但只见小芳更加生气,大吼着走了,只剩小芳弟弟一人坐在训练场边的石凳上。过了大概十几分钟,小芳弟弟问我要怎么办,我没有回答他的问题,反问他手机被偷的更多细节,他说他没有第一时间和小芳讲的主要原因是怕被同学笑话。我问同学为什么会笑话他,他说:

> 当然会笑话我!他们都说我是带个"妈"来练武,连我教练有时候都这样说。我也是大人了,我能摆平这些事情,不用我姐什么都管。……我姐就老神经(兮兮),有点事她就要和我爸说,干这不行,干那也不行,她就是我爸派来监视我的!

这件事发生两个多月后,小芳在 QQ 上给我留言说过了年她就不回武校了,她弟弟仍会继续学武,而她则通过家里的关系在老家的一所中职学校就读。小芳在向我描述这些事情时,似乎心情很好。

第二个个案是千里投奔男友的小敏。小敏来自江苏农村的一个单亲家庭,父母在她很小的时候就离婚了。她妈妈很快便再婚,并与继父又生了一儿一女。小敏上初中后,她妈妈和继父带着一双儿女外出打工,小敏便寄宿在亲戚家里。多年以后,小敏回忆起这个安排时表示,长大后明白了这就是为了不让她在家里,能每月给生活费已经算是有良心。寄宿在亲戚家意味着几乎没有人管小敏的学习和在校生活,只要小敏不做太出格的事情、不惹事、不犯法,便没人关心她每天在做什么、心情是好是坏、成绩是高是低。小敏初二的时候,在一次朋友组织的聚会上认识了她的男友。当时她男友刚上高一,但成绩很差,经常逃课。像所有青春期恋人一样,两个人有浪漫、温馨,也有争吵、冷战,但可能连小敏都没有想到,这份感情可以持续这么久。一年以后,小敏男友不顾家里反对,决定辍学外出打工,但现实是残酷的,进厂打工很辛苦,收入并没有想象的多,小敏男友很快便无法忍受打工的辛苦,又尝试了几份工作,如送外卖、快递等。一次酒后与人打架将人致伤,小敏男友经亲戚朋友介绍,决定到登封学武,一是为了避风头,二是也希望能拿到中专甚至大专学历后再打工。据小敏说,她男友到登封后,尽管变成了异地恋,但也没有影响他们的感情。一面是与男友浪漫、温馨、稳定的感情,另一面则是在母亲、继父、亲戚之间周旋的疲惫,小敏终于在一次与母亲的大吵之后,无法再忍受"心累",偷了亲戚 800 多元钱,一个人跑到登封与男友团聚。几经周折,小敏妈妈和继父追到登封,但小敏坚决不再回去读书,执意留在登封。于是,小敏也成了武校里的一名学生,只不过,她对武术并没有兴趣,每天训练、文化课学习都是为了能在休息时间与男友短暂小聚。小敏也逐渐承担起照顾男友的任务,像一个"贤妻良母"一样,为男友洗衣服、在男友生病时照顾他、陪他下山购物等等。尽管武校生活有诸多不如意,与男友也偶尔会吵架、闹别扭,但小敏似乎并不在意。如她所说,她更在意的是能逃离母亲与继父,与"心累"相比,陪男友在武校"吃苦"并不重要,甚至还有几分浪漫。一天中午,小敏边为男友洗衣服边聊起她感受到的"浪漫"与"幸福":

> 几乎每天吧,中午吃饭后,要不就是晚上,我们都会在那个厕所后面见一下。那个不是离宿舍远嘛,后面还有树,又是厕所,谁会去那里巡逻?就是冬天很冷,夏天蚊子又多,但我们就一直这样,也没觉得不好。每天早上起来跑操的时候,我就想着快点到中午,好和他见上一面,说说话……比之前他在这,我在家的时候要好,现在我们都在这里,也能互相有个照顾,也有很多话可以说,像食堂的饭难吃啊,谁又被谁欺负了,反正有很多话可以说,有说不完的话。这样感觉就很好。

第三个个案是女承父志的小龙。据小龙讲,她爸爸是一个武术迷,也曾拜过师、练过武,但由于她爷爷当年极力反对,小龙爸爸最后没有走上职业武者的发展之路,而是中专毕业后在家乡的一家修车厂工作,后来又开始自己经营润滑油和汽车玻璃,是小龙家乡小有名气的成功商人。生意上的成功并没有让小龙爸爸忘记自己的"功夫梦"。即便小龙是个女孩,他仍给女儿起名"小龙",以致敬自己的功夫偶像李小龙。据小龙讲,她在很小的时候便被爸爸送到当地的一家武馆学习跆拳道、太极拳。小龙似乎也很有习武的天赋,习武一年便在家乡的少儿武术比赛中取得不错的成绩。之后,小龙爸爸便似乎看到了实现自己"功夫梦"的希望,不仅花重金为小龙寻找"民间高手"拜师学艺,还带着小龙参加各级各类武术比赛,以期"以武会友""以赛促练"。当小龙回忆自己的童年时,似乎除了参加比赛、获奖、为比赛做准备便似乎没有太多印象深刻的事情。不仅如此,小龙还常常使用"我第一次参加某某比赛""第一回去×××参加比赛"等表述来进行时间和空间的划分。另一个让小龙印象深刻的事情是她的爸爸经常抱怨小龙是女孩儿,做什么都做不好,如果小龙是男孩儿,习武就可以像李小龙那样成为一代宗师。这样的抱怨一直到几年之后,小龙获得各种武术比赛奖项才开始变少,同样变少的还有小龙的文化课成绩,用小龙的话说便是"没有兴趣,一看到书就困"。于是,小龙爸爸决定把女儿送到登封,进一步强化武术训练,希望小龙能够走上职业武者的发展之路。尽管小龙在武校仍表现优异,很快便在各种比赛中脱颖而出,被学校选拔进专业队,但是,随着年龄的增长,小龙对于自己被比赛填满的人生也偶尔会感到困惑。一方面,小龙并不觉得爸爸做错了什么,她也觉得爸爸和家里为她学武付出了很多经济、情感和精力上的支持;另一方面,小龙也坦言,短短十几年的人生,大部分时间都在练武、比赛,用她的话说"武行是个相对封闭的圈子",在武行再有名气,走出这个圈子,便是"文化不高,没有一技之长,工作都找不到",甚至还和社会有些脱节。如果从这个角度来看十载苦修,小龙也不免困扰这到底值不值、"有没有用"。

在2012年的学校年终总结表彰大会上,由于小龙当年多次获得全国、世界赛事的大奖,小龙的父亲被邀请作为家长代表登台发言。据小龙说,她爸爸接到学校的电话后,非常开心,特意去购买了新衣服,还提前准备了两页纸的文字稿。总结大会当天,小龙爸爸在全校师生、来接学生回家过年的家长们的注视下,略有颤音但满怀深情地朗读了他的发言稿,他说:

> 送她来这所学校习武是我这一生中所做的决定里最好的一个。特别感谢学校和她的教练,没有学校和教练的培养,小龙是不可能获得这么多荣誉,为国家争光的。小龙虽然是个女娃儿,但她用自己的孝顺、坚强证明了自己。

从一个外人的角度看小龙的故事,可能也有诸多困惑。每个人都有梦想,这本无可厚非。但是,当将自己未实现的、没能力实现的或没有勇气实现的所谓梦想强加给子代时,这件事的性质就发生了变化,这可能就不再是单纯地追求梦想这么简单,这是一个成年人对一个未成年人的人生干预。换个角度想,小龙到底是女承父志还是守护了她父亲的儿时梦想?首先,未成年人在这种干预过程中是弱势的,他们并不清楚什么样的人生是自己喜欢的,是自己想要的,他们也同样不清楚什么是他们不想要的,这种信息的不对称和权力的不平等导致最常见的结果是子代的努力是为了父辈所谓未竟的事业和梦想。其次,人生的干预是有极大风险和不确定性的,这不仅事关这样的选择是"成"还是"败",还与这样的人生轨迹设计可能过早有关,以至于排除了更多尝试的可能。

如果将三个个案置于更广阔的社会背景中分析,也许小芳与弟弟一起学武的故事并不是个案,只不过以不同的样态发生在世界的不同角落。例如,有学者研究了墨西哥移民家庭对于子代的"人生安排",发现很多墨西哥移民会将女儿留在墨西哥,把儿子带到美国。于是,这些血缘上的"兄弟姐妹"只能靠打电话来了解彼此迥异的生活境况,这种所谓为了家庭的"共同利益"而牺牲个体的人生,不仅很难找到其令人信服的逻辑,还使兄弟姐妹之间产生了许多疏离感,甚至还有嫉妒与怨恨。[①] 对小芳姐弟来说,颇有讽刺意味的是他们每天生活在同一个校园里,却也有这种"疏离感"。小芳似乎觉得自己把弟弟照顾得很好,但弟弟却觉得姐姐多管闲事。不仅如此,小芳学武并非自己的选择,而是家庭内部的"分工"与"理性选择"的结果。这种原本在大家族中实践的"责任"链条仍将小芳"捆绑"得紧紧的。从某种意义上来说,小芳随弟弟到武校"陪读"也许只能证明她爸爸的"父权"的地位以及小芳为家庭共同利益所让渡的"亲属时间"(kin-time)[②]。因为时间上的"奉献",小芳也在道德意义上获得了"好姐姐"与"好女儿"的双重身份。

同样是女生,小敏和小龙似乎"幸运地"逃离了家庭内部的"亲属制度"与性别分工,但她们的故事却并没有让人觉得庆幸和轻松。在小敏的故事里,也许表面上她是为了"逃离"以继父为核心的另一个家庭,也是为了"浪漫""爱情"不远千里追随男友来到武校,但是,小敏真的"逃离"了吗?我第一次与她偶遇时,她正在手洗两大桶衣服,其中一桶便是她男朋友的。在之后的多次聊天中,她讲述人生故事的方式似乎一直在提醒我她对男友的深度依赖。在一段亲密关系里,这样的依赖到底是因为"她爱他"还是因为"除了他,她感觉一无所有"?尽管小敏经常满脸幸福地向他人讲述男友是如何"照顾她"的,但在我的有限观察里,又似乎都是小敏在照顾她的男友。

与小芳和小敏相似的是,小龙虽然有着一个男性化的名字,对自己的人生却似乎并没有什么发言权。这种选择权力上的"失声"被包裹在"父爱"与"付出"等话语之下。小龙的故事让人感觉有些沉重的也许并不是这种司空见惯的中国式亲情绑架、道德绑架,而是这种绑架、话语实践的外衣之下是小龙父亲"强迫"女儿小心呵护的年少梦想,这种对自己未能实现的梦想的执念到底是为女儿未来的慎重考虑,还是将对自己无法实现梦想的无能和愤怒转嫁给下一代?

[①] Mummert, G., 2009: "Siblings by Telephone: Experiences of Mexican Children in Long-Distance Childrearing Arrangements", *Journal of the Southwest*, 51(4), 503-521.

[②] Stack, C., & Burton, L., 1994: "Kinscripts: Reflections on Family, Generation, and Culture", In E. N. Glenn, G. Chang, & L. Forcey (Eds.), *Mothering: Ideology, Experience, and Agency*, London: Routledge, pp. 33-44.

著名人类学家冯文曾在20世纪90年代末到辽宁大连做田野调查,她在之后的论文中描写了一个重男轻女的父亲在女儿取得高考好成绩之后的转变。在女儿通过自己的努力考上不错的大学后,这位一直觉得女儿无用的父亲说"像你这样的女儿比有十个儿子还有用"①。冯文认为,至少对于城市里的女儿们而言,独生子女政策为她们提供了更多机会,这是因为重男轻女的父辈往往会把原本寄托于儿子身上的希望转移到女儿身上,进而把家庭的教育投资也置于女儿身上。但是,如果从另一个角度来看冯文提供的这个故事,这种性别比较本身却又似乎暗含着另一层意思,即,儿子的"有用性"是不需要证明的,而女儿则需要通过学业或其他方面的"成功"来证明其"有用性",只有这种"证明"被承认,才可能实现女儿和儿子的比较,否则,可能在这位父亲看来,这种比较就毫无意义,因为女不如男是不证自明的。相近的逻辑也发生在小龙的身上,从小龙出生开始,小龙父亲似乎就没有把小龙当女儿来养,而是按照自己的想象"培养"出一个"梦想代理人"。

杨可通过研究课外补习中的母亲介入过程,认为城市家庭中母职实践已经不再是照料子女这么简单,还呈现出"经纪人化"的新特征,用"经纪人"的职业标准帮助子女定制个性化学习路线,规划补习时间,追求子女在教育市场的经营业绩。② 杨可的研究重点关注的是"母职"被赋予了怎样的性别分工,但是,"母职"为何会被如此理解与实践,这种"约定俗成"的深层原因是什么,可能是更需要探讨的问题。至少在上述三个个案里,不同类型的亲密关系中的性别分工折射出某种生活的荒唐。尽管这三个女生都只是十几岁的未成年人,却似乎每个人都在"照护"别人的人生或梦想。而真正荒诞的可能还是这三个女生并没有觉得这种"自我的缺失"是一个问题。正如布迪厄所言,女性通过男性的存在而认识到自己的从属地位。③ 这种性别从属关系的"合理性"在日常生活中的"司空见惯"可能是最让人觉得不合理的存在。

二、"谁说女子不如男"

在本章开篇,一个武校女孩使用灰姑娘的鞋作为从女孩转变成女人的

---

① Fong, V., 2002: "China's One-Child Policy and The Empowerment of Urban Daughters", *American Anthropologist*, 104(4), 1098-1109.

② 杨可:《母职的经纪人化:教育市场化背景下的母职变迁》,《妇女研究论丛》,2018年第2期,第79—90页。

③ Bourdieu, P., 2001: *Masculine Domination*. Stanford: Stanford University Press.

比喻。这个隐喻意味着十几岁的女孩可以尝试"不同风格的鞋子",并暂时"成为他们想要的人"。本节探讨三种风格的"鞋子"——"女汉子""疯丫头""心灵术士"。有研究者认为,青少年在日常生活中使用的语言提供了一个关键的视角,可以看看他们如何表现自己的身份,并将自己置于当地社会秩序之中。在这个意义上,语言是"一个关键的象征性资源,允许青年一方面定位自己,而不仅仅是与成年人和一方面的幼儿,而是更重要的是与他们的同龄人相处"[1]。因此,本节重点介绍女生们对三个标签化的女性气质的不同看法,以展现即便是在以男性为主导的武校里,女性的亚文化实践仍在努力寻找其可能的空间,并在尚武文化的裂隙里探索、重塑着对理想女性的理解和想象。

(一)"女汉子"

"女汉子"是一个较晚近才流行起来的网络热词,主流解释认为"女汉子"是"在生活中比较有气场;工作中果断、冷静,逻辑非常清楚,跟男人一样地战斗,……'女汉子'不是行为举止上的不得体,不注重场合或者中性打扮,而是形容那些性格'纯爷们'的姑娘"[2]。与更早流行的"假小子"不同的是,"假小子"可能更强调外表上的男性化,而"女汉子"则强调内心的坚毅、独立。这个与一般女性刻板印象相反的标签最初可能用于网络生活中一些女性的自我调侃。从积极的意义上讲,"女汉子"可能有一种女性独立的暗示。但是,如果一个女生太过独立,甚至让男性在与其交往过程中无法获得想象的"男性气质"(如,来自女性一方的崇拜、建立在女性依赖之上的"有本事"和"成功男士"),却又很容易成为婚姻市场上的"剩女"。[3]

教练有时使用"女汉子"或类似的表达方式来称赞训练中动作做得好的女孩,并鼓励其他人学习这样的"男子气概"。在一次常规训练后,一位女性教练点名表扬了两名女生,并总结道:

> 你到武校来,你要做的第一件事是忘了你是男是女。如果你还觉得自己是个小姑娘,天天娇气得不行,那你一定练不好。你们看看咱们

---

[1] Bucholtz, M., 2011: *White Kids: Language, Race, and Styles of Youth Identity*. Cambridge: Cambridge University Press, p.4.

[2] 孙艳艳:《"女汉子"的符号意义解析——当代青年女性的角色认同与社会基础》,《中国青年研究》,2014年第7期,第11—15页。

[3] Fincher, L. H. 2014: *Leftover Women: The Resurgence of Gender Inequality in China*. London and New Yok: Zed Press.

这些教练,哪个不是一路吃苦过来的,付出得多,比那些男的还狠,要的就是这种狠劲儿,没有这个狠劲儿,你还不如回家去绣花儿。

这位教练的"训话"表明了两点:其一是女生习武首先要"去性别化",即"忘记"自己是女生,只有这样才可能取得成绩;其二是女生需要付出更多的努力、吃更多的苦才可能在学武之路上有所成就,这也许是因为武行本就是个"重男轻女"、有严重性别歧视的职业。

"狠劲儿"有时候也不只体现在练武上,内心的"狠"有时会外化为日常生活中的独立。17岁的小薇虽然身材有些瘦弱,人长得也清秀,很难与"狠"字联系起来,但她却是班级里公认的"女汉子"。小薇的室友之一告诉我,自成为室友以来,她对小薇的"独立"感到非常惊讶。她举了一个例子:由于学校食堂的卫生条件差,很多学生刚进校的时候都会有各种不适应。小薇也曾遇到过食物过敏和食物中毒。一般遇到这种情况,很多女生都会让朋友或室友陪同去看病,以便有个照应。但小薇不同,当小薇的室友知道小薇食物中毒的时候,小薇人已经在医院了。小薇的室友坦言:

我觉得我不太可能会一个人去。我也不知道她为什么会一个人去医院,要是出点什么事儿,而且是食物中毒……听人讲,食物中毒有时候会非常严重,一个人还是挺危险吧?但她不是,我们知道的时候,她已经在医院住院了。就这事吧,我还挺佩服她的,比有些男生还强,特别"汉子"。

另一个例子是小薇作为代理教练辅导几个男生做赛前准备。2013年夏季的一天,下着小雨,小薇带着三个男生在训练场的一个角落里练习一组动作。由于教练临时有事外出,让小薇代她指导这三个即将参赛的男生。但是,据我的观察,尽管小薇已经获得过很多国内外大奖,动作练得也的确很好,但似乎在这三个男生眼里,小薇并没有什么权威感。于是,在训练过程中,小薇演示了一次容易出错的动作,让三个男生模仿、演练一遍,但三个男生显然没有认真对待,在演练过程中,一边说笑一边懒散地做着动作。几次下来,小薇有些生气,用嘲讽的口气说:"你们是不是爷们儿?这么简单就做成这样?你们不觉得丢人吗?"其中一个男生接话:"小妹儿,哥是不是爷们儿你想知道?""小妹儿"在某些地方可能单纯指服务员,而在另外一些地方则可能指称性工作者。显然,小薇知道这个词的复杂含意。她迅速走到这个男生面前,伸手捏住男生的左耳,一边拧着男生的耳朵,一边大声吼道:

"小妹儿哈,你再喊一个小妹儿试试?今天你要是练不好,我就打得你叫娘,你信不信?!"男生一边夸张地惨叫,一边求饶并保证一定认真训练。小薇才满意地在另外两个男生欢快地笑声中放开了手。

从这个似乎很常见的互动中可以看出,三个男生从内心并不承认小薇作为"武林高手"的技术权威和作为"代理教练"的职务权威。小薇则用她的方法"回敬"三个男生的"不敬":一方面,她试图使用武校里惯用的体罚方式树立自己的权威;另一方面,这种揪耳朵的"体罚"方式又似乎非常女性化。

课间休息的时候,小薇离开去打水,三个男生坐在训练场的石凳上闲聊。被小薇揪了耳朵的男生愤愤说:"这样的男人婆,以后谁敢娶回家?肯定嫁不出去。"另一个男生附和说:"你找老婆又不会在这里找,谁找老婆会找练武的,那不是等着挨揍嘛。"事隔多日,当我问起小薇为教练代班的事情时,小薇坦言,代理教练本就没有权威,学生都不服,再加上自己是女生,"长得也不凶",更加难以服众。但小薇并不觉得自己是"男人婆"或过于"女汉子":

啊?谁说的?还好吧?我觉得练武的女生都很独立啊,不然怎么在这里待得下去,早就回家了。从小就离家,跑这么远,还要天天吃苦,哪个能不独立?……那谁说的吧?说我"男人婆"吧?哈哈,因为他打不过我,我真想打他的话,他是打不过我的,他太弱了,不是我有多强,是他真的太弱了,弱爆了,我觉得真动起手来我可以把他打哭。

小薇的例子也呼应了一些有性别反差的情境或职业中对女性气质的重构。例如,有研究者通过研究美国高中的女橄榄球队员如何构建"独特的身份",并通过强调自己是异性恋、有"传统的"女性吸引力等来区分"女生"与需要坚韧、彪悍的男性气质的橄榄球运动员两个身份。[1] 事实上,受到尚武文化的影响,武术学校的女孩必须要发展出一套表演坚强、强悍的策略,以在男多女少的环境中保护自己。此外,习武也的确影响了很多学生的行为方式和思维方式。例如,小薇在疑似食物中毒之后选择独自一人去医院,她也许并没有考虑太多,只是一种习惯性的应对方式。但是,这种独立性却遭到男生们的诟病,甚至引来污名。

---

[1] Ezzell, M., 2009: "'Barbie Dolls' on the Pitch: Identity Work, Defensive Othering, and Inequality in Women's Rugby", *Social Problems*, 56(1), 111-131.

(二)"疯丫头"

"疯丫头"是一种区别于他人的行为方式和态度。"疯"可以指行为出格、不按套路出牌,也可以指个性怪异。"疯丫头"还有许多相近的表达或替代表述,如,"杀马特""疯子""脑残"等等。由于这些替代表述各有侧重却又难以划清边界,所以,这一部分使用"疯丫头"来指代所有这些表达。

在 2012 年的时候,"杀马特"现象仍有余温。这种以夸张艳丽的发型、近乎嚣张的衣着和混迹于网吧、发廊、城乡接合部的乡土气息为特征的亚文化形态经由网络的发酵,在短时间内成功吸引了网民的眼球,并被有相近经历的青少年竞相模仿。有学者指出,"杀马特"群体的出现实际上是中国快速城市化进程的缩影,一方面,这个群体将"土味"发挥到了极致,另一方面,这种"土"与"洋"的阶序生产也是源于"杀马特"群体对文化符号的拼贴、文化实践空间的压缩等等。[1]

虽然武术学校有严格的校规和诸多禁忌,但有些女生仍以她们的方式尝试着类似"杀马特"的文化实践。杨洋便是其中之一。按她的说法,她觉得文身特别"酷",也特别"美",尤其是"暗黑系"的文身。但是她妈妈一直明确反对杨洋文身,理由主要是女生文身不像是"好人"。碍于妈妈的反对,杨洋无法真的去文身,但她在网上买了很多文身贴纸。这种文身贴纸很便宜,一般只要几块钱一张,图案的选择空间就更多了,甚至还可以根据个人喜好定制。在 2012 到 2013 年间,杨洋经常换文身,但又不敢过于张扬,多是贴在可以被校服遮挡的位置,只有请假出校的时候才会在明显的位置,如手臂、小腿、后颈等位置贴上她觉得特别"炫酷"的文身贴,以示她对美、艺术、酷的态度。

在同学眼中,杨洋是个"疯丫头"。这不仅表现在杨洋对暗黑风格文身的痴迷,还表现在平时的行为里,例如,总是在 QQ 空间里发一些"奇怪"的自拍照。在这些"奇怪"的自拍里,比较有"疯"格的可能有三张:一张是她戴着一顶鸭舌帽,对着镜头噘嘴,做出亲吻的动作,而鸭舌帽上写着"THUG"(恶棍);另一张是她在训练场上,穿着校服,远处是正在训练的男生们,而她则眉头紧锁,"怒视"镜头,并竖起了一个中指,多少有些讽刺的是这个竖起的中指的指甲却被涂成了鲜亮的粉红色;第三张是她和闺蜜们去唱 K,打扮得成熟、时尚,甚至穿着上还有些与她年龄不符的暴露,尽管 KTV 包房里

---

[1] 王斌:《快速城镇化背景下的差序制造与污名构建——再议"杀马特"群体》,《中国青年研究》,2015 年第 1 期,第 60—64 页。

灯光昏暗，但她仍戴着一幅墨镜，并一如既往地对着镜头竖起了中指。从暗黑系文身到经常在自拍中竖中指，杨洋成了很多女生眼中的"疯丫头"，但是她自己却满不在乎：

> 别人怎么看不是她们的事吗？拜托，这里是武校，谁会在乎别人怎么想？大家都是来了走，有人走了又有人来，我也是啊，不知道哪天不想练了，就走了，可能就嫁人了……估计嫁人了就不会再这样了，不得假装乖乖的讨婆婆开心吗？然后让婆婆给买包……

艾米·威尔金斯（Amy Wilkins）比较了美国高中三个不同的青年亚文化群体——没有主见总想成为别人的"模仿者"（wannabes）、痴迷暗黑风格的哥特群体（goths）和有些古板教条的基督教徒，并进一步指出，这些亚文化使青年能够使用不同的策略来探索学校的社会空间，并构建个体在其中的阶序地位。[1] 在这个意义上，与"群体身份"相匹配的形象展示可能有两种效果：一种可能是让个体获得属于某个群体的归属感、认同感；另一种可能是由于个体"成了"某个群体的成员而很难再"退出"，使个体被"困"于这个被公之于众的"身份"。以往很多关于青年亚文化的研究更多讨论的是第一种可能，对第二种可能的讨论则似乎被有意无意地忽略了。在上述杨洋的个案中，尽管她表现得极有"疯"格，但是，她喜欢文身却又担心妈妈的反对，她喜欢竖起中指以示态度却又似乎对成年后的"相夫教子"有所期待，这种纠结也许可以视为对亚文化的尝试而并非认同。从另一个角度来看，同辈群体对杨洋"疯"格的标签化可能也在实际意义上完成了"疯"与"正常"的分类，在这个意义上，杨洋似乎又被"困"于这种"与众不同"。

除了"杀马特"文化，一些女生还很喜欢说唱等"地下音乐"形式。其中，有"网红鼻祖"之称的沉珂是不少女生的偶像，这可能因为沉珂传奇的经历，从一个网红"杀马特"类型的问题少女一步步转型为歌手、淘宝店主等；也可能仅仅因为沉珂的很多歌大胆露骨、富有叛逆气息，这种"be real"的直接也与武校少女们被重构的"火暴脾气"契合。以沉珂的一首《他不知道》为例：

> 凌晨的时候突然发现找不到一个人说晚安
> 我的床边少了那只温顺的猫在墙角阴暗

---

[1] Wilkins, A. C., 2008: *Wannabes, Goths, and Christians: The Boundaries of Sex, Style, and Status*. Chicago and London: The University of Chicago Press.

才想起有人对我说糜烂的时候要记得抬头向上看
穿上黑色的衣服暗红的靴子突然喜欢在半夜散步
剩下树影的街头这个城市的安静让我一切义无反顾

——沉珂,《他不知道》

从歌词可以看出,这首歌似乎在讲述一个女孩对爱情的态度,但又似乎充满了孤独的意象。用一个武校女生的话说,她喜欢沉珂不只是因为她很酷,还因为她的歌"有才","唱出了自己想说的话"。从 2003 年爆红到 2008 年传出自杀,沉珂的人生充满边缘逆袭式的传奇。这种"边缘感"是不是也映射了习武女生们的心境,答案不得而知。但是,可以确定的是,自进入幼儿园开始,教育便围绕着"好"与"坏"的道德分类展开。幼儿园教室也因此不再仅仅是孩子社会化的空间,还是儿童习得社会道德规范、区分自我与他人的道德空间。① 在这个意义上,中国社会对"主流"与"非主流"的分类也常常建立在"好"与"坏"的道德二分法上。嘻哈音乐、说唱歌手在当下仍是典型的非主流,但正如沉珂的人生一样,走进所谓"非主流"圈子的青少年并不一定如成名后包装起来的那么"命定"与使命感十足。很多时候,选择嘻哈说唱或是选择习武都可能只是人生的阴差阳错,也可能只是无法在"主流"中找到属于自己的位置,是无奈的决定罢了。例如,武校里的学生也许并不是因为"功夫梦"而练武,而是因为他们过早辍学,又因年纪过小而无法打工挣钱。父母希望能够通过学武让自己的孩子身体好、被规训得不会触犯法律、成为一个能自立的对社会有用的人。②

(三)"心灵术士"

"心灵术士"源于网络游戏,是一个拥有控制心灵超能力的职业。本部分拟用这一表述来指代武校情境里善于利用女性的性别优势,博取和利用他人的信任、同情达到自己目的的人。与一般意义上的情商高不同,这种"术士"不仅有博取信任的天赋,也许还往往有极强的控制欲,将操纵他人作为快乐源泉。在武校,女生们一般把两类行为视为"有心机",分别是:滥用信任与刻意示弱。

---

① 〔美〕欧文·戈夫曼:《污名:受损身份管理札记》,宋立宏译,北京:商务印书馆,2014 年,第 46 页。

② Dong, X., 2016:"Being Tough and Belonging: Technologies of Masculinity among Martial Arts Students in China", *The Asia & Pacific Journal of Anthropology*, 17(1), 34-49.

滥用他人信任至少要分为两步：建立信任和滥用信任。胡芳曾给我讲了一个她亲身经历的故事。故事发生时，胡芳刚来武校，是一名"什么都不懂"的新生，而故事的主角小芝当时已经在武校有半年多的时间。自胡芳来到武校和小芝成为室友，小芝便对胡芳格外热情、关心。很快，人生地不熟的胡芳便把小芝当成了她最好的朋友。在武校生活的最初，胡芳也很依赖小芝这个朋友，小芝也的确教会胡芳如何在武校和登封生存，例如，女生要如何在武校里与教练"搞好关系"、在哪里可以买到物美价廉的东西等等。然而，好景不长，几个月后，这两个形影不离的"好闺蜜"却"分道扬镳"，"老死不相往来"。从胡芳的描述中，最初的起因可能是因为钱。成为好朋友后，小芝和胡芳讲她父母离婚多年，她跟着妈妈长大，但几年前妈妈改嫁又与继父生了孩子，她被送到武校其实只是因为她是"多余的"，也因此，家里很少给她零花钱，有一种任她在武校里自生自灭的感觉。于是，胡芳便成为经常付账的人，小到校内小店里的几块钱零食，大到一同去登封市里吃饭唱K，有时小芝会说是借钱，先欠着，等她有钱了再还，有时则默认胡芳会付钱。最初的几个月里，胡芳也没有在意，但久而久之，随着在武校生活经验的增长，胡芳也渐渐觉得这种所谓的"友谊"似乎哪里不对：

> 她经常说我们是最好的朋友，不分彼此，她的就是我的，我的就是她的，还有什么朋友之间不用分得那么清啊之类。但慢慢你就会发现，我的钱的确快成她的了，但她没有钱啊，可能她有钱她也不说，反正我没见过她的钱。

如果说"有往无来"式交换已经给这份"友谊"埋下了危机，那么，其后的教练生日事件则是导火索。按班里的"传统"，每年教练过生日，大家要分摊钱为教练买生日礼物、蛋糕以及聚会的开销，这笔费用是全班平摊，不管是否愿意，也没人不同意。但是，这只是班集体的"表示"，很多学生还会选择单独送教练礼物，以期在训练、学校生活中能从教练处得到"照顾"。当又快到教练生日的时候，这一年胡芳还是新生，没有给教练送礼物的经验，不仅不知道送多少钱的礼物合适，而且也不太清楚教练的喜好，不知道送什么好。出于对小芝的信任，当小芝提出可以一起送教练一份大礼时，胡芳也同意了。在经过几次慎重挑选后，小芝与胡芳给教练买了一个价值300多元的钱包。当时武校教练一个月的工资也只有1200元，300多元的钱包无疑是一份厚礼。小芝和胡芳相约去买这个钱包的那天，小芝说她当月的生活费还没有到，但一周之后她妈妈便会把钱汇到，到时再把她要分摊的150多元给胡芳。胡芳说,当时她也犹豫,但因为教练的生日马上就到了,等不了一周。于是,胡芳垫付了 300 多元的礼物钱。生日当天,"巧合"的是当胡芳去上厕所的时候,小芝"不小心说漏了嘴","不得不"把准备的"惊喜"提前送给了教练,教练很开心,直到胡芳从厕所回到聚会的包房,教练还在夸小芝眼光好、"懂事还有孝心"。但是,胡芳并不知道小芝是如何说的,也找不到合适的机会和教练解释说这份礼物里也有一半是她的"孝心",甚至这份 300 多元的"孝心"都是胡芳一人垫付的。这件事之后,胡芳便决定不再和小芝做朋友。胡芳坦言,之后交朋友也更加慎重,不和"心机太重"和"特别会说话"的人做朋友:"惹不起总躲得起吧?"

如果说小芝的"心机"只是个案,那么,刻意示弱和擅长示弱则是武校女生们具有共识性的"心机"表现。其中,学习、练习和擅长哭泣是最经常被提及的"心机"技巧。无论喜欢与否,很多女生都承认,"会哭"的女人"更好命"。一个女生曾这样评价"会哭"与"不会哭":

>有些是真的很会哭,眼泪多得感觉随时都能哭出来,尤其是和男教练,那叫会哭,也得承认人家会哭的就是比我这样的强啊,我要也那么会哭,现在就也搞到假条出去玩了,谁在这无聊?你说是不是得对着镜子练练啊?那些演员是不是都对着镜子练?

从人类学的角度来看,哭泣是某种文化情境中的情感表达,具有特殊的文化意义。因此,研究"哭泣"不能只将其视为心理学意义上的情绪表达,更为重要的是要分析这种情感表达背后人们的所思所想、所知所感、言行身受等等,以及这些感受在人们生活中的角色。[①] 在武校,哭泣成了女生的"性别工具"。对于擅长使用这种"性别工具"的女生而言,"会哭的孩子有奶吃"有了别样的意义;而对于那些不擅长或不屑于使用这种方法的女生来说,"哭"不是情感、情绪的流露,而是心机的表现,如果这一心机被用于"不当得利""损人利己"甚至"损人不利己",那便是没有道德的重要表现。

---

① Wierzbicka, A., 1999: *Emotions across Languages and Cultures: Diversity and Universals*. Cambridge: Cambridge University Press, p. 24.

三、虎父无"娘"子

> 我的梦想就像现实
> 残酷,黑暗,无奈和苦涩
> 我知道,我的心碎了
> 一个声音耳语:
> "醒来!"
> 我还在做梦吗
>
> ——《残梦》,卫华的歌词之一

女性气质不限于女性。一些男孩的行为,如"低声说话"和"慢慢吃饭"也被视为是女性化的。军事化管理的武术学校声称能够让有"娘娘腔"问题的少年变得"正常"。本节讨论的便是一个被认为有此"问题"的男生的故事。

我第一次见到卫华时,他正坐在宿舍里的一个塑料矮凳上认真地玩手机,对于我这个新来的陌生室友没有表现出任何兴趣,甚至连招呼都没打。他戴着黑色框架眼镜、比较瘦弱,热爱音乐和游戏,他认为自己是一个歌手,而不是一个武者。即使在训练期间,他也拒绝摘掉眼镜,声称如果这样做,他就不能看到任何东西,影响训练。不过,在几个月后的一次闲聊中,他和我说他坚持不摘眼镜的另一个原因是他觉得戴眼镜的人都是"有文化的人",不像那些"武夫"。这也许只是他自己想象出来的区隔,但却成功地将他自己与其他人进行了区分。

卫华来自湖北农村。当卫华四岁的时候,他的父母离开家乡到广东虎门做小生意。据卫华讲,他父母在最初的几年在夜市里有一个面积很小的小吃店。凌晨收摊后,卫华父母就住在店里。而卫华则一直留守老家,与祖父母住在一起。卫华的身体较弱,他的解释是小时候常常不能按时吃饭。由于祖父母沉迷于麻将,卫华最常充饥的食物便是各种零食和方便面。后来,卫华母亲发现儿子越来越瘦,才知道真相。于是,卫华被接到了虎门,与父母一起生活。但好景不长,一年后,他的母亲抓住了父亲的奸情。卫华父母离婚后,卫华与母亲一起生活。卫华回忆说,那时候每天放学后,他只能去妈妈的摊位,直到半夜收摊再一起回家。有时候也会去一个好心的邻居家,但卫华妈妈觉得经常麻烦邻居不合适。在卫华上小学的几年里,这种生活并没有太大变化。在卫华的记忆中,从各种小首饰到手机壳,他的母亲在夜市卖过一切可以卖的东西。卫华初一时,母亲终于开了自己的卖电脑配件的商店。

但是,生活水平的提高并没有让卫华母亲松口气,她很快就注意到儿子的"与众不同"。卫华的老师告诉她,卫华是一个孤独的孩子,不喜欢和其他男生一起玩,但却喜欢和女生一起玩,关系还很好。老师担心卫华可能"早恋"。老师反映了这个问题后,卫华妈妈异常焦虑,并在一段时间里每天放学后跟踪卫华,看卫华在放学后都跟什么人在一起、去了哪里、玩些什么,甚至还偷偷看了卫华的日记。尽管她并没有发现早恋的证据,但她发现的问题却并没有让她轻松起来。卫华妈妈觉得自己的儿子的确是有"问题"的,这个"问题"不是早恋,而是"太过女性化"。在发现这个问题后,卫华妈妈甚至更希望自己儿子的问题是"早恋",至少"早恋"是个"正常"的青春期少年都可能有的问题,而"女性化"则不那么正常。自那之后,卫华妈妈便想尽办法,竭尽全力尝试"治疗"、纠正卫华的这一"缺陷",将卫华送到千里之外的武术学校,便是这个积极治疗过程的一部分。

然而,卫华妈妈可能并不清楚,武校的生活并没有治愈卫华的"问题",反倒增强了他的孤独感和边缘感。据卫华讲,他不喜欢武校有三个原因:一是他觉得武术太过暴力,他不喜欢暴力,更不喜欢被人以身体暴力或其他形式的暴力欺负。例如,很多人叫他"娘们儿",即便他愤怒、反抗、态度坚决地不允许其他人这样叫,但并没有什么作用;第二,他不喜欢武校还因为"武夫没文化",更无法与他有深入的交流,这也让他在武校里难以交到朋友;第三,他无法在武校里"玩吉他",更加没有人关心他的音乐创作。周围大多数人偶尔看到他写的歌词,也大多和卫华妈妈一样,认为那只是一些阴郁的无病呻吟,不仅无益,还有害。对于很多人而言,像卫华这个年纪的少年,应该是快乐、阳光、有志气、有抱负的。如果一个少年整日忧伤、悲观,那么不是有心理疾病就是没有理想的废人。卫华却认为这种想法才是"幼稚的",因为集体无意识从来都是肤浅的,他曾在闲聊中举过一个例子:

> 你看像我爸妈这种从农村出去的,到广东那边打工,后来有点儿钱,条件好了,就要回村里盖房子,把老家的房子盖得很漂亮。村里有点钱的,家家都盖,有的没那么多钱,就只盖了个二楼、三楼,外面弄得很漂亮,里面都是水泥的,都没有装修。我觉得这种比来比去的就挺没意思的,老家的房子又没人回去住,盖那么好看有什么用?……还有吧,我爸吧,原来好像也不怎么掺和家里的事,自从我们家在广东生意

做得差不多,他就特爱管家里的事,叔叔、姑姑啊,家里亲戚的事,他都爱出头、爱管,我妈就说他是没事闲的,装作有本事。

卫华爸爸到底是怎么想的,已无从知道,但卫华的观察却敏锐而犀利。如同20世纪90年代农民工返乡一定要穿西装一样,卫华爸爸在生意上成功后,不仅在老家修了新房,还通过积极参与家族事务来彰显自己"成功"的一面,进而获得作为男人的尊严。换言之,也许在生意成功之前,卫华爸爸一直没有感受到这种"作为男人的尊严",才会如此渴望这种符号化的、表演性的"自尊",甚至最终出轨、离婚可能也是对这种"男性尊严"的痴迷导致的。[①]

卫华犀利的观察也延伸到武校生活中。他觉得武校里的学生被强加了一套话语体系,比如,学武有多好、学武可以成为别人无法成为的人。卫华说:

这些说法都是忽悠人的,你也可以说,学音乐、玩摇滚、打游戏也可以成人,也可以成功,为什么非要学武,是不是?我觉得这就是忽悠家长花钱的。像那谁不是还拜师了吗?拜师之后能怎么样?除了多花几万块拜师费,能比别人多学什么还是有武功秘籍啊?这些人就是疯子一样的,没法说理的,天天只知道打打杀杀,除了打架什么都不会。你和他们说你不高兴了,他们还以为你是在开玩笑。根本不在一个频道上,你又不能像他们那样不高兴就打人,是不是?

卫华的母亲并不了解或根本不关心卫华对武校的感受。2013年5月,卫华妈妈到登封看望儿子,卫华也邀请了我一同下山吃饭。在等待上菜的过程中,在看到卫华习惯性地翘起"兰花指"拿茶杯时,他妈妈脸色马上变了,一边阻止卫华不要"像个小姑娘",一边尴尬地朝我笑笑,解释说卫华什么都好,就是平时这些细节不注意,等长大懂事就好了。卫华没有争辩,只是默默地改变了他拿杯子的方式。席间,当卫华去卫生间时,他妈妈聊起她为卫华"操的心":

我那时候偷着看他的日记,我都不敢相信那是他写的。那就不像

[①] 相关讨论可参见:肖索未:《欲望与尊严:转型期中国的阶层、性别与亲密关系》,北京:社会科学文献出版社,2018年。

是个男孩子写的,就像是,像是初高中那个年纪的小女孩儿写的东西,特别的不切实际。我也不知道他从啥时候就变成这样了,这也怨我,他小的时候我们家穷,我一直在外面打工,也没照顾好他。可是像他现在这样,男不男女不女的,咋办?这以后到社会上打工进厂还不得被人欺负死啊?我和他爸离婚这么多年,我老了连个伴都没有,就他这么一个儿子,他不能养家的话,我怎么办?

马修·科尔曼(Matthew Kohrman)研究了在20世纪90年代的中国身有残疾的男性是如何被婚姻市场排除在外的。他指出,这种排斥是基于一种个体、家庭、社会三者关系的文化逻辑,在这种逻辑里,个体的身体状况是否具有维系家庭的能力成为婚姻市场的重要考量,如果一个男人在抚养家庭方面有困难,那么他自然而然也就要被社会所"淘汰"。① 这个貌似"物竞天择"式的文化逻辑,其背后实际上是社会对残障人士的污名,也是这一根深蒂固的观念对个体的暴力实践。在卫华的个案里,尽管卫华并没有身体上的残疾,但举止"女性化"显然已被包括他妈妈在内的其他人定性为一种心理上的或是精神上的"残疾",是一种需要被治疗的"病"。

作为"阳刚育人"的首选之地,武术学校成为卫华妈妈寄予厚望的"疗愈之地"。卫华就读的学校以文武兼修为重要目标,声称通过把少林功夫与国学、禅宗、古筝相结合,以达到以武育人、以文树人的教育目标。这种"消费传统"式的有关"文"的构建并不限于武术学校,有学者研究了城市中等收入父母为什么要把孩子送到围棋学校学习围棋,发现这不仅与这些父母对中国传统精英阶层的想象有关,还与围棋被赋予的道德意义与功能有关。例如,很多父母认为围棋可以让孩子静心、温和,有利于孩子的道德发展等等。② 略显荒诞的是,如果把卫华送到围棋学校,也许他的内向、沉稳,敏锐的观察能力、逻辑推演能力都会让他成为一名"优秀学生"。但在武术学校,卫华的个性与才华却因不符合习武者的"传统"而被视为洪水猛兽,又因他本人与周围环境、尚武精神的"气场不合"而备受他人的嘲笑,甚至是欺凌。卫华母亲坚信自己的儿子是"有病"之身,需要习武治疗。在她看来,有"病"就要吃"药","药到"自然"病除",如果"病"没有除,那不是"药"的问题,是

---

① Kohrman, M., 1999: "Grooming 'Que Zi': Marriage Exclusion and Identity Formation among Disabled Men in Contemporary China", *American Ethnologist*, 26(4), 890-909.

② Moskowitz, M. L., 2013: *Go Nation: Chinese Masculinities and the Game of Weiqi in China*. Berkeley: University of California Press.

"病人"不配合、不适合甚至是不争气。但是,假如这个"药"和治疗的方式、方法本身便是有问题的,还有没有可能治好卫华的"病"呢?也许,除了卫华之外,没有什么人认真思考过这个问题。

四、本章小结

2020年初,当我修改这一章的时候,韩国电影《82年生的金智英》正在网络上被热烈讨论。这是一部几乎没有什么情节的电影,反映的是韩国社会的厌女文化、性别不平等、中产阶层的种种困境。虽然我并未亲身体验过女性在日常生活中的难处,但这部电影却很符合人到中年的心境。也许,读过的所有有关性别平权的理论、民族志著作都不如生活本身,更不如嵌入平淡之中的那种无源可溯的荒诞。在这种日常的荒诞里,每个人都在为自己能够"幸运地"按部就班活着而洋洋自得,又为自己人生中某些与众不同而焦虑不安。例如,大学毕业便要结婚、结婚便要生子、要照顾老人、要努力工作等等,这些是"正常的"人生抑或只是大多数没有选择能力的人构建的"平庸的安全感"?又或者,"灰姑娘们"穿上梦寐的水晶鞋后,即便午夜的钟声没有响起,等待她们的也只不过是在柴米油盐中的冒险,而如果偏离了这种"平庸",便会被贴上"不道德""不正常"的标签。

本章呈现了武术学校里女性气质的构建、实践与污名。尽管在当下中国社会父权已发生诸多转变,但有关"父权"的观念却并没有那么容易消失。三位女生来到武校,不为"功夫梦",而是为了守护各自心中的那份女性"应该做的"、属于女性的"责任和义务"。这种默认的责任和义务何尝不是一种变形的"母职"。这种青春期母职实践被精心包装成"灰姑娘"的水晶鞋,却不是为了舞会上的惊艳全场,而是削足适履式地满足"王子们"的欲望与尊严。在这个意义上,"灰姑娘"的舞鞋即是一种强有力的观念工具(ideological device),使基于男女有别逻辑的诸多选择被再生产和合法化。[1]

与对"水晶鞋"的渴望不同,另一些女生以不同方式尝试和实践着更加多样的女性气质,形成了对传统理想女性形象的挑战以及对作为规范性概念的"性别"的消解(becoming undone)[2]。其中有打破女性对男性依附的"女汉子",也有勇敢尝试小众亚文化的"疯丫头",还有驭人有道的"心灵术士"。与更强调形象男性化的"假小子"不同的是,"女汉子"可能更具有独立

---

[1] West, C. & Zimmerman, D. H. 1984: "Doing Gender", *Gender & Society*, 1(2), 125-151.
[2] Butler, J. 2004: *Undoing Gender*. New York: Routledge, p.1.

性、内心更加坚韧、强大。无论形象上是否柔弱,内心的坚强是将"女汉子"与其他人区分开的重要标准。如果说"女汉子"的勇敢还只是深藏于心,那么,"疯丫头"的"出格"更强调"风格"的展现。这种"风格"受到当下中国青少年流行亚文化的影响,如文身、说唱,因此,在这个意义上,"疯丫头"的"疯"格也许只是在武校的情境中是一种"疯",而如果置于更广阔的社会情境中,这种离经叛道是"疯癫"还是一种"文明"也许仍是一个可以讨论的问题。

女性气质并非女性独有,男性也可以有女性气质,问题仅仅是一个社会或文化允许男性"拥有"和"公开展示"怎样的女性气质。本章最后一部分提供了一个男生的个案,从这个个案出发,重点讨论"娘"及其污名的社会建构。从当事人卫华的角度来看,可能最让他痛苦的并不是武校的生活、同辈的欺凌,而是来自他妈妈的不理解与压力。在这个意义上,虎爸虎妈的确可能没有"娘"子,因为,他们无法接受这个事实,更无法理解"娘"只不过是万千生活方式中的一种。在许多父母看来,与自己的固有观念不同便是"有病",有病得治,治好了病才可能有美好的未来。

第8章　打拼未来：梦想、希望与阶层意识

学习改变命运，练武创造未来。

——某武术学校里的标语

2012年秋，我在一所武校里偶然看到一个已经有些斑驳的黑板报，题为《一个武校生的升职神话》。内容大概是说这所学校的一位毕业生，虽然最初就业并不顺利，但经过自己的不懈努力，最终获得了老板的认可，在短短几年时间里，便从老板的司机兼保镖升职为业务部门主管。文章的最后特别指出这位校友的成功充分说明了两件事：一是农村和贫苦家庭出身的孩子道德品质没有问题，而社会对"人品好"与"吃苦耐劳"的人更为青睐；二是习武对于一个人的能力与品质提升起着至关重要的作用，武者更能吃苦，也更加坚韧、抗压能力强等等。

在登封，有关武校学生毕业去向和就业，流行着两种截然相反的观点：一种观点强调"德性品质"，认为学武意味着光明的未来，原因主要是学过武的人已经证明了自己是能吃苦的，而能吃苦的人无论做什么都不会太差。不仅如此，练武之人都经历过非常严苛的"武德"教育，在道德品行上都是可靠的，又有武技傍身，是很多需要贴身保镖的老板的首选。与此种观点相对，另一种观点强调"武技无能"，认为学武毕业就等于是失业，武术既不是技术，也不是大多数行业所需要的能力，学武不过是浪费学费，武校毕业生基本等于没有未来。无论持哪种观点，"未来"都是武术学校日常生活中经常被提及、被争论、被使用的一个热门关键词。也正是在日复一日地憧憬、想象和谈论"未来"的过程中，有关打拼未来的热血激情与茫然未知几乎被同时灌注于这些青少年有关阶层的懵懂认知中。

对于武术学生而言，阶层意识常与三个关键词紧密相关："梦想""希望""未来"。本章围绕这三个关键词，通过呈现三个个案，尝试从处于不同阶段武者的人生史出发，探究这些在读学生、毕业生、教练是如何将"习武"作为一种"资本"进行个体化转换的，并在这个资本转换过程中以"打拼未来"之

名重塑了自己的阶层意识。

一、谈论梦想

"毕业后你要做什么？""你以后想做什么？"在田野调查的过程中，这些不仅仅是我经常问武校学生们的问题，也是这些习武少年常常问我的问题。每当有人问我此类问题，我就会告诉他们，如果我博士能顺利毕业，最有可能的职业选择是成为一名大学教师。他们中的大多数人听到这个答案后，往往表现出难以掩饰的惊讶和不解。在他们看来，"大学老师"也是"老师"的一种，几乎是贫穷、寒酸、无趣的同义词，甚至是一种"无能者的无能选择"。

对这些习武少年而言，最理想的职业选择是成为李连杰、成龙、释小龙那样的功夫明星。但是，理想总是遥不可及的，或者说，能轻易实现的也就称不上"梦想"了。一天中午，我在训练场一角的器材区偶遇了几个学生有关"功夫梦"的辩论。

  学生A：我听说咱们学校的大老板是释永信的弟子，要是他能教教我，那以后指不定我可以像成龙那样，当个电影明星。

  学生B：你别做梦了，还想当明星，没有钱和关系，你是不可能成明星的，你连被明星打都不配。

  学生A：成龙当年不也是给李小龙跑龙套的，现在不也成了功夫巨星？！

  学生B：那是什么年代？那时候还没有特效，现在有电脑特效，想要什么效果都能电脑做，哪还要那么多跑龙套的，盒饭不要钱啊？

  学生C：想成明星，还得长得帅，就算你又有钱又有关系，你长得这么丑也当不了主角。

这场辩论在众人的哄笑中结束了。相比于成龙、李连杰成名的20世纪80年代，21世纪的功夫电影市场有诸多变化。例如，香港功夫电影不再一统天下、电脑特技对身怀功夫的演员和替身的冲击、资本对造星的巨大影响、粉丝和"饭圈"文化对"星途"的影响等等。对武校学生而言，也许他们并不真正清楚通往"功夫梦"的路有多少坎坷，但他们也有自己的观察和想象。"明星梦"可能已经成了饭后休息时的消遣话题，而没有多少人真的把成为功夫明星当成理想。

相比遥不可及的"明星梦",成为武校教练是更具有操作性的目标,但是很多学生却视其为"没有前途"的工作。这一方面是因为教练的工作量繁重、责任重大,每天要与学生同吃同住,出校也需要层层审批,几乎没有个人空间和生活,用一个学生的话说,"连谈恋爱都没时间";另一方面,教练的晋升之路漫长,工资却极低。在晋升机会方面,通过层层考核之后,还要参加为期近一年的各种培训和考试,合格之后,开始跟着老教练做见习教练,见习期满、考核合格后,可以转为助理教练,之后要根据业绩、是否出过事故、事故大小等综合考核是否可以继续晋升为初级教练。在收入方面,2013 年的时候,一名初级教练月工资只有 1200 元到 1500 元,工资因学校不同略有不同,但总体上没有太大差异。同年,登封的饭店服务员工资是 1000 到 1800 元,有的酒店还包中午饭和晚饭。这个差别是明显的,一个曾经在武校里做文化课老师的人在向我解释转行做服务员的原因时说:

> 老师不像教练,那里面的老师也没什么地位吧,收入也低,比教练还低,好点的学校还能按时发,有的学校还拖着,不给你发工资。我听别人讲,有的学校招生招不来,教练的工资也欠着。……我后来就结婚,有了孩子,当老师挣得太少了,就出来在这里做这个。经理人挺好的,之前孩子小,有时候还让我早点回去,现在一个月 1800 元,我老公一个月还能挣 2000 多元,登封花销也不多,在我们这里算是不错了,比之前强多了。

事实上,教练的工作量要远大于文化课教师,工资却一样低。小勇是 2013 年晋升为助理教练的,习武之前曾在老家的钢铁厂工作过两年,2008 年开始到登封学武。小勇承认武术学校的工作环境还是比钢铁厂好多了,但谈到工作量,他也有抱怨:

> 现在是助理教练,我是没有工资的。但是我比正儿八经的教练要多干很多活儿,像师父晚上就回家了,我就得替他,住到学生那边去,不能在这边住。天天早上带学生跑操、训练,都是我的事儿。有时候正式上课,师父教完了,学生自己练,我就在边上,看着他们别打闹啊、纠正一下动作啥的。还有学生有病了、受伤了,陪着上医院什么的都是助理教练的事儿。这还不算,要是你带的班有人打架、偷东西啥的,处理完学生就处理我。

在晋升为助理教练之前,小勇已经通过了学校组织的三轮考试和为时近一年的职前培训。不仅如此,小勇还"打点了"教练等相关人员,才获得这个没有收入的"职位"。2013年的一个夏夜,我跟着小勇去例行查房,他表达了自己的困惑:

> 什么时候能变成正式的?不知道啊,我也懒得想,过一天算是一天吧。我前些天还和哥们儿讲,都不知道这一步是对是错啊。你可能也知道的,就算变成正式教练,学生犯的所有错,都和教练工资有关系,学生犯错,教练扣钱。不是有个笑话吗?辛苦一个月,发钱的时候一分没有,发现还欠学校几百,这是真事啊,真不是编的。这还是没出什么大事,要是搞出点大事,像之前把学生打残了或者学生打架出事了,那教练也得受牵连,赔钱不说,还可能被开除。打工仔难啊,都得听老板的,出事了老板都跑了,剩打工仔扛着。

如小勇所说,在武校学生的话语体系里,"打工仔"与"老板"是最重要的两类人。"打工仔"意味着收入不稳定,处处受制于"老板";而"老板"可能是武校、大公司的负责人,也可能是指以小饭店、小网吧等小生意为生的人,这种"老板"虽然收入不见得多,但被看重的是"自由",不被人管,因此,相对于替人打工,这些学生更希望成为"老板"。

武校少年们的梦想也如同"老板"一样,有大小的分别。小铮是这些"梦想家"里比较有想法的一个。小铮的梦想是成为避孕套工厂的老板,尽管每次谈起这个与众不同的梦想,其他学生都会起哄,甚至是嘲笑他,但小铮坚持认为他的梦想不仅可行,而且重要。据小铮讲,他爸爸是个很成功的商人,最初发家的生意是做瓷砖,之后生意做得越来越大,便开始自主研发、申请专利和多元化经营,而他则继承了爸爸的生意头脑。谈到办厂有很多种选择,为什么一定要开办避孕套厂时,小铮说:

> 现在市面上的避孕套都是外国的,你知道这事吗?杜蕾斯是英国的,杰士邦和诺丝是美国的,冈本是日本的,主流的就这些吧?其他的小品牌市场也不大。但你知道避孕套市场有多大吗?我之前看过新闻,上面说我们国家一年就用掉一百多亿个,有几十亿美元的销售额。

小铮的判断在一些行业报告里也得到了证实。中国产业研究院一份报告的数据显示,2017年中国消费100亿只避孕套,预计到2024年,每年有

12%的增幅。① 对小铮来说,除了有"生意头脑"、预判市场前景一片大好外,他还将主要目标客户群体定位为青少年。

那天晚上,当小铮和我说起他的计划时,我们正在宿舍里吃他的零食,说到得意处,他抓了一把捏成渣的干脆面,仰头让干脆面渣滑进嘴里,仿佛那是一杯好酒,敬他自己的明天。当我问他打算怎么控制生产成本时,小铮说:

> 先做代工,给那些大牌供货,就像那些手机代工厂一样,其实它们都能生产,功能都差不多,只是没有牌子。等代工掌握了技术之后,又有了钱,就把钱放在研究专利上,专利是好东西,别人要用,他还得付你钱。公司得发展到很大规模的时候,才能谈控制成本,不然就等于生产便宜货,那样也卖不出去,尤其是套子这种东西,质量不好的话,那不和没用一样了?哪来的回头客?

小铮的梦想是否可以实现,这是一个很难回答的问题。但那天晚上,小铮的确谈得很高兴,宿舍里的几个人也吃得很高兴,小铮的一箱零食在对避孕套厂的憧憬中被瓜分完毕。多天以后,小铮约我晚饭后在山里散步,再次聊起开厂的梦想,我小心地提及可能在其他人看来,开避孕套厂是不是难度很大,不具有可操作性。小铮马上反驳说:"开厂有什么难?难的是知识产权,是专利。他们连什么是专利都不知道!"

小铮后来和我讲,他之所以有这样的想法是因为在来武校之前他的一个朋友让女朋友怀了孕。在他看来,他的朋友是不负责任的,不是"好男人",因为"好男人要知道怎么保护自己的女人,尤其是不能让她怀上孩子。因为怀了孩子特别不好,对谁都不好"。尽管小铮尚不能完全理解或表达中学生怀孕的社会影响与对女生的影响,但他认为避孕套是解决这些影响的有效办法。在他看来,恋人发生性关系,这件事并没有错;错的是没有使用避孕措施导致女生怀孕。

"可能的自我"(possible selves)这一概念指称个体通过谈论想成为谁、如何成为谁、害怕成为谁等问题重构自我认知,并形成一系列的行为动机。换言之,指向未来的"可能的自我"并不只是一个想象的角色或存在状态,还

---

① 中研网:《中国避孕套行业发展前景预测 2023 消费群体年轻化为行业主要发展趋势》,2023 年 4 月 25 日,来源:https://www.chinairn.com/news/20230425/150027256.shtml。

代表着个体重要的希望、恐惧和幻想。① 在本部分所述的几个案例里,有关明星梦的争论实际上消解了很多习武少年的"梦",习武无法成为明星几乎是每个人的命运,在这样的事实面前,每个人都要一边努力完成艰苦的训练,一边为未来做出各种打算和妥协。尽管小勇没有直接谈论自己所期望的生活,但他言语间对成为教练的无奈、对低工资和高工作压力的"吐槽"都似乎在暗示着他的妥协的暂时性。相比之下,小铮因为家庭条件优越,在学武之前没有经历过什么生活的苦难,他的梦想也就更有色彩,也更敢"想"。对于这些居于深山,几乎与世隔绝的少年而言,梦想能否实现也许并不重要,真正重要的是"梦想"在,便有了"希望"。

二、传递希望

"小富靠勤,大富靠天"是老张最爱的一句"老话儿",至于出处,老张自己也说不清楚。2012 年,老张 28 岁,是一名有多年工作经验的资深教练,也是他所在的散打部负责人。老张的老家在山东,属于鲁西南靠近河南的区域,家里有三个姐姐,老张最小,也是家里唯一的男孩。按老张的说法,老家那里重男轻女,一定要生出男孩才罢休。除此之外,老张老家还有尚武传统,有些民间拳师也会在村里招徒,挣点零用钱。老张家的邻居里便有这样的民间拳师,老张小时候常去拳师家看练拳,稍大一点也跟着拳师练习一些基本动作和套路招式。由于老张身材矮小灵活、比同龄人更加壮实有力,老拳师视为爱徒,不仅夸赞有加,还常常在晚饭后单独指点老张。几年之后,老张已是个"武林高手",加上家中独子特殊地位孕育的暴烈脾气,老张在学校和附近几个村里也是小有名气的能打。

好景不长,小学毕业那年的暑假,老张和邻村的几个少年起了冲突,愤怒的老张把其中一人打成重伤。据老张讲,这件事是他人生的转折点,原因有二:一是在这件事之前,老张的父亲一直娇惯这个独子,有求必应,这件事之后,老张父亲开始反思儿子的未来,并逐渐变得严厉;二是尽管老张因年纪小不需要承担法律责任,但农村是个熟人社会,类似"老张家里有个村霸流氓"这种流言传播开之后,道德压力可能并不比法律上的惩罚让人轻松。也许迫于流言压力,也许是为了找个能管住老张的地方,老张在别的孩子刚上初中的年纪被送到了少室山里,成为一名全职习武的学生。谈及这段经

---

① Markus, H., & Nurius, P., 1986: "Possible Selves", *American Psychologist*, 41(9), 954-969.

历,老张回忆说:

> 在我们村儿,甚至附近的几个村儿,都没人敢和我打,我就是最狠的那个,很多孩子见我就跑。后来上山,真开始练,我就发现我不是最强的,别看我还算有底子的,那人外有人,我在这里有很长时间都属于中等吧,你说有多弱也不至于,但要说有多强,那也是吹牛。现在想想,这是好事,我现在也常和学生讲,知道自己不行,是成功的开始,是这样说的吧?

尽管老张一再强调"人外有人",但实际上"上山"之后只经过短短两三年的训练,他便成为专业队骨干成员,还曾斩获大大小小奖项无数,这些成绩似乎并不是一个资质平庸之人可以得到的。按老张的说法,进专业队、打比赛是他人生的第二个转折,主要是表演和比赛让他有机会走出登封,能够到全国各地,甚至出国去"开眼界"。老张的成长不仅得益于"行万里路",还受益于当时带他的教练。与其他教练不同,这位师父最常教育老张的是要"学习"以及"学习"对一个人的命运的重要性。"学习"可以指学任何东西,而教练又没明确到底要学什么,老张决定先从练习写日记开始。他回忆说,由于自己只有小学文化,一开始写一二百字都很吃力,要叙述个事情的来龙去脉都讲不清楚。为了提高自己的写作能力,老张开始每天听广播里的新闻稿或是领导讲话,每天记下几个他觉得"有用"的句式或者用词,然后用小学生学造句的方式,将句式或者新词用在当天的日记里,如此反复,一练便是几年。18岁那年,老张决定离开武校,应征入伍,成为一名军人。由于他的武术功底,老张很快脱颖而出,成为新兵里的重点培养对象,不久便升为班长。班长需要时常"训话"、汇报,而老张之前自我训练的文字表达也就有了"用武之地"。老张特别爱和学生讲这个故事,大概目的就是想让学生明白没有什么是白学的。但老张也承认,人生并不像学习这么简单,很多时候并不符合有投入便有产出的经济学逻辑。

离开部队后,老张先是回了家乡,几经辗转,最后在离老家不远的一个地级市开出租车。老张直言他不喜欢被人管,换了几个工作,虽然开出租车大多时候并没有人管着他,但他也并不喜欢这个工作。之后不久,老张的几个战友叫他一起去南方做生意,禁不住战友的盛情邀请,老张动心了。南下致富的梦从一家小型武校开始,老张负责当教练,战友负责运营,但可能南方并不认"北拳",也可能因为经营不善,老张的武校最终惨淡收场,没赚没赔已是最好的结局。多年后,当老张再回忆这段往事,他认为主要是"太

年轻":

> 没做下去原因有很多,最重要的是和当地有关部门的关系不够硬。开武校和以前办武馆一样,要有各部门的支持,打通这些关系,才能开下去,不然你今天开,明天就有人来砸场子,直到你滚蛋。我们那时候还是太年轻了,觉得合法生意,钱还没赚就要去打点别人,哪来的钱去搞关系,太年轻。后来,第一年其实还行,去掉开销也赚了十几万吧,但第二年就招生困难,后来我们才知道,人家另一家当地的体校,跑到车站去抢生源,还让出租车司机往学校带人,给司机提成,我们后来才知道的,当时都不知道还可以这样干。……反正最后武校败在一场官司,有个学生训练受伤,其实这事也正常,武术学校哪有不受伤的,但我们当时也没经验,就被学生家长告了,最后判我们赔了 20 多万(块),一下就没钱了,就关门了。

武校关门之后,老张还借钱做过服装生意、开过网吧,赚少赔多,为了维持生活,老张还当过货车司机、做过保安、看过场子、摆过地摊儿等等。在广东漂了两年之后,老张有些绝望,觉得自己不是做生意的料儿,也发不了财,还是要求稳。摆在他面前有两个选择:一是回老家继续开出租车;二是回登封教武术。老张选择了后者。他在登封的职业发展超出了预期,短短几年便从最底层的普通教练晋升为部门负责人,已经是武校里的中层管理者。老张把这一切归功于部队里的历练和后来生意上的失败。在老张看来,"平淡是福"四个字要有人生经历之后才能真正明白,在那之前,还是要多一些经历,包括失败的经历。

悟透了"平淡是福"的老张喜欢把"小富靠勤,大富靠天"挂在嘴边。在他看来,他就属于只能"小富"的命,靠着一点习武的天分和勤奋,把小日子过得差不多,但要想大富是几乎不可能的。2013 年的一个酒局上,老张坦言自己是三十不到的年龄,四十已过的心态。他计划着能开一家少林功夫主题的纪念品和体育用品店,这样便可以让他太太辞职回家做老板娘,全职看店的另一个好处是时间自由,可以有更多精力用在培养下一代上。在和老张的一次单独聊天中,老张也谈到了这个计划背后的考虑:

> 到我这年龄,最重要的是什么?当然是我儿子。要是和我爹比的话,那我也算有本事了,我现在也不在农村了,也算是有个正经工作,再开个店做点生意,日子也是过得去的。我儿子就不一样,他起步就比我

强啊,城市户口、家里条件也还可以,就他一个孩子,基本上也是要什么有什么。我们两口子再怎么折腾,也不如把这个孩子教育好,是不是?以后可能他比我有本事,能去北京、上海那样的大城市,再怎么没出息也能在郑州吧?

像许多中国父母一样,老张经过自己的努力,在某种意义上超越了父辈,并将这种有关"超越"的希望传递给了下一代。通过与父辈进行比较,进而选择自己的职业、明确自己的社会位置,这样的逻辑也在其他文化和研究中得到了印证。例如,有研究发现,阶层流动与父辈传递给孩子的人生体验有关,并在很大程度上影响了子代如何理解工作、社会和自己的未来。[1] 老张的故事也反映了这种逻辑。老张经常将自己与一辈子务农的父亲比较,将自己的童年和生活经历作为"人生财富"来解释自己的种种选择、成功与失败。同时,老张又希望为儿子创造更好的条件,让子代可以不用像他一样辛苦地完成"人生财富"的积累。老张既喜欢强调他的奋斗历程、"受苦"经历,又喜欢将这些偶然性归于"命"。这种貌似自相矛盾的解释也许正是阶层流动中的"必然",让"希望"同时面向过去和未来,并在不同的时空与价值意义体系中流转、传递。[2]

三、打拼未来

"大刘"是学校保卫处的一名工作人员,每天的主要工作是在门卫室值班、晚上巡逻防止学生偷偷跑出去。由于年纪比其他保安大、长得又人高马大,所以其他保安都叫他"大刘"。在武校当了一年多保安之后,"大刘"觉得已经万事俱备,决定去广东成为一名"高级保安"。在学校附近一家嘈杂、拥挤、略显脏乱的小饭店吃午饭时,"大刘"向我解释了他的选择:

> 普通保安不需要什么能力,就是坐在门卫室待着,假装保护点什么。就像我们学校的保安,除了出入登记、检查一下假条、有没有把烟酒带进学校,晚上巡逻巡逻,也就没什么事,你要问他们到底在保卫啥,

---

[1] Irwin, S., & Elley, S., 2013: "Parents' Hopes and Expectations for Their Children's Future Occupations", *Sociological Review*, 61(1), 111-130.

[2] Pine, F., 2014: "Migration as Hope: Space, Time, and Imagining the Future", *Current Anthropology*, 55(S9), S95-S104.

十有八九都说不出来。但高级保安不是的,是要有专业技术的,比如当过兵、练过武的,或者有一定安保工作经验的。一些大公司会找这样的保安看厂子或者放重要物资的仓库,这种高级保安的工资要高得多。

"大刘"来自河南农村,但家庭经济条件并不差。据"大刘"讲,他爸爸在装修队里打工,是有核心技术的木工,手下也有三四个人,属于为大"包工头"打工的小"包工头"。由于木工是室内装修的核心工种之一,"大刘"爸爸在 2010 年前后日薪就可以达到 300 元以上,这意味着一个月最少也能挣到一万元左右,活多的时候可以达到两万左右。"大刘"妈妈最初在农村老家务农,但随着"大刘"爸爸的事业发展,"大刘"妈妈也跟着到城里打工,在装修队里做漆工,虽然没有"大刘"爸爸挣得多,但收入也远超靠天吃饭。"大刘"说在他初一辍学的时候,父母曾试图说服他跟着装修队当学徒,学做木工活。但"大刘"对成为木匠没有兴趣,而是像大部分过早辍学的少年一样,整日混在街头、网吧、迪厅。但好景不长,在一次群殴中,"大刘"被打成重伤,在医院住了两个多月才逐渐恢复。这次"死里逃生"的经历让"大刘"意识到即便在街头混也需要强壮的身体和打架的技巧。也是由于这次打架事件,"大刘"爸爸开始意识到自己的儿子需要"吃点儿苦"。当时"大刘"爸爸正在广东做装修,经人介绍,"大刘"被送进了一家服装厂打工。在一次吃夜宵过程中,"大刘"回忆起这段经历:

> 进厂是很苦的,一天几班倒,干七八个小时休息几个小时,然后再去,来了急活的话,人手又不够,有时候老板会让我们一干就是十几个小时。我在的那个厂就是个小作坊,也没有那么正规,我虽然是负责装货的,但有时候人手不够,活又急,老板就会让我们去做女工的活。有一次我被安排去剪那个牛仔裤上的线头,剪十个小时后,你看啥都像线头,特别夸张。

"大刘"不喜欢服装厂的工作,身体与时间的过度消耗让他开始思考自己的人生和未来。"大刘"回忆,那时候如果不上班,他就会和一些朋友去厂区附近的夜市玩,喝酒、在网吧整夜打游戏,他说:"好像只有喝醉了,或者在打游戏的时候,我们这些厂里的才不觉得自己穷。"在一次夜市酒局上,"大刘"认识了一个当时正在一家外国公司仓库做保安的朋友,也就是"大刘"后来一直心心念念的"高级保安"。"大刘"回忆说:

我现在还记得，那天我们几个都喝了有一会了，他给其中一个哥们儿打电话，然后就说那来一起喝吧，他就来了。他来的时候穿的他们公司的安保制服，和特种兵似的，我就觉得这衣服帅啊。后来熟了，他就说工资待遇比厂里强多了，最重要的是在厂区，穿成那样容易找到小姑娘啊。你说谁会找个在车间一起剪线头的？带出去说我男朋友是剪线头的，那也太没面子了吧。但要是说，我男友是啥啥大公司的，那就不一样了。

有了"小目标"，"大刘"开始四处打听如何能成为"高级保安"，但发现不是要求有入伍经历，就是要有习武经验，还要年满18周岁、没有犯罪记录、有相关工作经验等各种要求。机缘巧合，"大刘"爸爸的一个客户的孩子在登封学武，并免费充当了"客服"和"招生代表"，热心地为"大刘"和他父母解答各种疑惑。听说学武还可以拿到中专甚至大专学历，"大刘"父母觉得这至少是延续学业的一种方式，而且武校毕竟还是学校，也可以防止"大刘"学坏。在父母同意后，"大刘"辞了厂里的工作，只身来到登封学武。

"大刘"的武校生活与其他学生并没有大的不同。可能在为数不多的不同里，最引人注意的是"大刘"并不擅长练武，几乎没有什么天赋，但成为"高级保安"的渴望成了闻鸡起"武"的原动力。"大刘"在训练过程中特别能吃苦，也特别勤奋，别人练一小时，他要练两小时，别人晚上训练结束就开始玩，"大刘"还要自己增加训练量。如此，一年后，尽管"大刘"并没有因勤奋而脱颖而出，但至少让教练觉得他是个做事踏实、听话的人。教练推荐"大刘"到保卫处做实习生，主要工作就是在校门口站岗、晚上值夜班之类，同时有数额几乎可以忽略不计的报酬。但对于"大刘"来说，这相当于读书过程中便有了做保安的工作经验，不仅如此，"大刘"还可以得到学费上的折扣等隐性福利。"大刘"欣然同意，并勤勤恳恳地一做就是两年多。

在武校里，保卫处是有一定权力的，成为保安也就意味着从普通学生走近了这种权力。但"大刘"并没有因此而忘记他为什么会来登封。某天晚上，我看到他在门卫室后的训练场上自己练习。他告诉我，自从到保卫处半工半读，他几乎每天晚上都会自己练习一段时间。至于原因，他解释说：

如果想得到一些东西，你就得付出，是吧？我来这里是为了什么，不能喝几顿酒就忘了，那叫忘本吧。你觉得我喜欢练武吗？我没觉得，你看我这练了这么久，还不如人家有天分的练一年的水平。那种特别有练武天分的，练三年都可以参加全国比赛了吧？我这还像刚入门。

没天分自己知道就行了，但我不能忘了我学过的东西，不然学费不是白交了吗？我觉得要参加那些大公司面试什么的，保不准人家会让我练几招给他们看看。要是我，我也会这样干，不然你说你会武，怎么证明，是不是？

与大多保卫处工作人员不同，"大刘"不吸烟，极少喝酒。即使其他人半开玩笑地嘲笑他是"世纪好男人"，"大刘"也特别坚定地拒绝吸烟。对于武校里正值青春期的青少年而言，虽然校规明确禁止吸烟，但仍有很多人用抽烟喝酒来建构和探索男性气质。"大刘"却反其道而行之，通过拒绝烟酒来实践他认为"好"的理想男性气质。"大刘"甚至认为农民工之所以被歧视，一个重要原因就是抽烟喝酒。他坦言，他爸爸的装修队成员都爱抽烟，更爱喝酒，如果没有活干，甚至可以从早上一直喝到晚上。"大刘"认为这是在"浪费生命"，会陷入"干活—挣钱—买醉—再干活"的恶性循环中，不仅难以脱贫，还对身体有害。此外，"大刘"认为抽烟喝酒可能是高端安保人员的禁区：

如果你是老板，你会找几个大"烟鬼"和"酒鬼"看货吗？不大可能吧，那一把火把库房烧了怎么办？再说也影响公司形象啊。别人来库房提货，一看门卫室里不是在抽烟就是在玩手机，还有喝多了躺沙发上睡觉的，你会想什么？这公司太不专业了，是吧？……我看新闻讲，现在很多国家都在禁烟，我觉得咱们国家也应该这样。我爸、我叔他们都是大烟鬼，一根接一根地抽，说了也不听，不听就算了，我不抽就行了。

从"大刘"的表述中，可以看出，他已经开始将自己与父母、亲戚进行区分。虽然学历不高，甚至未来的收入也不如"有技术的"父亲，但"大刘"使用了另一套符号与附着于这些符号上的价值意义勾勒出"我"与"他"的边界，描绘了属于自己的未来，并为这个未来而付出努力。有学者通过研究在北京工作的保安人员如何使用手机，指出这些外来保安既不认同自己是农民，也不认为自己是和农民工一样的体力劳动者，而是建构了一种"认同紊乱"（identity disorder）。[①] 与此类似，"大刘"将"高级保安"作为目标，并通过如此长时间的准备以达至这个目标，可能至少说明两点：一是"大刘"在经历了

---

① Yang, K., 2008: "A Preliminary Study on the Use of Mobile Phones amongst Migrant Workers in Beijing", *Knowledge*, *Technology*, *& Policy*, 21(2), 65-72.

进厂打工后,深知"打工仔"的辛劳与无助;二是"大刘"看到了"高级保安"作为符号资本在厂区的作用,经济收入、在"打工仔"群体里相对较高的地位等都成为"大刘"积累相关资本(如学武),并将这种资本转化为能在"高级保安"市场交换的资本。对他来说,"高级保安"是一种工作环境有空调的"白领工作",是值得认真投资的未来。

四、本章小结

本章希望通过对武校学生阶层想象的讨论,对目前有关转型社会、青少年阶层意识等议题有所贡献。[1] 通过揭示打拼未来的动力与过程,这些武校学生和毕业生展现出习武对自我认知、社会地位和目标的影响。与从经济收入、文化资本等视角研究阶层流动不同,本章提供的案例更多是与家长、朋友、亲戚等熟人相比较,进而在这种比较中来获得对自己阶层地位、阶层流动的合法性构建。

有关"功夫梦"和"明星梦"的辩论揭示了武术学生如何理解自己以及他人的梦想。在"明星梦"几乎不可能实现的共识中,"打工仔"与"老板"的二元分类体系提供了另一种想象未来的可能。无论生意大小、收入多少,大部分学生心中的理想仍是成为"老板"。当这些学生毕业时,他们需要在就业和社会流动方面应对明显不同的境遇,这些境遇和人生经历进一步影响了他们的阶层认同。"老张"是第一代从农村到城市的打工者,早年辍学让"老张"失去了进入主流教育进而获得学历和工作的机会,"老张"通过武校这一非主流的教育形式,获得了专科学历,并成功进入部队系统,成为军人。这一曲线策略也可以让"老张"获得"稳定"或者说"安稳"的人生,但"老张"选择了另一种可能。无论是做生意还是为别人打工,都负载着"老张"奋斗的希望,这种对美好生活的向往最终在临近而立之年时变成对子代的期望。"老张"在心理上成了真正的"老张",开始为他只有四岁的儿子"小张"操劳人生规划。

在"大刘"的案例中,可以看到打工"二代"对"一代"的安排、规划的反抗。"大刘"可以选择随父辈一起打工,成为新一代的木工、装修队工人,也

---

[1] 关于中国不同青年群体的阶层意识的研究可参见:Woronov, T., 2012: "Class Consciousness, Service Work: Youth and Class in Nanjing Vocational Secondary Schools", *Journal of Contemporary China*, 21(77), 779-791;董轩:《新教师的职业选择与阶层意识》,《教育发展研究》,2021年第20期,第22—30页。

可以进厂成为生产流水线上的现代螺丝钉,但他都选择了抗拒。"大刘"根据自己的观察,选择了"有技术的"、类似白领工作的"高级保安"。在他看来,"高级保安"并不只是"看大门的",更加不是体力劳动,而是需要职业准备的、有入职门槛的工作,而他为能达到这个入职门槛付出了几年的青春、习武的学费、在武校做保安的精力消耗等等,这一切"努力"需要获得他所期望的社会酬赏,即在东部沿海城市找到一份被其他没有技术的打工者羡慕的"高级"工作。至于这个工作是否就比工厂里的打工仔在社会阶层的意义上高,这是个存疑的问题,却并不是"大刘"关心的问题。相比抽象的"社会阶层"概念,他更关心自己与同辈的区隔、与上一辈的不同。同样是"有技术的"打工者,"大刘"似乎坚持认为木工是体力劳动者,"蓝领"的颜色就意味着"被人看不起"。"大刘"向往的未来至少"要在亲戚朋友面前抬得起头"。"抬头"是不是看得到"星空"并不重要,最重要的是"抬头"可以看不到自己熟悉的其他人。

第 9 章　结语:在武校里等待成年

他又走起来了,可是路实在很长。因为他走的这条村子的大街根本通不到城堡的山冈,它只是向着城堡的山冈,接着仿佛是经过匠心设计似的,便巧妙地转到另一个方向去了,虽然并没有偏离城堡,可是也一步没有靠近它。每转一个弯,K就指望大路又会靠近城堡,也就因为这个缘故,他才继续向前走着。

——卡夫卡《城堡》

《城堡》是著名小说家弗朗茨·卡夫卡(Franz Kafka)的一部未完成作品。故事讲述了主人公 K 在一个雪夜来到城堡下面的村庄,准备第二天进入城堡。K 自称是城堡聘请的土地测量员,但城堡并不承认这件事。几经周折,K 发现自己越是想接近城堡,越是迷失在彼此角力的各种力量之间。城堡,成了一个可望不可及的存在。不仅如此,一如卡夫卡的其他著作,K 也是一个没有"过去"的人,只剩下进退两难的"当下"和不确定的"未来"。吴晓东认为,《城堡》内含"追寻"的文学母题,这些"追寻"的故事"既是生命个体的故事,同时在总体上又构成了人类的故事。因此,'追寻'的模式中肯定有一些最基本的因素是相同的,如每个时代的追寻都会涉及追寻的动机、目的、追寻的方式等等"[①]。

"追寻"的母题亦嵌入武校众生的喜怒哀乐、好勇斗狠、理想信念。无论是追寻"家"的意义,还是探索身心的玄机;无论是以武示人、服人、御人,还是希冀"灰姑娘"式的破茧成蝶、梦想成真,每个人似乎都在用自己的方式寻觅未来,又似乎都在自己想象的"美好"中迷茫无措。未来,也许从未到来,但似乎每个习武少年都乐于等待,不是等待一个确定的未来,而是等待成年。

---

① 吴晓东:《从卡夫卡到昆德拉:20世纪的小说和小说家》,北京:生活·读书·新知三联书店,2017年,第26页。

一、被寄存的青春

在本书中,我通过描绘习武少年们等待成年的群像,展示了少林武术教育如何影响了作为"地方"的登封,作为少林文化代言人的"功夫老板"、教练、当地人以及作为少林武术的"信徒"和传承者的学生们。对于武校现象,我的好奇心始于谁会选择学习少林武术和学武的原因是什么。这一看似简单的问题,却贯穿于研究的始终,也嵌入了自 2010 年至今十余年的求索过程。我把"谁选择学武"这个问题与人类学、社会学、文化研究等学科领域的议题相结合,试图从生活的琐碎细微处找寻可以称为"答案"的蛛丝马迹和可能性。

对于"功夫之乡"登封来说,"功夫热"与武校聚集既是地方传统的当代演进,也是资本的文化包装。自少林寺建成以来,山、城、寺三者便紧密融合为一体,也许有人不知道作为"城"的登封,但无人不晓作为禅武文化中心的少室山与少林寺。在城市化进程中,少林成为地方发展的主题与方法。一方面,少林因影视、小说等流行文化的传播、发酵为登封获得了知名度;另一方面,招商引资的结果之一是把地方发展、商业链条、习武学生等绑定成一体,为地方经济的发展做出贡献。这就如同孔子、孟子、舜等古代历史文化名人被各地包装成旅游景点的"卖点"和符号一样[1],中国功夫也在"功夫之乡,禅宗祖庭"的话语中获得了资本的青睐,并重构了登封人对世界的想象。有研究者研究了"文化"是如何成为我国西北一个村庄发掘和营销旅游业务的地方资源的,她指出"祥和""安宁"与农村的意象相结合,共同打造了有关逃离城市喧嚣生活的想象[2]。类似的,登封将属于职业教育的武术教育整合进文化旅游之中,不仅打造出了登封的特色"名片",还为当地带来了可观的收入。

武校在我国的教育体系内处于非主流地位。这种主流学校教育补充、从属的地位使得武校一方面强调文武兼修,以满足对主流教育、应试教育失望的家长们的想象和需求;另一方面强调习武的"治疗功能",以迎合近年

---

[1] McNeal, R., 2015: "Moral Transformation and Local Identity: Reviving the Culture of Shun at Temples and Monuments across China", *Modern China*, 41(4), 436-464; Yan, H., & Bramwell, B., 2008: "Cultural Tourism, Ceremony and the State in China", *Annals of Tourism Research*, 35(4), 969-989.

[2] Bruckermann, C., 2016: "Trading on Tradition: Tourism, Ritual, and Capitalism in a Chinese Village", *Modern China*, 42(2), 188-224.

"网瘾"、肥胖、社交障碍、女性化等所谓"青少年问题"。本研究的研究发现也回应了这两个方面。对于长期在登封学武的"全职学生"来说,他们学武的动机虽各有不同,但大部分人都可以称为主流教育中的差生、问题学生,甚至是被淘汰者。无论是否自愿,他们阴差阳错地来到登封,开始在一个"差生"聚集的地方重构"好学生"与"坏学生"的边界与阶序,并在这个漫长的重构过程中,不断习得自我的技术、与未来共处的能力。对于短期项目的参与者而言,他们或因"病"而来,家长希望通过在深山里的身心"改造"可以让这些"问题少年"重获新生;或为"寻根"而来,希望能在名山、古刹之间浸润中华传统、武学文化;又或者仅仅是为了"锻炼"而来,为了更好地应对成年后的人生而付费提前演练"察言观色""礼上往来"。

对于家长们来说,送孩子到寄宿制武校学武的原因也是复杂多样的。有的家长自己便是功夫迷、少林功夫的练习者,他们希望下一代能够成就功夫梦,成为职业武者;有的家长则只是想为孩子找一个可以"寄存"的地方,付了学费便不需要自己再管,这样的家长也许是因为工作、生意繁忙,无暇顾及孩子,也可能是因为自己再婚、有了非婚家庭等更为复杂的原因,而只想让孩子不再成为自己的拖累;也有家长是为了让孩子的"问题"得到矫正和治疗;还有家长并没有太多自己的想法,把孩子送到武校仅仅是因为有熟人的孩子在登封学武,能彼此有个照应。尽管已有大量文献在讨论中国年轻一代的个体主义、个体化问题,并认为随着独生子女政策的广泛实行,父权观念笼罩下的家庭内部关系、性别分工、代际关系也随之变化,最明显的可能是城市里独生女的地位变化。但是,从习武少年们的案例中也可以发现,仍有大量的家庭,尤其是父母学历低的打工家庭,即便经济条件有明显改善,其固有的"传统观念"却并没有那么容易变化。这也从另一个侧面反映了为什么家长送孩子学武,"寄存"在武校有时也并不完全是为了孩子考虑,或者,还有父权观念隐藏在这一决定背后,区别仅仅是这些父母和他们的孩子是否知道。

二、幻象的再生产

在武校,身体成为新的资本。无论是习练武艺,还是参与劳动,都与身体的"素质"、呈现、理解、消费有紧密关系。这种身体文化成为一个多方共谋的竞争空间,这些青少年在其中学习、尝试不同的身体呈现方法,建构自己对基于身体资本的象征阶序的认同,并积极参与这个符号意义体系的再生产。不仅如此,身体资本与习武身份在武校内外形成了一个特殊的资本转换、兑现的链条,不仅可以转换成能吃苦、够自律的道德文化资本,还可以在校友、师门成员内部"兑现"为社会资本。

武校是一个性别比例严重失衡,甚至是单一性别的环境,尚武、崇尚暴力解决问题等价值观渗透在日常生活之中,男性气质与女性气质的阶序关系、如何建构和实践都受到这种文化的影响。不仅如此,每天高强度的身体训练、大概率被体罚的风险、烟酒符号的消费、有关江湖的想象等都成为这些习武少年建构和探索自我的方法。

无论以何种动机学武,离开武校都面临职业选择以及对自己社会地位的重新认知。至少有一部分学生仍在功夫梦、明星梦中摇摆或憧憬,另一些学生则更加现实,选择也更符合自身的实际情况,或者说更有主见。不管选择哪个职业,很多学生考虑的出发点都是与父母、亲戚的比较。父母是农民工,则子代便尽可能地远离这个行业,即便该行业收入并不低。也有人因为比父辈的阶层更高,或者经过自身努力实现了从农村到城市的流动,而认为自己已经完成了一代人能做的阶层流动。这种与熟人比较的思路至少部分地补充了已有关于社会分层、阶层流动的研究。在这个意义上,阶层不再是经济收入的分层,也可能不再只是品位、惯习的区隔,而是建基于近社会距离比较之上的想象或幻象。也许,阶层意识也只是布迪厄意义上的幻象,不是幻象影响了个体的阶层意识,而是个体的阶层意识是幻象本身及其再生产过程的产物。正如布迪厄所说:

> 学校首先剥夺个人赋予自己的价值,然后再将他们作为合法成员用称号来神化他们,通过这种方式,学校再重建个人先前被剥夺的价值。学校使得个人的价值只有依赖于学校才能够存在,在此基础上,学校迫使个人无条件地归依于学校。于是,学校便进一步确立了自己在价值授予领域中的垄断地位。[1]

学校通过掌控有关价值的话语权,即什么是好与坏、值得与不值得、成功与失败等等,使学生、家长,甚至武校的工作人员都不同程度地卷入这种幻象的生产过程之中。至于在武校学到了什么,显然已经不再重要。重要的是"在武校"与"学的过程",换言之,"在那里"本身即是"学习",因为"在武校"被赋予了"苦行"的道德感。在这个意义上,习武这一"苦行训练"的"合

---

[1] 〔法〕皮埃尔·布迪厄:《国家精英:名牌大学与群体精神》,杨亚平译,北京:商务印书馆,2004年,第187页。

理性就在于自身完成的过程中;也可以说,苦行训练充其量只能从人们对于某些规则的绝对服从中得到满足"①。不仅如此,苦行训练还可以建构起有关"训练"的严肃性与排他性,将所谓的"外行"排除在外②,进而构筑起集体性的幻想(collective fantasy)或称幻象(illusio),并在这种集体想象中获得"自我的狂欢"(exaltation of the ego)③。

　　幻象的生产与再生产依赖于以"学校"形态存在的全控机构,即一个共同居住、工作的地方,其中有经历相近的人,并以某种方式暂时切断了与更广阔社会的联系,从而重新建构了个体的价值意义认知。如果武术学校是戈夫曼意义上的"全控机构",那么,这种集体生活、与社会的暂时断裂可能便是很多家长热衷花重金购买的"价值"。这些家长认为,"全控"是一种疗法,能够给已经被主流教育淘汰的孩子第二次机会,甚至可以把这些"问题青少年"重新培养成对社会有用的人,进而无论是对个体的未来生活,还是对社会、国家都是有益无害的。

三、"等待"的价值

　　有关"等待"的讨论从两个民族志研究开始。

　　第一个例子是有关印度失业大学生的研究。④ 通过在印度西北部所做的长期田野调查,作者考察了来自印度中产家庭的失业大学生如何在"等待"中确认、重构、想象自己的阶层位置,并赋予"等待"以意义。这本民族志重点讨论了两种形式的"等待":一种是作者称为"时间流逝"(timepass)的"等待",这种方式并非完全没有目的性,而是在"时间流逝"之中这些印度青年寻求习得技术的机会、尝试新的文化形式、有目的的流动等等;另一种是策略性"等待",即中产家庭或富裕的农民家庭将对子代的教育视为"投资",并将这种"投资"延伸至子代毕业后的"等待"。

---

① 〔法〕皮埃尔·布迪厄:《国家精英:名牌大学与群体精神》,杨亚平译,北京:商务印书馆,2004年,第191页。
② Bourdieu, P., 2000: *Pascalian Meditations*. Stanford: Stanford University Press, p. 11.
③ Bourdieu, P., 2008: *Sketch for a Self-Analysis*. Chicago: University of Chicago Press, p. 7.
④ Jeffrey, C., 2010: *Timepass: Youth, Class, and the Politics of Waiting in India*. Stanford: Stanford University Press.

第二个例子是有关南京两所职业学校的研究。① 作者用"消磨时间"(doing time)来描述职校学生的在校状态,并认为,这种貌似没有生产性的"消磨时间"实际上是快速变化的中国社会中的一种劳动形态(form of labor)。在当下中国社会,"教育"被普遍认为是一种对自我的投资。对于职业学校的学生而言,职业教育的学历可能并不代表知识或技能的提升,但却一定程度上证明了一个学生的韧劲(endurance)。在这样的逻辑里,尽管职校学生每天在课堂上睡觉、打发时间,并没有"学习知识",但这并不意味着他们没有付出"劳动"。相反,这些学生毕业后便在服务行业不断辗转,而职校的"无聊"恰好让这些学生习得了抵抗生活不确定性的耐心、面对无意义任务的冷漠,以及对权力上位者的服从或"阳奉阴违"。

如上述研究所示,"等待"并非一定是非生产性的、被动的,"等待"也可能是策略性的、具有价值取向的自我技术。福柯认为,自我的技术(technologies of the self)是"个体通过对其身体、灵魂、思想、行为、存在方式的操作,以便转变自我,进而获得特定的幸福、纯粹、智慧、完美与不朽"②。福柯实际强调了三点:一是身心实践;二是转变自我;三是获得特定的价值。武校学生的"等待"亦映射了这三个紧密相关的层面,并重新生产了成年之前的时间。

"等待"生产了武校少年们成年过程的阈限性(liminality)。这些少年自成为武校学生开始,无论喜欢与否,每天都要经受高强度的身体训练、重构价值的话语实践。"习武之人"成为新的身份标签,也就意味着要经历苦行的道德仪式,在"尚武"与"尊武"的文化逻辑中成为有用的人、有价值的个体。在这个意义上,"等待"是成年的方法,是将习武的暂时性负载了过渡仪式的意义。只不过,特纳意义上的过渡仪式通往的是某种确定的身份与责任,而这些习武少年所要面对的却是"习武之人"的身份与就业市场不确定性之间的张力。

"等待"也生产了价值的阶序。在等待者看来,至少是"值得的"才会"等",否则可能就不会"等待"下去。老马与他妈妈的分歧很好地说明了有关"等待"的价值判断:老马妈妈认为"再等一年"的时间投入可以获得学历证书的收益,这是"值得的",但老马认为中专学历对于找工作也没有"用",因而一年的时间成本过高,"等一年"是"不值得的"。除了经济学逻辑的价

---

① Woronov, T., 2012: "Doing Time: Mimetic Labor and Human Capital Accumulation in Chinese Vocational Schools", *South Atlantic Quarterly*, 111(4), 701-719; Woronov, T., 2015: *Class Work: Vocational Schools and China's Urban Youth*. Stanford: Stanford University Press.

② Foucault, M., 1988: "Technologies of the Self", In L. H. Martin (ed.), *Technologies of the Self: A Seminar with Michel Foucault*. Amherst: University of Massachusetts Press, p. 18.

值判断,"等待"的价值更多地被赋予了道德交换的意义。例如,为了弟弟在武校里陪读的姐姐;为了男友"私奔"至武校,每天等待相聚的女生;为了成为高级保安,在武校吃苦历练、等待时机的大刘;等等。这些故事无一不与"等待"相关,却又各有所等,期待不同。也许,被这些习武少年及他们的家长忽略的问题是:他们期待的"美好未来"仅仅是概率意义上的可能性。但是,正是这种统计学意义上的成败概率助推了焦虑与欲望的持续生产。

　　行文至此,这个有关"追寻"的民族志也"等待"收尾了。在武校的一年多时间里,我又何尝不是在日夜"等待"中遇见这些少年们的"等待",共情于他们坚信"明天会更好"的愿望、希望与渴望,见证他们有关"等待"的论辩、踌躇与坚定。然而,很多时候生活的黑色幽默却是,人们耗尽心力打拼的"未来"不过是一个又一个人生的"城堡"。每个人都活在自己亲手建造的欲望"城堡"里,并终将在"可望"与"不可及"之间进退取舍、疯魔老去,空余一个"值"或"不值"的灵魂拷问。

参考文献

中文文献

〔法〕菲力浦·阿利埃斯:《儿童的世纪:旧制度下的儿童和家庭生活》,沈坚、朱晓罕译,北京:北京大学出版社,2013年。

〔美〕马修·波利:《少林很忙》,陈元飞译,上海:上海译文出版社,2014年。

〔法〕皮埃尔·布迪厄:《国家精英:名牌大学与群体精神》,杨亚平译,北京:商务印书馆,2004年。

〔加〕迈克尔·布雷克:《青年文化比较:青年文化社会学及美国、英国和加拿大的青年亚文化》,孟登迎、宓瑞新译,北京:中国青年出版社,2017年。

〔美〕劳伦斯·格罗斯伯格:《文化研究的未来》,庄鹏涛、王林生、刘林德译,北京:中国人民大学出版社,2017年。

〔美〕欧文·戈夫曼:《污名:受损身份管理札记》,宋立宏译,北京:商务印书馆,2014年。

〔法〕阿诺尔德·范热内普:《过渡礼仪》,张举文译,北京:商务印书馆,2010年。

〔法〕约翰·费斯克等:《关键概念:传播与文化研究辞典》,李彬译,北京:新华出版社,2004年。

〔英〕迪克·赫伯迪格:《亚文化:风格的意义》,陆道夫、胡疆锋译,北京:北京大学出版社,2009年。

〔英〕斯图尔特·霍尔:《表征:文化表征与意指实践》,徐亮、陆兴华译,北京:商务印书馆,2013年。

〔美〕乔治·E.马尔库斯、米开尔·M.J.费彻尔:《作为文化批评的人类学:一个人文学科的实验时代》,王铭铭、蓝达居译,北京:生活·读书·新知三联书店,1998年。

〔德〕马克思:《资本论(第1卷)》,北京:人民出版社,2004年。

〔英〕格雷厄姆·默多克、罗宾·迈克农,《阶级意识与世代意识》,引自斯图亚特·霍尔、托尼·杰斐逊编,《通过仪式抵抗:战后英国的青年亚文化》,孟登迎、胡疆锋、王蕙译,北京:中国青年出版社,2015年,第323—342页。

〔美〕维克多·特纳:《仪式过程:结构与反结构》,黄剑波、柳博赟译,北京:中国人民大学出版社,2006版。

〔英〕保罗·威利斯:《学做工:工人阶级子弟为何继承父业》,秘舒、凌旻华译,南京:译林出版社,2013年。

〔美〕维维安娜·泽利泽:《给无价的孩子定价:变迁中的儿童社会价值》,王水雄译,上海:华东师范大学出版社,2017年。

蔡宝忠:《武术与文化:中国武术文化基因的构成》,太原:山西科学技术出版社,2015年。

董轩:《多理解青年问题 少生产"问题青年"》,《社会科学报》,2017年5月25日第8版。

董轩:《新教师的职业选择与阶层意识》,《教育发展研究》,2021年第20期,第22—30页。

董轩:《重构常识:教育民族志的方法与文本》,上海:华东师范大学出版社,2021年。

董轩、程亮:《青春期的社会建构:常识重审与教育可能》,《教育研究》,2022年第9期,第66—75页。

董轩、何梦蕊:《感同身受:教育民族志方法的情感向度》,《教育学报》,2020年第1期,第27—33页。

杜月:《芝加哥舞女、中国洗衣工与北平囚犯:都市中的陌生人》,《社会》,2020年第4期,第1—25页。

费孝通:《乡土中国》,北京:人民出版社,2008年。

河南省嵩山风景名胜区管理委员会:《嵩山志》,郑州:河南人民出版社,2007年。

何平平、张爱学、常红:《杜撰的"较量"——所谓日本孩子打败中国孩子的神话》,《北京青年报》,1994年3月5日第1版。

何潇:《"苦":上海打工者的社会记忆和日常体验》,《北方民族大学学报(哲学社会科学版)》,2014年第4期,第34—38页。

何雨:《社会学芝加哥学派:一个知识共同体的学科贡献》,北京:社会科学文献出版社,2016年。

姜福东:《法官如何对待民间规范?——"顶盆过继案"的法理解读》,《甘肃政法学院学报》,2007年第4期,第41—46页。

金玉柱、郭恒涛:《中国武术"道·术"关系的身体哲学考释》,《武汉体育学院学报》,2019年第9期,第61—66页。

金玉柱、王岗、张再林:《中国武术:一种身体的文化修行——基于身体哲学的视角》,《北京体育大学学报》,2017年第4期,第127—132页。

景军:《喂养中国小皇帝:儿童、食品与社会变迁》,钱霖亮、李胜译,上海:华东师范大学出版社,2017年。

李春玲:《青年群体中的新型城乡分割及其社会影响》,《北京工业大学学报(社会科学版)》,2017年第2期,第1—7页。

李春玲:《改革开放的孩子们:中国新生代与中国发展新时代》,《社会学研究》,2019年第3期,第1—24页。

李森、杜尚荣:《清末民初时期基础教育改革的基本经验与现代启示》,《西南大学学报(社会科学版)》,2013年第2期,第57—64页。

李仲轩、徐皓峰:《逝去的武林》,北京:人民文学出版社,2014年。

林晓珊:《城市青年职业女性香烟消费的情境与实践》,《青年研究》,2009年第5期,第47—59页。

林晓珊:《"香烟"弥漫的青春:作为一种"过渡期仪式"的青少年香烟消费》,《青年研究》,2010年第3期,第46—57页。

刘连祥:《少林宗师:中国当代十大武术名师梁以全》,郑州:河南人民出版社,2004年。

刘绍华:《我的凉山兄弟:毒品、艾滋与流动青年》,北京:中央编译出版社,2015年。

刘显泽:《我们该如何面对挑战——〈夏令营中的较量〉给我们的启示》,《北京教育》,1994年第4期,第20—21页。

彭诚信、陈吉栋:《论〈民法总则〉第10条中的习惯——以"顶盆过继案"切入》,《华东政法大学学报》,2017年第5期,第51—62页。

秦明华、陆文奕:《未成年人重新犯罪的实证分析及对策研究——以上海市未成年犯管教所在押少年犯为研究样本》,《青少年犯罪问题》,2011年第3期,第30—36页。

搜狐新闻:《香港大学发生宿舍欺凌事件 校方处罚23人》,2017年4月9日,来源:https://m.sohu.com/a/132846215_119038。

孙隆基:《中国文化的深层结构》,桂林:广西师范大学出版社,2004年。

孙艳艳:《"女汉子"的符号意义解析——当代青年女性的角色认同与社会基础》,《中国青年研究》,2014年第7期,第11—15页。

孙云晓:《并非杜撰,也并非神话——〈夏令营中的较量〉作者证言》,《中国教育报》,1994年3月16日。

孙云晓:《25年后再说〈夏令营中的较量〉》,《中国政协》,2018年第12期,第66—68页。

肖索未:《欲望与尊严:转型期中国的阶层、性别与亲密关系》,北京:社会科学文献出版社,2018年。

王斌:《快速城镇化背景下的差序制造与污名构建——再议"杀马特"群体》,《中国青年研究》,2015年第1期,第60—64页。

王笛:《袍哥:1940年代川西乡村的暴力与秩序》,北京:北京大学出版社,2018年。

王晴锋:《欧文·戈夫曼与情境互动论》,北京:社会科学文献出版社,2019年。

王跃生:《清代立嗣过继制度考察——以法律、宗族规则和惯习为中心》,《清史研究》,2016年第2期,第57—74页。

吴晓东:《从卡夫卡到昆德拉:20世纪的小说和小说家》,北京:生活·读书·新知三联书店,2017年。

阎云翔:《礼物的流动:一个中国村庄中的互惠原则与社会网络》,上海:上海人民出版社,2000年。

杨可:《母职的经纪人化:教育市场化背景下的母职变迁》,《妇女研究论丛》,2018年第2期,第79—90页。

翟学伟:《报的运作方位》,《社会学研究》,2007年第1期,第83—98页。

张鹏:《城市里的陌生人:中国流动人口的空间、权力与社会网络的重构》,南京:江苏人民出版社,2014年。

张再林:《身体哲学视域下的中华武术与中华之道的合一》,《北京体育大学学报》,2019年第7期,第9—16页。

张祝平:《论〈禅宗少林·音乐大典〉的运作模式及其对民族传统体育文化复兴的传播》,《北京体育大学学报》,2010年第10期,第21—24页。

赵京生:《孔子和李白武功不错为何后世文而不武》,《群文天地》,2011年第7期,第48—49页。

中国青年报:《"电击"戒网瘾当事人:说句"我累了"都会被电击》,2016年8月24日,来源:http://www.sohu.com/a/111775655_123753。

中研网:《中国避孕套行业发展前景预测 2023消费群体年轻化为行业主要发展趋势》,2023年4月25日,来源:https://www.chinairn.com/news/20230425/150027256.shtml。

周晓虹:《文化反哺:变迁社会中的亲子传承》,《社会学研究》,2000年第2期,第51—66页。

英文文献

Abbott, A., 1997: "Of Time and Space: The Contemporary Relevance of the Chicago School", *Social Forces*, 75(4), 1149-1182.

Anagnost, A., 2004: "The Corporeal Politics of Quality (*suzhi*)", *Public Culture*, 16(2), 189-208.

Appadurai, A. (ed.), 1986: *The Social Life of Things: Commodities in Cultural Perspective*. Cambridge: Cambridge University Press.

Appadurai, A., 1981: "The Past as A Scarce Resource", *Man*, 16(2), 201-219.

Bakken, B., 2000: *The Exemplary Society: Human Improvement, Social Control, and the Dangers of Modernity in China*. Oxford: Oxford University Press.

Becker, H. S., 2003: "The Politics of Presentation: Goffman and Total Institutions", *Symbolic Interaction*, 26(4), 659-669.

Boretz, A., 2011: *Gods, Ghosts, and Gangsters: Ritual Violence, Martial Arts, and Masculinity on the Margins of Chinese Society*. Honolulu: University of Hawai'i Press.

Bourdieu, P., 1983: "Erving Goffman, Discoverer of the Infinitely Small", *Theory, Culture & Society*, 2(1), 112-113.

Bourdieu, P., 1986: "The Forms of Capital", In J. E. Richardson (ed.), *Handbook of Theory of Research for the Sociology of Education*. New York: Greenwood Press, pp. 241-258.

Bourdieu, P., 2000: *Pascalian Meditations*. Stanford: Stanford University Press.

Bourdieu, P., 2001: *Masculine Domination*. Stanford: Stanford University Press.

Bourdieu, P., 2008: *Sketch for a Self-Analysis*. Chicago: University of Chicago Press.

Bourgois, P., 2009: "Recognizing Invisible Violence: A Thirty-Year Ethnographic Retrospective". In B. Rylko-Bauer, L. Whiteford, & P. Farmer (eds.), *Global Health in Times of Violence*. Santa Fe, NM: School of Advanced Research Press, pp. 18-40.

Bourdieu, P., & Wacquant, L., 1992: *An Invitation of Reflexive Sociology*. Chicago: The University of Chicago Press.

Brownell, S., 1995: *Training the Body for China: Sports in the Moral Order of the People's Republic*. Chicago: University of Chicago Press.

Bruckermann, C., 2016: "Trading on Tradition: Tourism, Ritual, and Capitalism in a Chinese Village", *Modern China*, 42(2), 188-224.

Bucholtz, M., 2002: "Youth and Cultural Practice", *Annual Review of Anthropology*, 31, 525-552.

Bucholtz, M., 2011: *White Kids: Language, Race, and Styles of Youth Identity*. Cambridge: Cambridge University Press.

Butler, J. 2004: *Undoing Gender*. New York: Routledge.

Cash, H., Rae, C., Steel, A., & Winkler, A., 2012: "Internet Addiction: A Brief Summary of Research and Practice", *Current Psychiatry Reviews*, 8, 292-298.

Chau, A., 2006: "Drinking Games, Karaoke Songs, and 'Yangge' Dances: Youth Cultural Production in Rural China", *Ethnology*, 45(2), 161-172.

Chau, A., 2006: *Miraculous Response: Doing Popular Religion in Contemporary China*. Stanford: Stanford University Press.

Chong, D. 2000: *Rational Lives: Norms and Values in Politics and Society*. Chicago: The University of Chicago Press.

Cohen, E. B., 2006: "Kime and the Moving Body: Somatic Codes in Japanese Martial Arts", *Body & Society*, 12(4), 73-93.

Cohen, E. B., 2009: "Kibadachi in Karate: Pain and Crossing Boundaries within the 'Lived Body' and within Sociality", *Journal of the Royal Anthropological Institute*, 15, 610-629.

Craft, J. T., Wright, K. E., Weissler, R. W., & Queen, R. M., 2020: "Language and Discrimination: Generating Meaning, Perceiving Identities, and Discriminating Outcomes", *Annual Review of Linguistics*, 6, 389-407.

Davies, C., 1989: "Goffman's concept of the total institution: Criticisms and revisions", *Human Studies*, 12(1/2), 77-95.

de Kloet, J., 2010: *China with a Cut: Globalisation, Urban Youth and*

Popular Music. Amsterdam: Amsterdam University Press.

Deleuze, G., & Guattari, F., 1983: *Anti-Oedipus: Caitalism and Schizophrenia*. Minneapolis: University of Minnesota Press.

Deutsch, F. M., 2006: "Filial Piety, Patrilineality, and China's One-Child Policy", *Journal of Family Issues*, 27(3), 366-389.

Dong, X., 2016: "Being Tough and Belonging: Technologies of Masculinity among Martial Arts Students in China", *The Asia & Pacific Journal of Anthropology*, 17(1), 34-49.

Dong, X., 2018: "Capital in Transition: A Case Study of Migrant Children in China's Martial Arts Schools", *Asian Journal of Social Science*, 46(6), 706-724.

Dong, X., & Zhang, X., 2019: "Capitalising on Silver Tongues: A Case Study of Self-Advancement and Parenting Practice in Northeast China", *Asian Journal of Social Science*, 47(6), 661-676.

Douglas, M., & Isherwood, B., 1996: *The Worlds of Goods: Towards an Anthropology of Consumption*. London & New York: Routledge.

Drakakis-Smith, D., 1995: "Third World Cities: Sustainable Urban Development 1", *Urban Studies*, 32(4-5), 659-677.

Earl, L., Hargreaves, A., & Ryan, J., 1996: *Schooling for Change: Reinventing Education for Early Adolescents*. London: The Falmer Press.

Ezzell, M., 2009: "'Barbie Dolls' on the Pitch: Identity Work, Defensive Othering, and Inequality in Women's Rugby", *Social Problems*, 56(1), 111-131.

Farrer, D. S., & John. Whalen-Bridge, (eds.), 2011: *Martial Arts as Embodied Knowledge: Asian Traditions in a Transnational World*. New York: State University of New York Press.

Fincher, L. H., 2014: *Leftover Women: The Resurgence of Gender Inequality in China*. London and New Yok: Zed Press.

Fong, V., 2002: "China's One-Child Policy and The Empowerment of Urban Daughters", *American Anthropologist*, 104(4), 1098-1109.

Fordham, S., 1996: *Blacked Out: Dilemmas of Race, Identity, and Success in Capital High*. Chicago: University of Chicago Press.

Foucault, M., 1988: "Technologies of the Self", In L. H. Martin (ed.),

Technologies of the Self: A Seminar with Michel Foucault. Amherst: University of Massachusetts Press, p. 18.

Frangville, V., & Gaffric, G. (eds.), 2020: *China's Youth Cultures and Collective Spaces: Creativity, Sociality, Identity and Resistance*. London: Routledge.

Garot, R., 2010: *Who You Claim: Performing Gang Identity in School and on the Streets*. New York: New York University Press.

Goffman, E., 1961: *Asylums: Essays on the Social Situation of Mental Patients and Other Inmates*. Chicago: Aldine.

Golub, A., & Lingley, K., 2008: "'Just Like the Qing Empire': Internet Addiction, MMOGs, and Moral Crisis in Contemporary China", *Games and Culture*, 3(1), 59-75.

Graeber, D., 2001: *Toward an Anthropological Theory of Value: The False Coin of Our Own Dreams*. New York: Palgrave.

Greiner, C., & Sakdapolrak, P., 2013: "Translocality: Concepts, Applications and Emerging Research Perspectives", *Geography Compass*, 7(5), 373-384.

Hall, G., 1908: *Adolescence*. New York: Appleton.

Hasen, M. H., 2015: *Educating the Chinese Indifidual: Life in a Rural Boarding School*. Seattle: University of Washington Press.

Hill, R. C., & Kim, J. W., 2000: "Global Cities and Developmental States: New York, Tokyo and Seoul", *Urban Studies*, 37(12), 2167-2195.

Hizi, G., 2021: "Against Three 'Cultural' Characters Speaks Self-Improvement: Social Critique and Desires for 'Modernity' in Pedagogies of Soft Skills in Contemporary China". *Anthropology & Education Quarterly*, 52(3), 237-253.

Hizi, G., 2021: "Becoming Role Models: Pedagogies of Soft Skills and Affordances of Person-Making in Contemporary China", *Ethos*, 49(2), 135-151.

Holdsworth, C., 2022: "The Paradoxical Habits of Busyness and the Complexity of Intimate Time-Space", *Social & Cultural Geography*, 23(4), 485-501.

Howard, A., & EnglandKennedy, E., 2006: "Breaking the Silence:

Power, Conflict, and Contested Frames within an Affluent High School", *Anthropology & Education Quarterly*, 37(4), 347-365.

Irwin, S., & Elley, S., 2013: "Parents' Hopes and Expectations for Their Children's Future Occupations", *Sociological Review*, 61(1), 111-130.

Jacka, T., 2018: "Translocal Family Reproduction and Agrarian Change in China: A New Analytical Framework", *The Journal of Peasant Studies*, 45(7), 1341-1359.

Jeffrey, C., 2010: *Timepass: Youth, Class, and the Politics of Waiting in India*. Stanford: Stanford University Press.

Johnson, J., 2011: "Through the Liminal: A Comparative Analysis of Communitas and Rites of Passage in Sport Hazing and Initiations", *The Canadian Journal of Sociology*, 36(3), 199-227.

Jones, A., 2011: *Developmental Fairy Tales: Evolutionary Thinking and Modern Chinese Culture*. Cambridge & London: Harvard University Press.

Kim, J., 2013: *Chinese Labor in a Korean Factory: Class, Ethnicity, and Productivity on the Shop Floor in Globalizing China*. Stanford: Stanford University Press.

Kipnis, A., 1997: *Producing Guanxi: Sentiment, Self, and Subculture in a North China Village*. Durham & London: Duke University Press.

Kipnis, A., 2006: "*Suzhi*: A Keyword Approach", *The China Quarterly*, 186(2), 295-313.

Kipnis, A., 2011: *Governing Educational Desire: Culture, Politics, and Schooling in China*. Chicago: The University of Chicago Press.

Kipnis, A., 2016: *From Village to City: Social Transformation in a Chinese County Seat*. Berkeley: University of California Press.

Kohrman, M., 1999: "Grooming 'Que Zi': Marriage Exclusion and Identity Formation among Disabled Men in Contemporary China", *American Ethnologist*, 26(4), 890-909.

Lave, J., Duguid, P., Fernandez, N., & Axel, E., 1992: "Coming of Age in Birmignham: Cultural Studies and Conceptions of Subjectivity", *Annual Review of Anthropology*, 21, 257-282.

Law, P.-L., & Peng, Y., 2006: "The Use of Mobile Phones among Migrant Workers in Southern China", In P.-L. Law, L. Fortunati, & S. Yang (eds.), *New Technologies in Global Societies*. Singapore: World Scientific, pp. 245-258.

Li, G., 2019: *Fate Calculation Experts: Diviners Seeking Legitimation in Contemporary China*. Oxford: Berghahn Books.

Liu, F., 2009: "It is Not Merely about Life on the Screen: Urban Chinese Youth and the Internet Café", *Journal of Youth Studies*, 12(2), 167-184.

Liu, F., 2011: *Urban Youth in China: Modernity, the Internet and the Self*. New York and London: Routledge.

Liu, P., 2011: *Stateless Subjects: Chinese Martial Arts Literature and Postcolonial History*. Ithaca: Cornell University East Asia Program.

Lorge, P. A., 2011: *Chinese Martial Arts: From Antiquity to the Twenty-first Century*. Cambridge: Cambridge University Press.

Lu, H., 2005: *Street Criers: A Cultural History of Chinese Beggars*. Stanford: Stanford University Press.

Manjikian, M., 2012: *Threat Talk: The Comparative Politics of Internet Addiction*. Farnham: Ashgate.

Markus, H., & Nurius, P., 1986: "Possible Selves", *American Psychologist*, 41(9), 954-969.

Martin, B., 1996: *The Shanghai Green Gang: Politics and Organized Crime, 1919-1937*. Berkeley: University of California Press.

McDermott, R., & Raley, J., 2011: "The Ethnography of Schooling Writ Large, 1955-2010", In B. Levinson & M. Pollock (eds.), *A Companion to the Anthropology of Education*. Hoboken: Wiley-Blackwell, pp. 34-49.

McNeal, R., 2015: "Moral Transformation and Local Identity: Reviving the Culture of Shun at Temples and Monuments across China", *Modern China*, 41(4), 436-464.

McVeigh, B., 2000: *Wearing Ideology: State, Schooling and Self-Presentation in Japan*. Oxford & New York: Berg.

Miller, A., 2013: *Discourses of Discipline: An Anthropology of Corporal Punishment in Japan's Schools and Sports*. Berkeley:

Institute of East Asian Studies, University of California.

Miller, A., 2015: "Foucauldian Theory and the Making of the Japanese Sporting Body", *Contemporary Japan*, 27(1), 13-31.

Milner Jr, M., 2004: *Freaks, Geeks, and Cool Kids: American Teenagers, Schools, and the Culture of Consumption*. New York: Routledge.

Moore, R., 2005: "Generation *Ku*: Individualism and China's Millennial Youth", *Ethnology*, 44(4), 357-376.

Moskowitz, M. L., 2013: *Go Nation: Chinese Masculinities and the Game of Weiqi in China*. Berkeley: University of California Press.

Moskowitz, M., 2010: *Cries of Joy, Songs of Sorrow: Chinese Pop Music and Its Cultural Connotations*. Honolulu: University of Hawai'i Press.

Mouzelis, N. P., 1971: "On Total Institutions", *Sociology*, 5(1), 113-120.

Mummert, G., 2009: "Siblings by Telephone: Experiences of Mexican Children in Long-Distance Childrearing Arrangements", *Journal of the Southwest*, 51(4), 503-521.

Munn, N. D., 1986: *The Fame of Gawa: A Symbolic Study of Value Transformation in a Massim (Papua New Guinea) Society*. Durham: Duke University Press.

Murphy, R., 2014: "Study and School in the Lives of Children in Migrant Families: A View from Rural Jiangxi, China", *Development and Change*, 45(1), 29-51.

Nyiri, P., 2007: *Scenic Spots: Chinese Tourism, The State, and Cultural Authority*. Washington: University of Washington Press.

Oakes, T., 2006: "The Village as Theme Park: Mimesis and Authenticity in Chinese Tourism", In T. Oakes & L. Schein (eds.), *Translocal China: Linkages, Identities, and the Reimagining of Space*. London & New York: Routledge, pp. 166-192.

Oakes, T., & Schein, L. (eds.), 2006: *Translocal China: Linkages, Identities, and the Reimagining of Space*. London: Routledge.

Ortner, S. B., 1998: "Generation X: Anthropology in a Media-Saturated World", *Cultural Anthropology*, 13(3), 414-440.

Paris, L. 2008: *Children's Nature: The Rise of the American Summer Camp*. New York: New York University Press.

Parsons, T., 1942: "Age and Sex in the Social Structure of the United States", *American Sociological Review*, 7, 604-616.

Perry, N., 1974: "The Two Cultures and the Total Institution", *The British Journal of Sociology*, 25(3), 345-355.

Pershing, J., 2006: "Men and Women's Experiences with Hazing in a Male-Dominated Elite Military Institution", *Men and Masculinities*, 8(4), 470-492.

Pine, F., 2014: "Migration as Hope: Space, Time, and Imagining the Future", *Current Anthropology*, 55(S9), S95-S104.

Pun, N., 2005: *Made in China: Women Factory Workers in a Global Workplace*. Durham: Duke University Press.

Qian, L., 2018: "The 'Inferior' Talk Back: Suzhi (Human Quality), Social Mobility, and E-Commerce Economy in China", *Journal of Contemporary China*, 27(114), 887-901.

Raymen, T., 2019: *Parkour, Deviance and Leisure in the Late-Capitalist City: An Ethnography*. London: Emerald Publishing.

Reitz, K. J., 2007: "Espresso: A Shot of Masculinity", *Food, Culture and Society*, 10(1), 7-21.

Richard, M., 1986: "Goffman Revisited: Relatives VS. Administrators in Nursing Homes", *Qualitative Sociology*, 9(4), 321-338.

Robbins, A., 2019: *Fraternity: An Inside Look at a Year of College Boys Becoming Men*. New York: Dutton.

Schein, L., 1999: "Performing Modernity", *Cultural Anthropology*, 14(3), 361-395.

Scott, S., 2010: "Revisiting the Total Institution: Performative Regulation in the Reinventive Institution", *Sociology*, 44(2), 213-231.

Scott, S., 2011: *Total Institutions and Reinvented Identities*. London: Palgrave Macmillan.

Shahar, Meir, 2008: *The Shaolin Monastery: History, Religion, and the Chinese Martial Arts*. Honolulu: University of Hawai'i Press.

Shen, Y., 2016: Filial Daughters? Agency and Subjectivity of Rural Migrant Women in Shanghai", *The China Quarterly*, 226(June), 519-537.

Sigley, G., 2009: "*Suzhi*, the Body, and the Fortunes of Technoscientific Reasoning in Contemporary China", *Positions: Asia Critique*, 17(3), 537-566.

Skelton, T., & Valentine, G. (eds.), 1998: *Cool Places: Geographies of Youth Cultures*. London: Routledge.

Smith, M., 2006: "'The Ego Ideal of the Good Camper' and the Nature of Summer Camp", *Environmental History*, 11(1), 70-101.

Stack, C., & Burton, L., 1994: "Kinscripts: Reflections on Family, Generation, and Culture", In E. N. Glenn, G. Chang, & L. Forcey (eds.), *Mothering: Ideology, Experience, and Agency*. London: Routledge, pp. 33-44.

Stafford, C., 1995: *The Roads of Chinese Childhood: Learning and Identification in Angang*. Cambridge: Cambridge University Press.

Strathern, M., 1988: *The Gender of the Gift: Problems with Women and Problems with Society in Melanesia*. Berkeley: University of California Press.

Su, X., & Teo, P., 2009: *The Politics of Heritage Tourism in China: A View from Lijiang*. London and New York: Routledge.

Sun, W., 2009: "*Suzhi* on the Move: Body, Place and Power", *Positions: Asia Critique*, 17(3), 617-642.

Sutton, D., 2010: "Food and the Senses", *Annual Review of Anthropology*, 39, 209-223.

Talani, L. S., Clarkson, A., & Pardo, R. P. (eds.), 2013: *Dirty Cities: Towards a Political Economy of the Underground in Global Cities*. New York: Palgrave Macmillan.

Teo, S., 2009: *Chinese Martial Arts Cinema: The Wuxia Tradition*. Edinburgh: Edinburgh University Press.

Thornton, S., 1995: *Club Cultures*. Cambridge: Polity Press.

Turner, V., 1982: *From Ritual to Theatre: The Human Seriousness of Play*. New York: PAJ Publications.

Veno, A., 2009: *The Brotherhoods: Inside the Outlaw Motorcycle Clubs*. Crows Nest, NSW: Allen & Unwin.

Wang, F.-L., 2005: *Organizing through Division and Exclusion: China's Hukou System*. Stanford: Stanford University Press.

Wang, J., 2005: "Youth Culture, Music, and Cell Phone Branding in China", *Global Media and Communication*, 1(2), 185-201.

Wang, J., 2008: *Brand New China: Advertising, Media, and Commercial Culture*. Cambridge, MA & London: Harvard University Press.

West, C. & Zimmerman, D. H. 1984: "Doing Gender", *Gender & Society*, 1(2), 125-151.

Wierzbicka, A., 1999: *Emotions across Languages and Cultures: Diversity and Universals*. Cambridge: Cambridge University Press.

Wilcox, E., 2018: *Revolutionary Bodies: Chinese Dance and the Socialist Legacy*. Berkeley: University of California Press.

Wilkins, A. C., 2008: *Wannabes, Goths, and Christians: The Boundaries of Sex, Style, and Status*. Chicago & London: The University of Chicago Press.

Woronov, T., 2012: "Class Consciousness, Service Work: Youth and Class in Nanjing Vocational Secondary Schools", *Journal of Contemporary China*, 21(77), 779-791.

Woronov, T., 2012: "Doing Time: Mimetic Labor and Human Capital Accumulation in Chinese Vocational Schools", *South Atlantic Quarterly*, 111(4), 701-719.

Woronov, T., 2015: *Class Work: Vocational Schools and China's Urban Youth*. Stanford: Stanford University Press.

Xiang, B., 2007: "How Far are the Left-behind Left Behind?: A Preliminary Study in Rural China", *Population, Space and Place*, 13, 179-191.

Xu, J., 2014: "Becoming a Moral Child amidst China's Moral Crisis: Preschool Discourses and Practices of Sharing in Shanghai", *Ethos*, 42(2), 222-242.

Xu, J., 2017: *The Good Child: Moral Development in a Chinese Preschool*. Stanford: Stanford University Press.

Yan, H., & Bramwell, B., 2008: "Cultural Tourism, Ceremony and the State in China", *Annals of Tourism Research*, 35(4), 969-989.

Yan, Y., 2010: "The Chinese Path to Individualization", *The British Journal of Sociology*, 61(3), 489-512.

Yan, Y., 2011: "The Individualization of the Family in Rural China", *Boundary 2: An International Journal of Literature and Culture*, 38(1), 203-229.

Yan, Y., 2016: "Intergenerational Intimacy and Descending Familism in Rural North China", *American Anthropologist*, 118(2), 244-257.

Yang, K., 2008: "A Preliminary Study on the Use of Mobile Phones amongst Migrant Workers in Beijing", *Knowledge, Technology, & Policy*, 21(2), 65-72.

Yano, C., 2013: *Pink Globalization: Hello Kitty's Trek across the Pacific*. Durham: Duke University Press.

Zhang, J., 2013: *Puer Tea: Ancient Caravans and Urban Chic*. Seattle: The University of Washington Press.

Zhang, L., 2002: *Strangers in the City: Reconfigurations of Space, Power, and Social Networks within China's Floating Population*. Stanford: Stanford University Press.

Zoettl, P. A., 2017: "Discipline, Educate and Punish: Law, Discourse and Praxis in a Portuguese Youth Detention Centre", *Social & Legal Studies*, 26(4), 490-510.

后　记

"如果我不是有目的地到这里来,而是意外地发现自己站在这个地方的话,"他蓦地寻思,"那真有点绝望的味道呢。"

——卡夫卡《城堡》

　　本书建基于我的博士论文,亦经历了毕业至今八年多的岁月风蚀。由于博士论文用英文写作,难以避免"文化翻译"和非母语写作的限制,感觉只是勉强写出民族志的"筋、骨、皮",难以打磨出人生悲喜的"精、气、神"。在原有民族志材料基础上重写本书不仅是为了"补气",也有意"凝神"。也许是人已中年的缘故,每每忆起田野往事,对生活本身的荒诞似乎更有共鸣与共情,因此,这一次的重忆"武林琐事"希望尽可能避免把植根于生活的喜怒哀乐、进退取舍"装饰"成理论的狂欢。毕竟,没有人会严格遵循某个"理论框架"度过一生,更不会有人每天陶醉在理论堆砌的幻象之中,故弄玄虚地表演博学与深刻,指点、评判别人的人生。在这个意义上,本书的写作过程更像是对不惑之年心头之惑的梳理、总结与重构。

　　自2010年12月在登封偶然与武校"结缘",开启这段貌似"命定"的人生旅程,至今已14年,太多人需要感谢。

　　首先,要感谢田野调查过程中给予我无私帮助的武校学生、家长、教练、功夫老板、生活阿姨和每一个愿意与我闲聊的路人。没有他们愿意分享自己的人生故事,这项研究便无以可能,更遑论以人类学为志业的学术余生。

　　其次,特别感谢我的导师任柯安(Andrew Kipnis, Andy)教授。2011年7月2日下午在北京长达两个小时的一对一面试,让学术偶像从一个名字变成鲜活的人,也让深陷人生谷底与自我怀疑的我重获了学术新生。感谢安迪(Andy)引我走进人类学的部落,在他严谨、严苛的指导下,完成每一次刻骨铭心的"过渡仪式"。在人类学诸神的注视下,我终能顺利走出著名迷宫"枯木寺"(Coombs Building),洞开一个需要不断返身、省身和修身的世界。

再次，感谢博士论文委员会及澳大利亚国立大学人类学系诸位师长的指导与关怀。副导师阿萨·多伦（Assa Doron）教授专注于印度研究，阿萨的研究缘起于恒河船工，拓展于手机与流动性的文化建构、卫生与现代性的文化政治等全球性宏大问题。作为一个少年时代曾到中国云南习武的前特种兵，阿萨总是给我一种比较的视角，分享他宝贵的经验，阅读每一章的草稿、各版本修改稿和论文全文，为提升我的论文质量提供了大量建设性建议。第三导师阿什力·柯鲁瑟斯（Ashley Curruthers）博士专精于越南研究和法国当代社会思潮。每次与阿什力的会面都似乎打开了对布迪厄、福柯、德勒兹等思想家更深解读的可能，每每忆起，余味常萦。作为职业自行车运动员与"业余农民"，阿什力对学术的"漫不经心"与对生活的淡定从容深深影响着我的人生态度、学术态度。特别感谢菲利普·泰勒（Philip Taylor）教授，他是 2013 至 2015 年每两周一次的民族志写作小组的指导教师，亦是一个"斜杠中年"："话痨"型烟民/人生导师/宗教人类学家/越南研究专家……菲利普虽不是我的论文委员会成员，却认真细读了每一个章节。这本不是他的职责所在，他却给予了我很多批评和建议，尤其是中越文化的比较，让我常有恍然之感。

复次，特别感谢曹南来教授和曹燕南博士两兄弟，他们在我几乎放弃学术职业的转折时刻鼓励我"人生豪迈，大不了从头再来"。曹南来教授的人类学冷笑话堪比香港的空调温度，他的英文成名作《建设中国的耶路撒冷》（Constructing China's Jerusalem）是我修习人类学的"圣经"，伴我坚守在人类学的朝圣之路。与曹燕南博士相识十八年，仍记得一起背负行囊出境求学，仍记得在香港三年一起"玩耍"与假装学术的每个点滴，仍记得无数次想要"学海无涯，回头是岸"，却发现"我欲乘风归去"，再回首，都已不是少年。

我还要特别感谢一位艺术家、画家、中国文化迷阿德里安·扬（Adrian Young）和他的太太奥德丽·扬（Audrey Young）。2012 年，因机缘巧合，艾德里安成为我在澳洲的忘年交和"生活导师"。我们每周四风雨不误地会面，艾德里安不仅教我澳大利亚、英国、美国的文化、历史、艺术和生活方式，还每隔一段时间便开车带我看展、登山、改善伙食、体验澳洲的风土人情。每次中国春节，二老为我精心准备的（他们所理解的）"年夜饭"是我在南半球最温暖的回忆。2019 年在上海的久别重逢既是七年前的约定，亦是七年后的约定。

独学而无友，则无处可吐槽。感谢在澳洲国立大学互相扶持、共渡难关的"难兄难弟们"。衷心感谢各位博士：Thu Le、Yen Le、Visisya Pinthongvijayakul、Stella Hutagalung、Prasert Rangkla、Lan Thai、Erna

Herawati、Patrick McCartney、Markus Bell、Latu Latai、Matthew Carroll、Muhamad Kavesh、钱霖亮、温美珍、袁载俊、黄艺珊、桑雨、唐晓菲、李耕、陈亮、刘乃菁。

感谢北京师范大学诸位师长的教诲与鼓励，特别感谢我的硕士导师向蓓莉老师，老师的为师、为学、为人，30岁的我不解其妙，40岁的我心向往之，深深影响着我成为一位怎样的老师和导师。感谢周作宇老师十八年来对我学业的惦念与关心，感谢老师在我心生绝望时的暖心问询与信任传递，成为我"打拼未来"的信念之源。感谢华东师范大学教育学部的师长、同事、朋友们，过往的许多讨论、闲聊为几次搁浅的书稿修改提供了学术与精神的双重支持。特别感谢浙江大学出版社包灵灵老师在本书出版过程中给予的细致、专业的指导与帮助。

最后，感谢我的太太与我携手前行、一起打磨岁月的质感。15年来，从北师大的乌冬面到香港的谭仔米线，从大埔墟的街市到深圳的城中村，从遥望南北两半球到重聚上海过渡房，在人生的风雨起落中她永远笃定淡然、无念得失。作为学者与登封"土著"，她既是我所有研究想法的第一位听众，也是每一稿的第一位评阅人，在这个千锤成纹、百炼铸型的漫长过程中，她的许多鼓励、建议、批评早已化为光阴的韵律，浸润我们共同成长的过去、现在和未来。感谢我的儿子，用他的欢笑、啼哭与依赖消解了我的诸多执念，不仅让我获得了与自我和解的力量，还让我对半生所学有了许多新的理解与困惑。

辗转十余载，转眼已不惑。以上既是我的博士论文项目的终结，也是一段人生的墓志。往昔何必恋念，未来未必可期，随心随缘，随遇而安。